Kurt Lütgen

Der große Kapitän

Die abenteuerlichen Entdeckungsfahrten
des James Cook

Arena

Ausgezeichnet mit dem
Friedrich-Gerstäcker-Preis

In neuer Rechtschreibung

1. Auflage 2003
© der neu bearbeiteten und leicht gekürzten Ausgabe
by Arena Verlag GmbH, Würzburg, 2003
Erstmals erschienen 1950 im Georg Westermann Verlag
Alle Rechte vorbehalten
Einbandgestaltung von Manfred Rohrbeck
Gesamtherstellung: Westermann Druck Zwickau GmbH
ISBN 3-401-05537-2

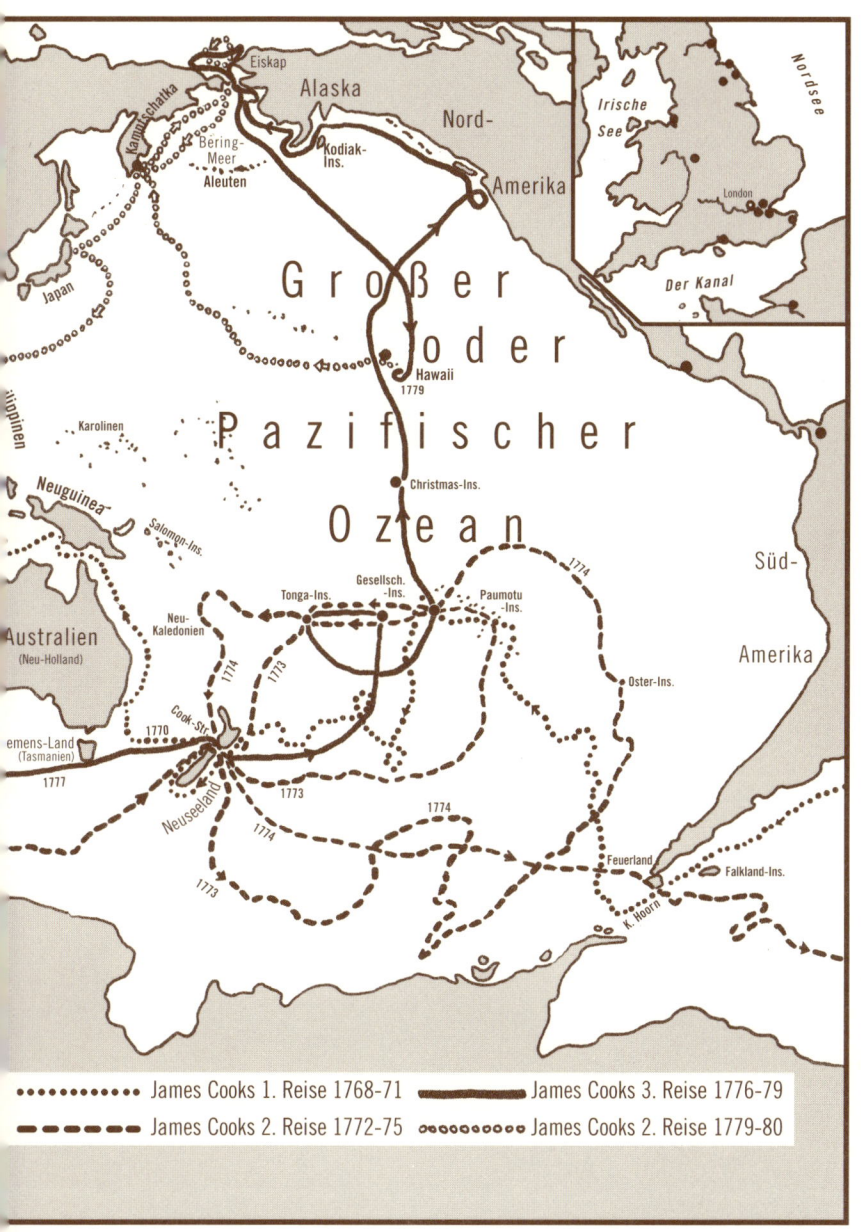

Eiskap
Alaska
Nord-
Amerika
Kamtschatka
Bering-Meer
Kodiak-Ins.
Aleuten
Nordsee
Irische See
London
Der Kanal
Japan
Großer oder
Hawaii
1779
Karolinen
Pazifischer
Philippinen
Christmas-Ins.
Neuguinea
Salomon-Ins.
Ozean
Süd-
Tonga-Ins.
Gesellsch.-Ins.
Paumotu-Ins.
1774
Amerika
Neu-Kaledonien
Oster-Ins.
Australien
(Neu-Holland)
1774
1773
Diemens-Land
(Tasmanien)
1770
Cook-Str.
1777
1773
Neuseeland
1774
Feuerland
Falkland-Ins.
1773
1774
1773
K. Hoorn

Kurt Lütgen
Der große Kapitän

Inhalt

Das Südland

Der Große Ozean

Die Schiffe

Staith

In allem und überall war die See.

Im Morgengrauen, wenn James erwachte, atmete ihn der salzige Hauch des Meeres an. In den Beginn seines Tagewerks mischte sich der Geruch von Salzlake aus Heringstonnen, der Dunst der Teerfässer und der trockene Hanfduft der Taue, Netze und Angelschnüre, die in dicken Strängen die eine Wand des Ladens bedeckten. Auch diese Gerüche gehörten zur Seeluft, ebenso wie der Pfeifenqualm der Schiffer, die sich gegen Mittag an Sandersons Ladentisch drängten und mit ihren dröhnenden Stimmen den Raum erfüllten. Aus ihnen sprach das Leben der See: Herings- und Schollenfang, Korn- und Kohlenfracht, Wind und Gezeiten, Sandbank und Meeresdrift, Anker und Steuer, Segel und Mast. Das machte ihr Dasein aus, ob Schiffer, Bestmann oder Schiffsjunge. Die Helligkeit und Weite der See leuchtete in ihren Worten, Gebärden und Blicken.

Am Nachmittag, wenn James den Käufern die bestellten Waren in ihre Häuser oder zu den Liegeplätzen ihrer Schiffe zu bringen hatte, sah er dieses Leuchten leibhaft vor seinen Augen, sobald er die inneren Gassen von Staith verließ und dem Strand zuging. Bald übermächtig hell, bald von schwerem Grau bedeckt, bald spiegelklar, bald ungebärdig aufgewühlt lag die See vor ihm. Bis in seinen Schlaf hinein durchdrang sie ihn: Das Rauschen ihrer Wellen war stets der letzte Laut, den sein Ohr wahrnahm, ehe der Schlaf seine Sinne verschloss – ein Laut, gut und voll Gleichmut wie die Nacht und ihre Sterne.

James hatte viel Zeit, über das nachzudenken, was er täglich über Schiff und See erfuhr. Während er still und emsig Zucker klopfte oder Salz abwog, Angelschnüre bündelte oder den Laden kehrte: Immer kreisten seine Gedanken um die See. Die nörgelnde Stimme seines ewig unzufriedenen Lehrherrn Sanderson peinigte ihn längst nicht mehr so wie in den ersten Wochen seiner Lehrzeit; er dachte auch nicht mehr an Ausbrechen und Trotz: Sie hätten Ungehorsam nicht nur gegen Sanderson bedeutet, sondern auch gegen seine Eltern. Die aber liebte er mit der scheuen, wortkargen Liebe, die seiner Art entsprach. Ihr Wille war es gewesen, dass ihr ältester Sohn Jimmy Krämer werden sollte; er begriff, dass dieser Wunsch der Absicht entsprang, ihn auf einen guten, klaren Lebensweg vorzubereiten.

Nein, Sanderson konnte sich über Mangel an Fleiß bei seinem Lehrling James Cook nicht beklagen. Aber dass er seine Scheu gegenüber den Kunden im Laden gar nicht loswurde, das nahm Herr Sanderson ihm allmählich doch übel.

»Es ist eben doch schwierig, ein Bauernkind ans Stadtleben zu gewöhnen«, sagte er nörgelnd zu dem Schiffseigner Walker, der an der Tonbank lehnte und durch den Qualm seiner Pfeife zu dem Lehrling hinüberblinzelte. »Ich hätte es mir doch überlegen sollen, ehe ich ihn nahm, und mich nicht davon leiten lassen sollen, dass er lesen, schreiben und rechnen kann und ein hübscher Bursche ist. Er hat außerdem einen steifen Nacken, der Jimmy, und das ist nicht gut für einen Ladendiener. Wenn ich an meine Lehrzeit denke! Wahrhaftig, für den Kaufmann gilt das Sprichwort buchstäblich, dass sich beizeiten krümmen muss, was ein Haken werden will.«

Sanderson dienerte unwillkürlich ein paar Mal vor Walker. James sah es und wurde rot: Hol's der Kuckuck, dachte er, wenn ich je so albern werde. Mag er mich ruhig ei-

nen Bauerntölpel schelten. Ich bin jedenfalls kein Schön-
tuer und Wendehals und werde nie einer sein. – Er zog unwillkürlich die Augenbrauen über der Nasenwurzel zusammen, was seinem Gesicht einen finsteren Ausdruck gab. Es
war ihm besonders peinlich, dass Sanderson ihn gerade
vor Walker zur Zielscheibe seiner Nörgeleien machte. Diesem Mann nämlich, der mit dem Kaufmann Sanderson ver-
schwägert war und deswegen öfters von seinem Heimat-
ort Whitby nach Staith kam, brachte James Zuneigung und
Vertrauen entgegen. Vielleicht ließ die See, die aus den
Worten und dem Gehabe des Schiffseigners und alten Kapitäns sprach, diese Zuneigung entstehen, vielleicht auch
nur die Gutmütigkeit, die sich in dem von Wind und Wetter und Rumgrog gefärbten Seemannsgesicht deutlich
aussprach. James freute sich jedenfalls jedes Mal, wenn
Walker zu Besuch kam. Dann ging doch einmal ein fester
Schritt durchs Haus und ein herzhaftes Lachen ertönte, wo
sonst nur vorsichtig-beflissenes Schlürfen und Schleichen
und geflissentliches Lächeln zu Hause war. Fröhlich polterte Walker durch die Räume und bei jedem Wort war
ihm anzumerken, dass er mit sich und seinem Leben einverstanden war.

Um dieses Gefühl der Sicherheit beneidete James diesen
Mann und auch die anderen Seeleute, denn sie schienen
alle von dieser fröhlich-derben Art zu sein, voll Sicherheit
und Zutrauen zum Leben und zur eigenen Kraft. Nur wer
wie sie jederzeit mit sich und dem Dasein einverstanden
war, der verdiente Achtung. Dies fühlte James trotz seiner
vierzehn Jahre recht deutlich. Sein junges Herz brauchte
ein Vorbild, wollte jemanden, den er achten, bewundern,
lieben konnte.

Herr Sanderson wusste davon nichts; und wenn er's je
gewusst hatte, so lag dieses Wissen tief vergessen unter

Heringstonnen und Zuckersäcken. Deswegen beargwöhnte er die stille Nachdenklichkeit seines Lehrlings je nach Laune als Duckmäuserei oder Starrsinn; deswegen schien ihm selbst dessen Fleiß und Gehorsam verdächtig. Und der Lehrling selbst war manchmal traurig und sah voll Angst in die Zukunft. Tag für Tag Zucker und Salz und Hering abwiegen, sollte das alles sein, was ihn erwartete? Und draußen – draußen lag die weite, leuchtende See, segelten Schiffe in Sonne und Wind! Und immer vorbei, vorbei vor seinen Augen, unerreichbar, fern, ohne ihn?

Diese Fragen an die Zukunft regten sich zwar selten so angstvoll in ihm, doch wenn sie kamen, schmerzten sie sehr und dann war Sanderson mit seinem stickigen Laden nur mühsam zu ertragen. Trost gab dann einzig die See: ihr Leuchten am Tag und besonders ihr Rauschen des Nachts.

Von dem Geräusch der Brandung vor dem Einschlafen getröstet, schien es ihm oft leicht, sich den Eltern anzuvertrauen. Doch sobald er wieder in einen nüchternen Tag blickte, wich das Bild der Eltern weit zurück und er war sicher, es würde sie kränken, wenn er seine Abneigung gegen den Kaufmannsberuf gestand. – »Wir sind arm, und arme Leute haben keine Wahl, sie müssen die gute Gelegenheit beim Schopf packen« – so hörte er die ein wenig unbeholfene Stimme seines Vaters sprechen. Er sprach so selten, der Vater, und wenn er sprach, dann sah er dabei verlegen auf seine rissigen, harten Hände, als müsse er diese tüchtigen, treuen Werkzeuge und Gefährten lebenslanger, unermüdlicher Arbeit um Verzeihung bitten für seine Redseligkeit. – Dachte James an seinen Vater, dann nahm er sich fest vor, mit allem Eifer bei der Sache zu bleiben und sich die Gedanken an Schiff und See aus dem Kopf zu schlagen.

Doch dieses Entsagen war viel zu schwer für einen Jungen von vierzehn Jahren, denn die See war ja immer und überall gegenwärtig in Staith!

Endlich kam ihm dann doch ein Mensch zu Hilfe, als er schon nicht mehr zu hoffen wagte. An einem stillen Septembernachmittag war James wieder einmal damit beschäftigt, Angelschnüre zu bündeln. Der Laden war um diese frühe Nachmittagsstunde leer und der Junge konnte seinen Träumen ungestört nachhängen. Dabei erhielten sowohl Arbeit wie Traum ihr Recht und er fand ein gewisses Vergnügen darin, dass jedes Bündel Angelschnüre genau die vorgeschriebene Anzahl erhielt, während seine Gedanken weit entfernt waren und bald bei Schiffen, bald bei Mister Walker verweilten.

Wie er so emsig und nachdenklich über seine Arbeit gebeugt hinter dem Ladentisch stand, trat Walker herein, zündete sich eine Pfeife an und sah ihm lange Zeit schweigend zu.

James fühlte sich dadurch keineswegs beaufsichtigt. Er spürte vielmehr das Wohlwollen des Mannes und fuhr ohne Hast in seiner Arbeit fort.

Erst als Walker die zweite Pfeife ausgeraucht hatte, räusperte er sich und sagte: »Macht dir das nun eigentlich Freude, James, dieses Zählen und Pusseln und Fegen und Abwiegen hier in diesem gesegneten Laden meines ehrenwerten Schwagers?«

James errötete, denn die Frage traf ihn an seiner verwundbarsten Stelle, und er zögerte mit der Antwort. Walker ließ ihm Zeit: Er wollte den Jungen, den er schon oft beobachtet hatte, nicht in Verlegenheit bringen, da er ahnte, wie es in ihm aussah. Dieses freundlich gelassene Zuwarten ermutigte James zu einer freimütigen Antwort.

»Nein, Herr«, sagte er, als er sich bedacht hatte, »Freude

macht mir das alles nicht; aber ich denke, diese Arbeit ist so gut wie jede andere, die ihren Mann ernährt.«

Walker antwortete mit einem unbestimmten Grunzlaut. »Du denkst wohl viel nach, Jimmy?«, fragte er dann.

James nickte nur und hantierte aufmerksam weiter mit seinen Schnüren. Sein Herz aber pochte heftig und voller Erwartung, als ob es ahnte, dass sich ihm das lange versperrte Tor bald öffnen würde.

»Ja, nachdenken kann nie schaden«, fuhr Walker fort, »aber wenn man so jung ist wie du und so breite Schultern, kräftige Hände und klare Augen hat, dann ist einem das Nachdenken allein wohl nicht genug, nicht wahr! Du bist doch nicht aus dem Stoff gemacht, aus dem man Ladendiener und Krämer zuschneidet.

Du hast den kleinen Johnny Peters gekannt, den Schiffsjungen auf meinem Schoner ›Freelove‹?«, fuhr er fort; und als James nickte, sagte er: »Der Junge ist auf der letzten Reise des Schiffes vor der norwegischen Küste über Bord gewaschen worden. Hast du Lust, an seine Stelle zu treten?«

Mit dem letzten Wort wandte er sich ab und verließ schnell den Raum. James biss die Zähne aufeinander: Dies war die erlösende Frage, auf die alles in ihm heimlich gewartet hatte. Aber dass hinter ihr der Schatten des kleinen, vergnügten Johnny Peters stand, den er so oft darum beneidet hatte, dass er Seemann sein durfte, das nahm der Frage all den verlockenden Glanz. Dieser Gedanke enthüllte unerbittlich das andere Gesicht der See vor seinen Augen; und dies Gesicht war kalt und erbarmungslos, eine der tausend Masken des Todes.

Angst überfiel ihn und in diesem Augenblick erschien es ihm eine Herausforderung des Schicksals, dass alle Seeleute, die er kannte, so frei und voll Lachen durchs Leben gingen. Oder konnten sie nur deswegen so lachen, waren sie nur deswegen so stark und frei, weil sie wussten, dass ihnen immer nur die gegenwärtige Stunde ganz gehörte? Das Angstgefühl verging, als er an das Lachen der Seeleute dachte und an die Helligkeit und Weite der See. Und plötzlich glaubte er zu wissen, dass ihn sein Weg dort hinführen musste, wenn auch er frei und stark werden sollte. Doch bevor er diesen Weg einschlug, galt es, die Eltern dafür zu gewinnen: Dies wenigstens war er ihnen schuldig, damit sie einmal ohne Groll an ihn dachten, wenn er ihnen schon die beständige Furcht um sein Leben nicht ersparen konnte.

Das alles sagte er Walker, als dieser den Laden nach einer Weile wieder betrat. Der Schiffseigner freute sich, dass er sich in dem Jungen nicht getäuscht hatte. Er versprach auch bereitwillig, James' Lehrherrn Sanderson und die Eltern des Jungen für ihren Plan zu gewinnen.

»Sieh mich an, Jimmy«, sagte er zum Schluss und legte seine mächtigen Hände auf die Schultern des Krämerlehrlings James Cook. »Du sollst bei mir in eine tüchtige Lehre kommen. Bleib, wie du bist, und ich halte jede Wette, dass du mit fünfundzwanzig Steuermann auf einem guten Schiff bist.«

Airyholme

Am folgenden Tag verließ James noch vor Morgengrauen heimlich das Haus und nahm den Weg nach Airyholme. Obwohl er kräftig ausschritt, fröstelte ihn; doch nicht allein die Morgenkühle ließ ihn erschauern, sondern mehr noch ein Gefühl der Beklemmung, das immer mehr zunahm, je öfter er daran dachte, was wohl seine Eltern zu seiner unvermuteten Heimkehr sagen würden. Denn es war doch eine Flucht aus der Obhut seines Lehrherrn, dem seine Eltern ihn anvertraut hatten, mochte ihn auch Walker dazu ermutigt haben, nachdem dessen Versuch, Sanderson günstig zu stimmen, fehlgeschlagen war. Der Gedanke allein tröstete ihn, dass Walker versprochen hatte, heute ebenfalls nach Airyholme zu kommen und die Eltern auf seine Seite zu bringen. Der Vater – hoffte James – der Vater vor allem würde ihn verstehen.

Nachdem er zügig gewandert war, hatte er den Eingang des Wiesentals von Airyholme erreicht – das Tal seiner Kindheit. Hier waren ihm jede Wegbiegung, jeder Baum und jeder Strauch vertraut; und jene Baumgruppe dort auf dem Hügel, die jetzt wie ein dunkles, mächtiges Schiff, von den ersten Strahlen der Morgensonne golden bewimpelt über den ziehenden weißen Frühnebeln zu schwimmen schien, weckte Erinnerungen aus seiner Kinderzeit.

Er verließ den Weg und lief hügelan auf die Baumgruppe zu, die nun ganz frei im mächtigen Licht der Morgensonne stand. Ringsum auf den Hügeln vergingen die Nebelschwaden im Sonnenlicht und Morgenwind. Wie Wellen eines ruhig wogenden Meeres dehnte sich die Landschaft vor ihm aus und das Rauschen der Baumkronen über seinem Kopf schien ihm kaum anders zu klingen als das sanfte Getön der Dünung am Strande von Staith an sommerlichen Tagen.

Nur der Gutshof von Airyholme lag noch in Nebel eingehüllt auf der Talsohle. Doch die durchlässige Stille der Frühe ließ die Laute beginnender Arbeit von dem Hof bis zu den Bäumen hinauftönen: Hähne krähten, Hunde bellten, ein Rind brüllte; und nun waren auch Menschenstimmen zu hören und Ketten klirrten und Räder rasselten. Der Tag, die Arbeit auf Airyholme war erwacht.

James lauschte diesen Stimmen der Frühe lange. Sie ließen ihn ahnen, was es bedeutete, eine Heimat zu haben. Doch wie der Nebel auch über dem Hof von Airyholme schwand, wich die Versonnenheit. Und als nun ein Windstoß rauschend die Baumkronen bewegte, war wieder der Ruf der See verlockend in seinem Ohr – ein Ruf, der mächtiger war als jede andere Stimme des Herzens.

Er sah, dass eine Gruppe von Menschen um einen Wagen geschart den Hof verließ und den Weg talaufwärts einschlug. Sie trugen Arbeitsgeräte geschultert und auf einmal fühlte James sich wie beschämt, dass er zu dieser Stunde untätig war. Schnell löste er sich aus seinen Träumen und ging den Männern entgegen. Der Vater würde bei ihnen sein. Zwar schlug sein Herz schneller bei dem Gedanken an die Fragen, die ihn erwarteten. Doch er fühlte keine Furcht mehr: So klar lag sein Weg nun vor ihm, so sicher war er sich seines Ziels.

Natürlich nahm es Vater Cook mit einigem Unwillen auf, dass sein Sohn aus der Lehre entlaufen war und damit das dem Kaufmann Sanderson gegebene Versprechen brach. Aber er war auch ein lebenserfahrener Mann und so ließ er den Sohn in aller Ausführlichkeit von seinen Erlebnissen im Laden und von seinen Plänen und Hoffnungen berichten. James schloss halb triumphierend, halb trotzig mit der Erklärung, der Schiffseigner Walker aus Whitby wolle ihn als Schiffsjungen auf seinem Schoner »Freelove« annehmen.

»Du hast also schon vorgesorgt?«, fragte der Vater und in seiner Stimme klang bei aller Strenge eine heimliche Belustigung mit. »Am Ende würdest du auch deinen Eltern davonlaufen, wie du jetzt Herrn Sanderson davongelaufen bist?«

»Ja, das würde ich bestimmt tun«, antwortete James ohne Zögern und mit allem Nachdruck, dessen er fähig war.

Der Vater blickte ihm forschend in das glühende Gesicht. Er spürte, der Sohn wuchs an diesen Erlebnissen aus seiner Kindheit heraus. Man musste ihn gewähren lassen, wie man den jungen Baum gewähren lassen musste, wenn der Tag kam, an dem er keine Stütze mehr brauchte. So nickte er nur zu der offenen Antwort des Sohnes und nahm die Schaufel auf, um sich seiner Arbeit zuzuwenden.

Es lag noch eine Schaufel auf dem Wagen: Vater Cook war ein vorsorglicher Mann, der durch ein zerbrechendes Gerät keine halbe Stunde Arbeitszeit verlieren wollte und darum im Voraus Ersatz bereithielt. Wortlos nahm James diese Schaufel und schloss sich der Gruppe an, die sich zur Arbeit anschickte. Der Vater sah es mit heimlicher Befriedigung. Schweigend arbeiteten sie eine ganze Weile nebeneinander an der Reinigung des Grabens, der die Wiese entwässerte. Erst als sie sich zum Frühstück an den Grabenrand setzten, nahm der Vater das Gespräch wieder auf.

Zum ersten Mal hörte James nun seinen Vater von seinem Leben sprechen: von dem schweren Weg eines Kleinbauernsohnes, der nie an eigenes Land hatte denken können; von den Jahren als Knecht in Marton und dem mühseligen Beginn seiner Ehe; von der Enge dieses Daseins, das kaum jemals über die Grenze der Feldmark hinausreichte, dessen Grundmelodie immer wieder Arbeit und dessen sichtbarer Ertrag der kleine Funken Freiheit war, den die Verwaltung des Vorwerks Airyholme erlaubte. Armut und Enge, Arbeit und Frömmigkeit: Dies war das Leben des Vaters bis zum heutigen Tag. Der Sohn aber – so hatten die Eltern gehofft und gewünscht – sollte den Weg aus dem engen Kreis herausfinden. Der Kaufmannsstand bot sich durch Sanderson wie zufällig an und so brachten sie den Sohn zu ihm.

»Nicht, dass du reicher würdest als wir oder stolzer, war unser Wunsch, James«, schloss der Vater, »aber du solltest freier atmen und leichter vorankommen können in deinem Leben als wir. Glaubst du, dass dir die See das ermöglichen wird?«

»Ja, dessen bin ich mir sicher, Vater«, antwortete James fest.

»Dann ist es gut und ich will der Letzte sein, der sich dir in den Weg stellt, mein Junge«, sagte der Vater und legte seine Hand fest auf die Schulter des Sohnes, der in dieser vertraulichen Berührung mehr noch als in den Worten spürte, dass er das Vertrauen des Vaters gewonnen hatte.

Der Schiffer Bill Walker

Was aber wird die Mutter dazu sagen?«, fragte der Vater, als sie am Mittag heimwärts gingen, und blieb erschrocken stehen. Auch James erschrak: Wahrhaftig, sie hatten beide die Mutter ganz vergessen!

Nun kamen sie sich wie Verschwörer vor, die mit nicht ganz ruhigem Gewissen ihrem Opfer begegnen. Doch der Vater beruhigte sich gleich wieder: Er glaubte seine Frau gut genug zu kennen, um im Voraus zu wissen, was sich begeben würde. Sie würde einige Tränen zerdrücken über die abenteuerlichen und gefahrvollen Pläne ihres Jungen, dann aber tatkräftig ihre ganze Sorge darauf richten, den Sohn mit allem Nötigen an Kleidung und Wäsche auszustatten, damit er der Nässe und Kälte des Meeres trotzen könne.

So geschah es denn auch und die Mutter verbrachte den folgenden Nachmittag damit, Heerschau in ihren Truhen und Schränken zu halten, damit dem Jungen nichts fehle, wenn er in die Welt hinausging. Was ihn veranlasste seine Lebenspläne zu ändern, danach hatte sie nicht lange gefragt: Es genügte ihr, dass ihr Mann damit einverstanden war. In ihre tätige Fürsorge für den Sohn goss sie all ihre Liebe zu ihm hinein.

Vater und Sohn setzten nach dem Mittagstisch gemeinsam ihre Arbeit an dem Wiesengraben fort und der Vater sah zufrieden, dass der Sohn mit kräftigen und geschickten Händen sein Werkzeug anpackte. Es wird dem Jungen gut tun, wenn er nicht vergisst, dass sein Vater sein Leben lang nur ein Landarbeiter war, dachte er.

Vater und Sohn kamen am Abend mit einem Gast vom

Feld zurück: Der Schiffer Walker begleitete sie; und dessen dröhnendes Lachen und basstiefe Stimme erfüllten einen ganzen Tag lang das kleine Haus des Verwalters von Airyholme. Walker war ein geselliger Mensch; er schnitt gern ein wenig auf, aber er erzählte so lebendig, dass ihm niemand die ganze Wahrheit nachrechnen mochte; denn jeder merkte, es geschah aus bloßer Lust am Fabulieren.

So laut und lustig wie an diesem Abend war es in Airyholme wohl lange nicht mehr zugegangen und Vater Cook lebte sichtlich auf in der Gegenwart dieses fröhlich-derben Gastes. Ihm lag das Leben oft genug als schwere Last auf den Schultern. Hier saß nun vor ihm ein Mann, der es trotz seiner grauen Haare noch wie eine Feder am Hut trug. Es tat gut, solche Menschen zu sehen. Doch durfte man ihnen den eigenen Sohn zur Ausbildung anvertrauen? Mit dieser Frage im Herzen löschte Vater Cook das Licht an diesem Abend.

Während James am anderen Morgen wie selbstverständlich mit den Knechten zur Arbeit ging, ließ sich Walker von dem Vater den ganzen Hof zeigen. Mit seinen erfahrenen, wachen Augen sah der Schiffer alles an, fragte und lobte freimütig und kaum jemals hatte der alte Cook sich so stolz und glücklich gefühlt wie in dieser Stunde, da er vor diesem Mann den Ertrag seines Lebens ausbreitete. Natürlich wehrte er nach guter alter Bauernart jedes Lob bescheiden ab: Es sei noch viel zu tun, bis der Hof auf seiner vollen Höhe sei. Die Freude über die Anerkennung aber war ihm doch anzumerken.

Als sie wieder ins Haus zurückkehrten, sagte Walker, wenn er nicht schon längst davon überzeugt wäre, dass Tüchtiges in James stecke, so würde ihm dieser Besuch in Airyholme gezeigt haben, dass man von einem Kind solcher Eltern mehr zu erwarten habe als einen Ladendiener und Dorfkrämer.

»Ihr habt natürlich ein wenig Furcht, dass der Junge nur aus Abenteuerlust zur See gehen will«, fragte er geradezu.

Cook nickte.

»Seid ohne Sorge«, sagte Walker. »James soll auf meinem Schiff behandelt werden wie mein eigener Sohn und ich will den Mann aus ihm machen, der in ihm steckt. Nein, nicht ich allein: Die See und das Schiff werden einen Mann aus ihn machen, auf den Ihr stolz sein könnt. Auf meinen beiden Schiffen dulde ich keinen Schlendrian. Das Leben auf See ist hart, aber es macht frei und selbstbewusst. Und das braucht Euer James. Vertraut ihn mir an, ich bitte Euch darum.«

Cook reichte ihm wortlos die Hand und sein fester Händedruck sagte dem Schiffer, dass James' Vater nun ganz mit dem Weg einverstanden war, den sein Sohn einschlug.

Die »Freelove«

Die »Freelove« – ein Zweimastschoner von 280 tons, Heimathafen: Whitby, Eigner: Schiffer William Walker, Steuermann: James Cook – war zehn Jahre später, an einem Oktobertag des Jahres 1752, mit einer Mannschaft von zwölf Mann und einer Ladung Porterbier von London nach Hamburg unterwegs. Alle erfahrenen Wetterschnüffler im Londoner Hafen hatten missbilligend den Kopf geschüttelt, als das Schiff die Anker lichtete: Einer der schweren Äquinoktialstürme war gerade abgeflaut, ein neuer würde in Kürze folgen und die Nordsee blank fegen, so meinten sie und rieten dem Schiffer zu warten. Aber Walker schüttelte alle Bedenken ab: »Wir segeln! Die ›Freelove‹ ist ein gutes Schiff und kann schon einen Sturm aushalten. Oder was ist deine Meinung, James?«, wandte er sich an seinen Steuermann.

Der zuckte lächelnd die Achseln: »Wir wollen schon klarkommen, Käptn!«

»Das meine ich auch«, bestätigte sich Walker nochmals selbst und gab gelassen seine Befehle zum Ankerlichten.

Die »Freelove«, auf der Whitbyer Werft von Harwood Brothers gezimmert, war kein eleganter, schnittiger See-Windhund, sondern ein breites, bauchiges Frachtschiff, tüchtig, nützlich und zuverlässig. Es gab schönere, wendigere, größere Schiffe in den Häfen der Nord- und Ostseeküste, die sie anlief – Schiffe, neben denen die »Freelove« wirkte wie ein schwerer, in der Arbeit bewährter Ackergaul neben einem feingliedrigen Zuchtpferd. Doch an Ausdauer und Standhaftigkeit nahm es so leicht keines mit ihr auf. Kein Wunder, dass ihr Eigner die »Freelove« fast so zärtlich liebte wie eine Frau, sie »mein liebes Mädchen« und »meine alte Arche« nannte und ihr den kleinen Fehler, dass sie dem Steuer manchmal ein wenig zögernd gehorchte, gern nachsah. Wenn das Schiff bei gutem Wind mit vollen Segeln und bis zur Lademarke mit guter Fracht voll gepfropft sich unbeirrt mit sechs Knoten Fahrt durch die Wellen schob, dann lachte dem alten Seemann das Herz im Leibe und er wurde nicht müde jedem, der ihm in die Quere kam, immer wieder zu versichern, dass die »Freelove« »ein großartiges Weibsbild« sei und es mit jeder Fregatte des Königs aufnehmen könne.

Sie lächelten manchmal heimlich über die Liebe des Alten zu seinem Schiff, sein Steuermann und seine Matrosen, aber es war ein warmes Lächeln des Verstehens. Kapitän und Schiff – sie bedeuteten ihnen wirklich Vater und Mutter und ein Stück Heimat inmitten der Weite der See und es war ein gutes Leben mit ihnen.

Es gab kein Fluchen und Prügeln auf der »Freelove«; denn Walker war bei all seiner Fröhlichkeit und Derbheit, bei aller Vorliebe für kräftigen Rum und starken Tabak ein frommer Christ, der sein Tagwerk mit einem Gebet begann und beschloss. Deck und Kajüte, Kombüse und die Logis, die Mannschaftsräume, glänzten vor Sauberkeit. Und wenn Walker auch als Schiffseigner bei den Frachtpreisen zäh um jeden Penny feilschte und ein guter Rechner war, kannte er doch keinen Geiz: Seine Mannschaft bekam kräftiges und reichliches Essen und genügend Lohn. Es gab Eigner und Kapitäne, die ihn verdächtigten, er verwöhne seine Leute. Er aber lachte sie aus: »Meint ihr, dass sich das auf die Dauer nicht bezahlt macht, wenn ich meine Leute ebenso gut halte wie mein Schiff? – He, James, wie lange dienst du bei mir? Zehn Jahre jetzt, nicht wahr? Und du, Ben Rimmer? Zwölf Jahre, wenn ich nicht irre!

Und die andern? Ich glaube, da ist keiner, der nicht schon wenigstens drei Jahre auf der ›Freelove‹ ist. Auf solche Leute kann man sich verlassen und sie tun gern ihre Pflicht, wenn sie auch längst erkannt haben, dass die christliche Seefahrt kein Honiglecken ist. Ist's nicht so, ihr Leutchen?«

Er sieht seine Leute der Reihe nach an und sie nicken ihm lachend zu: Es ist so, er hat Recht, der Alte. Die »Freelove« von Whitby ist ein gutes Schiff und William Walker ein Kapitän, wie er sein soll.

Ja, zehn Jahre war James Cook nun mit Walker auf der »Freelove« gefahren, hatte er diesem Mann und diesem Schiff gedient. Dienen – dieses Wort kennzeichnete sein Leben während dieser Jahre. Der Kapitän war ihm ein guter Lehrmeister und hatte ihn mit allen Künsten der Seefahrt vertraut gemacht. Wie eine Schatzkammer öffnete er sein Wissen von Wind und Wetter, Flut und Ebbe, Strömung und Untiefen, nachdem der Schiffsjunge still und eifrig all die kleinen Dienste am Schiff erlernt und getreu und gehorsam geleistet hatte und der Matrose Steuer und Segel, Tauwerk und Laderaum beherrschen lernte in unermüdlicher, aber harter Arbeit.

Der Alte kannte Nord- und Ostsee so genau wie sein Schiff. Er predigte nicht, sondern gab von seiner Erfahrung Stück für Stück wie ein Erbteil ab. Nur ab und zu setzte er einen belehrenden Satz dazu: »Nur auf deine eigenen Augen kannst du dich ganz verlassen, James«, und: »Was deine Augen einmal gesehen haben, muss im Gedächtnis haften wie eingebrannt«, und: »Das offene Auge macht den guten Seemann, James, nur das offene Auge.«

Er wurde nie müde das Auge zu schärfen, selbst an Land nicht. Da er kein Kneipenhocker war, kannte er die Hafenstädte besser als viele Seeleute und konnte James ihre

Eigentümlichkeiten deuten. So lernte der junge Mann Menschen anderer Länder zu beobachten und zu werten; Hamburg und Amsterdam, Antwerpen und Riga wurden ihm fast ebenso vertraut wie London und Newcastle. Seine Seele trank die bunten Bilder dieser Städte wie die Erde die Feuchtigkeit von Regen und Tau; fast wortlos und ohne zu ahnen, was die Wurzeln seines Wesens von diesem Segen gewannen. Lehre und Bild – es sank alles tief in ihn hinein und schien nur selten ein Echo zu wecken. Wäre Walker nicht ein so gutmütiger und geduldiger Lehrmeister gewesen, so hätte ihn dieses mangelnde Echo, diese scheinbare Kühle seines Schützlings vielleicht abgestoßen, weil sie so wenig sichtbare Frucht zu versprechen schien.

Ein härterer und strengerer Lehrmeister für James Cook war das Schiff. Sie sah so freundlich und behäbig aus, die »Freelove«, aber sie verlangte jedem, der ihr diente, alle Körperkraft und alle Aufmerksamkeit ab. Es gab an Bord nichts, was nicht notwendig war: Das entdeckte James schon als Schiffsjunge und es prägte sich in ihm unauslöschlich ein. Das Putzen der vielen Messingbeschläge und Aufschießen von Tauen war wochenlang seine Arbeit an Bord während der ersten Zeit und das war wahrhaftig nicht vergnüglicher als das Zuckerklopfen und Salzabwiegen in Sandersons Laden. Dennoch tat er mit Eifer seine Pflicht; denn hier sah und fühlte er die Notwendigkeit solcher Kleinarbeit; ungeputzte Beschläge setzen Rost an und Rost frisst an der Sicherheit des Schiffs; unordentlich aufgeschossene Taue hemmen die Arbeit der Matrosen an der Takelage und jede Minute Zeitverlust dabei kann ein Brechen der Taue, das Splittern einer Rahe, den Verlust eines Segels bedeuten, wenn nicht schlimmeres Unheil: Havarie von Mast und Schiff.

Er lernte begreifen, dass Schnelligkeit und Genauigkeit beim Brassen, Beschlagen und Reffen der Segel, dass saubere Arbeit beim Bedienen des Tauwerks unerlässlicher Dienst am Schiff sind, der nicht nach Ehrgeiz und Begeisterung fragt. Die ersten Stunden als Rudergänger lehrten ihn, dass alle Sinne dem Schiff gehörten. Waren die Segel gefüllt? Behielt das Schiff Kurs? Drohte der Wind umzuspringen? Verriet ein krauses Spiel kurzer Wellen voraus eine Untiefe? Pass auf, Rudergänger, pass auf! Verlass dich nicht allein auf den Befehl des Kapitäns. Sei wachsam, in deiner Hand liegt das Schiff!

So lernte James Cook von der »Freelove« Gehorchen und Wachsamkeit. Nicht auf einmal wuchsen ihm diese Tugenden zu: Langsam, im Laufe der Jahre, im Spiel und Widerspiel von tausend Gezeiten, von hundert Stürmen und Stillen, von unzähligen lauten Kommandos des Kapitäns und ebenso zahllosen stummen Forderungen des Schiffs gingen sie ihm in Fleisch und Blut über und wurden Teil seiner Seele.

Ein strenger Lehrmeister war das Schiff. Nie entließ es ihn aus seiner Schule; aber die Frucht dieser Erziehung war dennoch Liebe – ja Liebe; denn mögen die Seeleute ihr Schiff auch scherzhaft einen »alten Eimer« oder ein »seegehendes Untergestell« nennen, sie lieben es dennoch ehrlich mit einer verschwiegenen Liebe wie ein lebendes Wesen und noch nach Jahren erinnern sie sich an hundert kleine Züge seines Wesens, seine Schönheiten, Tugenden und Fehler.

Kein Wunder also, dass William Walker mit diesem Schiff und dieser Mannschaft so zuversichtlich in See ging an jenem Oktobertag von 1752. Die ersten Tage der Fahrt schienen seiner Zuversicht Recht zu geben: Die »Freelove« schlüpfte unbehelligt von widrigen Winden aus der Themse und ließ sich von einem steifen West mit ihrer gewöhnlichen, fast behaglich anmutenden Eilfertigkeit ostwärts bugsieren. Die grobe See machte ihr nichts aus; sie hatte schon härtere Schläge auszuhalten gehabt und brach sich unverdrossen ihren Weg durch Gischt und Wellenkämme.

Die vorausgegangenen Sturmtage hatten die Nordsee von Schiffen reingefegt. Die »Freelove« war allein auf der weiten See und gerade das behagte William Walker. »Sie haben sich alle bange machen lassen«, lachte er, »aber bei uns gilt Bangemachen nicht.«

Am Abend des zweiten Tages drehte der Wind auf Südwest und frischte zu Sturmstärke auf. »Recht so«, sagte Walker, »umso eher werden wir in Hamburg sein«, und stieg sorglos in seine Koje. Kurz vor Morgengrauen sprang der Wind jedoch nach einer kurzen Stille jäh auf Nord um und wuchs zum Orkan. Er packte die lange, von Südwest her anlaufende Dünung und drehte sie mit hartem Griff geradezu um. Die See kochte und warf von der Doggerbank her ihre bösen dunklen Grundseen in den Aufruhr.

Cook hatte beim Umspringen des Windes vorsorglich die bereits dicht gerefften Segel wegnehmen lassen: Die »Freelove« kämpfte sich stöhnend vor Topp und Takel durch die brüllende See, die immer wieder schwere Brecher über das stampfende und schlingernde Schiff schleuderte. Cook stand neben dem Rudergänger, bereit diesem beizuspringen, wenn seine Kräfte nicht mehr ausreichen sollten, das Rad zu halten. Er dachte ganz kalt und klar in diesen Augenblicken: Der Sturm würde das Schiff in die Bucht von Helgoland hineindrücken und auf die Küste zujagen. Dort aber lauerte die tödliche Gefahr der Sandbänke und Untiefen der Weser- und Elbemündung, die schon bei ruhiger See so heimtückisch waren, bei solchem Unwetter aber zu mordgierigen Todesfallen wurden. Dort stand der Tod mit offenen Armen: Pass auf, Seemann, pass auf, »Freelove«!

Während er dies dachte, sah er Walker den Fuß auf die Brückentreppe setzen. Der »Alte« wollte ans Steuer, wie es dem Kapitän gebührt in der Stunde der Not. Gleichzeitig aber sah Cook auch eine riesige Grundsee von Steuerbord heranjagen. – »Achtung«, schrie er dem Kapitän zu, doch der Sturm riss ihm den Schrei vom Mund und da war schon die See heran und deckte die »Freelove« krachend zu. Als das Schiff sich ächzend wieder aus der Flut hob, war die Treppe leer. Mit großen Sätzen sprang Cook auf das Deck. Er fand Walker am Schanzkleid, riss ihn hoch und schleppte ihn zur Kajüte. Er wusste selbst nicht, woher ihm in diesem Augenblick die Kräfte kamen, die ihn den schweren Mann wie ein Kind in seinen Armen tragen ließen.

Der Kapitän blutete aus einer Wunde am Kopf und war ohne Besinnung, doch er atmete, wenn auch nur leise und oberflächlich. Cook verband die Wunde und legte den Verletzten auf sein Bett: Ohne Hast und behutsam gingen seine Hände dabei zu Werk. Gleichzeitig aber lauschte er angespannt auf jeden Laut des Schiffs, auf jedes Geräusch der See und des Sturms. Er setzte den Schiffsjungen an die Koje des Kapitäns und ging wieder an Deck; seine ganze Kraft gehörte jetzt dem Schiff.

Der Rudergänger hatte inzwischen die »Freelove« vor den Wind gebracht, der das Schiff nun wie ein Raubtier vor sich herhetzte. Doch sie hielt sich noch immer unerschütterlich aufrecht, mochten die Wellen auch von allen Seiten wie mit Schmiedehämmern auf Deck und Bordwände einschlagen und sie immer wieder untertauchen. So jagten sie in die Helgoländer Bucht hinein, von dem Treibanker, den Cook ausbringen ließ, kaum nennenswert gebremst. Dämmerung kam und Nacht und noch immer ließ der Orkan nicht nach. Die Rudergänger wechselten sich Stunde für Stunde ab, Cook aber blieb am Ruder und spähte unverdrossen in die tobende Wasserweite hinaus. In den Augen brannte das Salz der See, in den Ohren heulte der Sturm: Er nahm es wahr und vergaß es sofort wieder, denn seine Augen warteten auf das weiße Toben der Brandung auf den Sänden der Küste; vorahnend hörte er schon das Krachen und Donnern der Brechseen über den Untiefen vor den Flussmündungen.

Im anbrechenden Morgen war es da vor seinen Augen und Ohren: Weiß gischtete die Brandung und donnerte krachend über die tödlichen Untiefen hinweg. Wie ein Schatten tauchte in Regenböen und aufspritzenden Brechern sekundenlang eine Insel jenseits der Brandung auf. Blitzartig leuchtete ein Bild in Cooks Erinnerung auf: Es war Scharhörn, die Insel an der Elbmündung, und die schaumweiße brüllende Brandungsplatte daneben, der Große Vogelsand. Dicht daran vorbei – er sah das Bild von früheren Hamburgfahrten her deutlich vor sich – führte die tiefere Rinne des Elbstroms ins Meer. In diese Rinne musste man die »Freelove« hineinzwingen, koste es, was es wolle, denn sonst blieb nur eins: Strandung und Untergang.

»Sturmsegel auf!«, befahl er. Nur einen Augenblick lang starrten ihn die Matrosen entgeistert an, dann begriffen sie, dass er das Äußerste wagen wollte, wagen musste, und gehorchten. Cook hielt den Atem an: Würden die Segel dem Sturm trotzen? Ja, sie hielten stand und die »Freelove« gehorchte dem Ruder wieder. Ein heißes Glücks- und Dankgefühl stieg im Herzen des Steuermanns auf. Gute, alte »Freelove«, halt aus, halt aus, dachte er.

Nahe, ganz nahe war jetzt die brüllende Brandungsfläche des Vogelsands, aber die »Freelove« folgte trotz Sturm und berghoher See dem Ruder, folgte so weit, dass sie die Stromrinne erreichte und von der Flut und den Sturmsegeln in die Elbmündung gedrängt wurde, wo sie am Nachmittag endlich bei dem Dorf Cuxhaven vor Anker gehen konnte.

»Das war dein Kapitänsexamen«, sagte William Walker einige Tage später, als Cook ihm mit kühlen, knappen Worten von dem Abenteuer an der Elbmündung erzählte.

Unbewegt hörte er das Lob, denn er hielt das Geschehene nicht für sein Verdienst: Das meiste war seiner Meinung nach Glück und Zufall zu verdanken. Das aber wollte Walker nicht gelten lassen: Wissen, Erfahrung und Entschlusskraft im Augenblick der Not richtig anwenden sei mehr als Zufall und zeige, was in einem Mann stecke.

Cook schüttelte den Kopf. »Und doch ist es Glück und Zufall«, beharrte er, »man ist ja nicht zu jeder Stunde gleich. Heute habe ich den glücklichen Einfall, der meine Erfahrung fruchtbar macht, morgen versagt mein Gehirn vielleicht und gibt keinen rettenden Gedanken her. Man müsste Stützen für das Gedächtnis haben, die allen helfen, die sich auf einem gefährlichen Wasser bewegen. Seezeichen, wie man sie in der Themse schon hat, müssten in jeder Flussmündung jeder Meeresenge genau abgrenzen, was befahrbar ist. Und da Sturm und Meer auch diese Zeichen vernichten könnten, müsste es Karten geben, ganz genaue Karten. Es gibt doch Landkarten für die Landarmee, auf denen jeder Weg, jeder Hügel, jeder Bach an Land genau verzeichnet ist. Warum gibt es solche Karten nicht auch für die Schifffahrt? Sie würden die sichersten und besten Wegweser sein.«

Walker sah seinen Steuermann sehr erstaunt an, denn er hatte ihn kaum jemals so eifrig gesehen. Der Gedanke an Seekarten erschien ihm jedoch närrisch. Wegwerfend sagte er: »Ich glaube, die Flotte des Königs hat solche Karten – wenigstens von den englischen Küstengewässern – zeichnen lassen. Sie sollen aber nicht viel taugen, sagt man. Die Vermessungen sind wohl vom Schiff aus schwierig anzustellen. Sie müssten ja auch oft wiederholt werden, denn was ändert sich schneller als eine Flussmündung? Es soll ja auch Leute geben, die sich mit Wetterkunde befassen und Bücher und Karten darüber herstellen. Alles Augenwischerei und Schwätzerei, sage ich dir.«

Cook antwortete nicht. Walker glaubte schon, leicht verärgert, seine Worte seien gar nicht gehört worden. Erst nach einer Weile sagte Cook wie erwachend: »Schwierig, sagst du, seien Vermessungen vom Schiff aus? Ich hätte fast Lust, das auszuprobieren. Kannst du mir zeigen, wie man das macht?«

William Walker musste gestehen, dass er davon nichts verstand. Cook blickte ihn überrascht an. Nach einiger Zeit stummen Grübelns stand er auf und ließ Walker beunruhigt zurück. Doch Wochen und Monate vergingen und Cook sprach nie wieder von Seekarten und Vermessungen; er schien seine Grübeleien um diese Dinge aufgegeben zu haben. Walker gab sich damit zufrieden. Aber diese Gedanken des Steuermanns James Cook waren nicht tot, sondern sanken nur in sein Innerstes. Dort lagen sie still wie das Saatkorn im Dunkel der Erde.

Die Abmusterung

Aber Sturmtage dieser Art waren selten. Zumeist schwang das Pendel des Lebens für James Cook in alltäglichem Gleichmaß. Das war gut so und in Ordnung, fand er, doch oft hatte er das Gefühl, die redliche Frachtschifffahrt zwischen den Häfen der Nord- und Ostsee schöpfe nicht alle seine Kräfte aus. Hatte ihm das Leben nicht mehr zu geben als die Freude an gelungener Fahrt und einträglichem Lohn? Konnte ihm das Ansehen als Steuermann und später vielleicht als Kapitän eines Küstenschiffes wirklich genügen?

Er sprach mit niemand hierüber und tat seinen Dienst auf der »Freelove« gleichmäßig und besonnen wie stets. Als einzige Veränderung war ihm anzumerken, dass er in den Tagen des Grübelns noch wortkarger als sonst wurde und sein Blick so abweisend, dass sein Gesicht finster wirkte und älter, als seinen Jahren entsprach. Manchmal stieg aus dem Grübeln über sein Leben ein Gefühl qualvoller Ungeduld auf: Schiffer, die wochenlang von Flauten festgehalten werden, mögen Ähnliches empfinden und selbst das ärgste Unwetter mit Dank begrüßen, wenn es sie endlich vom Anblick der schlaffen Segel und der spiegelebenen Eintönigkeit der stillen See erlöst.

Im Hause des Londoner Holzhändlers Bates sah James Cook endlich das erlösende Zeichen vor sich, das ihm einen neuen Kurs gab und ihn aus der Flaute herauslotste, in die sein Leben hineingeraten schien. Er hatte Walker an diesem Tage wie so oft schon, wenn sie im Hafen von London lagen, zu Bates begleitet und hörte nun schweigend dem Gespräch der beiden Männer zu, wobei er gleichzeitig den vier Kindern des Hausherrn zuschaute, die an diesem ersten sonnigen Frühlingstag im Garten spielten.

Bates und Walker sprachen von dem drohenden Krieg zwischen der Krone von England und der von Frankreich – ein Thema, das Cook langweilte, weil es seit fast einem Jahr im Schwange war, ohne dass der Krieg ausbrach.

»Nun, uns Schiffer berührt ein Krieg des Königs wenig«, hörte er Walker gemächlich sagen. »Dass wir dann keine Frachten für Rouen oder Bordeaux bekommen, lässt sich verschmerzen, denn der König wird Korn für seine Rotröcke brauchen, und das werden wir aus den Ostseehäfen heranschaffen. Lasst nur die Könige streiten. Schiffer und Kaufleute arbeiten ruhig weiter, und wer klug und wendig ist, weiß sich vor Kapern und Havarien zu bewahren.«

Cook hätte nicht erklären können, warum ihn diese Anschauung, die bislang durchaus auch die seine gewesen war, jetzt plötzlich abstieß: Oberflächlich, selbstgerecht kam sie ihm vor. Er machte eine unwillige Bewegung mit der Hand und zog damit Bates' Aufmerksamkeit auf sich, der dem Schiffer gerade antwortete.

Der Krieg der Kronen gehe aber um wichtigere Dinge, sagte Bates. Wie die Niederlande hundert Jahre zuvor, mache jetzt Frankreich bedrohliche Anstrengungen in Übersee und auf den Meeren, um Englands Übergewicht zu erschüttern. Dem müsse rechtzeitig begegnet werden, damit England die Freiheit und den Raum für seinen durch den »Navigation Act« so hervorragend geförderten Handel behalte. Deswegen sei Pitt wohl jede Konfliktmöglichkeit eben recht, die Frankreich zwinge das Schwert zu erheben.

»Und was ist Ihre Meinung dazu, James?«, schloss Bates, sich höflich zu Cook hinüberneigend. Dem hatte die kühn den Erdball umgreifende sachliche Deutung der Vorgänge, wie sie der Holzhändler gab, schon eher zugesagt, aber auch sie sprach nicht ganz das aus, was ihm der Kern der Dinge zu sein schien.

»Was ist die Krone?«, sagte er zögernd. »Ich meine, sie ist das Sinnbild eines Volkes. Also sollte der Krieg der Krone auch der Krieg des Volkes sein oder er ist ein ungerechter und unnützer Krieg. Deshalb sollten nicht nur die angeworbenen Söldner die Last des Krieges allein tragen, sondern alle Städte eines Volkes – die ganz Armen vielleicht ausgenommen, denn die haben am Leben ohnehin genug zu schleppen. Sind wir also der Überzeugung, dass dieser Krieg des Königs für unser ganzes Volk notwendig ist, dass er geführt werden muss, damit wir nicht in unserer Freiheit und in unserem täglichen Brot geschmälert werden, dann dürfte sich eigentlich keiner von uns weigern dem König jeden Dienst zu leisten, den er fordert. Ich jedenfalls werde nach dieser Überzeugung handeln. Das ist meine Meinung zu dieser Sache.«

Bates sah den Seemann überrascht an, hinter dessen kantiger Stirn er solche Gedanken nicht vermutete und den er bisher wegen seiner steifen Einsilbigkeit für einen überaus ledernen Stockfisch gehalten hatte. Kapitän Walker aber brummte gewaltig los: »Das sind mir ja absonderliche Anschauungen, James, die jedenfalls nicht in meiner Schule gewachsen sind. Seit wann stellt sich ein redlicher Bürger mit den windigen Rotröcken des Königs auf eine Stufe? Und was soll das heißen, dass du nach deinen seltsamen Meinungen handeln willst, James? Vielleicht erklärst du mir überhaupt einmal, wieso du tagelang keine drei Worte mit mir sprichst und jetzt hier plötzlich von Worten und Weisheit überfließt wie ein Sonntagsredner im Hyde-Park?«

Der alte Schiffer war sichtlich erbost über seinen Steuermann, der friedliche Nach-Tisch-Gespräche mit solchen

Ketzereien in die Luft sprengte. Cook begegnete diesem Zorn jedoch mit Ruhe, denn nun, da ihm angesichts des Wortes »Krieg« blitzartig klar geworden war, wie er der Windstille seines Lebens entkommen konnte, fühlte er wieder Sicherheit und Kraft in seinem Innern.

»Was ich tun will, fragst du, Vater Walker«, antwortete er gelassen. »Ich werde mich freiwillig zur Königlichen Flotte melden und dort Kriegsdienst tun. Das ist alles.«

Die beiden Älteren fuhren empört auf und beschworen Cook von diesem Vorhaben abzulassen. Alle Übel der Kriegsflotte stellten sie ihm vor Augen: schlechte Behandlung, dürftige Ernährung, mangelhafte Unterbringung, schmale Entlohnung, geringes Ansehen im Volk. Sie schilderten ihm die Überheblichkeit und Dummheit der Seeoffiziere, die Roheit der Unteroffiziere und das Gesindel der Mannschaft bei der Flotte in den grellsten Farben. Die Flotte belohne alle Dienste mit krassem Undank und dieses verrottete Kriegsinstrument des Königs sei nicht wert, dass ein anständiger Seemann auch nur einen Gedanken, geschweige denn einen Schweißtropfen daran verschwende.

Sie redeten und redeten, Cook aber hörte schließlich gar nicht mehr zu, sondern schenkte seine ganze Aufmerksamkeit dem Spiel der Kinder draußen im Garten, von denen besonders die zwölfjährige Elisabeth mit ihren flinken und anmutigen Bewegungen und dem anziehenden Wechsel von Schalkhaftigkeit und Ernst seine Augen anlockte.

Als die beiden Männer endlich schwiegen, blickte Cook sie wie erwachend an und sagte lächelnd: »Ihr Wohlwollen in Ehren! Sie vergessen nur, dass ich fest entschlossen bin diesen Weg zu gehen.«

»Aber warum nur, warum, James«, fragte Walker ratlos.

»Dieser Weg ist der einzige zur Zeit, der auf die Ozeane

hinausführt, wo ein brauchbarer Seemann etwas gilt und eine Aufgabe hat. Verzeiht, Vater Walker, aber du musst mich verstehen: Nord- und Ostsee sind nicht die Welt. Es hat dich vielleicht verstimmt, dass ich seit vielen Monaten oft so vergrübelt und verschlossen bin. Das geschah aber nur, weil ich mit mir selbst ins Reine kommen wollte. Ich habe den Pegelstand der Gezeiten meines Lebens gemessen und alle meine Segel geprüft. Sie sagen mir: ›Es ist Flut, Schiffer, Flut und guter Wind; lichte die Anker und nütze die Brise.‹ Muss ich diesem Ruf nicht gehorchen?«

Der alte Käptn senkte das Haupt und antwortete nicht. Als er nach einiger Zeit dann doch das Wort ergriff, merkte man ihm an, dass es ihn Mühe kostete.

»Verstehe, James, verstehe«, sagte er rau, »war ja selbst einmal so jung wie du. Man vergisst das nur mit der Zeit. Aber du sollst auch verstehen, dass ich dich bei mir zu halten versuche. Höre, James Cook, du bist mir lieb geworden wie ein Sohn und ich hatte gedacht, du solltest einmal mein Erbe auf der »Freelove« sein – nicht nur als Kapitän, sondern auch als Eigner. Du weißt, was ich dir damit biete, und mein Angebot soll gelten bis zu meinem Tod, James, auch wenn du jetzt einen Weg gehst, den ich mit Sorgen ansehe. Solltest du dort Schiffbruch erleiden, so denk immer daran, dass der alte Walker und das alte, gute Mädchen ›Freelove‹ auf dich warten. Denn, nicht wahr, James Cook«, schloss Walker mit leise schwankender Stimme, »so habe ich dich nie behandelt, dass ich's verdiene, wenn du mir den Rücken kehrst?«

Dank, Überraschung, Mitleid und Scham wogten bei diesen Worten seines Schiffers wie eine heiße Welle über Cooks sprödes, verschlossenes Herz hin. Er konnte nicht antworten, ergriff nur mit festem Druck Walkers Hand, die sich ihm entgegenstreckte. Hätten sie nicht beide zu den

Menschen gehört, die ihre weichen Gefühle schamhaft versteckten, sie hätten sich in diesem Augenblick wohl in die Arme geschlossen und aller Welt sichtbar gezeigt, dass sie sich als Vater und Sohn fühlten.

Doch in diesem Moment trat Elisabeth Bates ins Zimmer. Beim Klappen der Tür trennten ihre Hände sich und der Schiffer sagte in gewollt derbem Ton: »Sie sind abgemustert, Steuermann Cook, wie Sie es wünschten.«

Das Mädchen Elisabeth blickte ängstlich von einem zum anderen, um zu erraten, warum der sonst so freundliche Walker in so grobem Ton zu Cook sprach – gerade zu Cook, den sie besonders mochte, weil er sich bei jedem seiner Besuche ernsthaft mit ihr unterhielt und so schöne Knoten knüpfen konnte. Sie machte sich deshalb, als sie dem Vater seinen Auftrag der Mutter ausgerichtet hatte und Bates und Walker das Zimmer verließen, an Cook heran und fragte: »Was bedeutet das: abgemustert?«

Cook erklärte ihr, er würde fortgehen auf ein anderes Schiff, weit fort und für lange Zeit.

»Aber du wirst wiederkommen, nicht wahr, und uns besuchen«, fragte das Kind eindringlich. »Versprichst du mir das?«

»Ich komme wieder, Elisabeth«, antwortete Cook so ernst, wie ihm in diesem Augenblick und vor diesen klaren Kinderaugen zu Mute war. »Ich verspreche es dir.«

Sie nahm seine Hand und bewegte sie dreimal feierlich langsam und geheimnisvoll erst von links nach rechts, dann von oben nach unten. »Nun gilt das Versprechen«, sagte sie. »Und was man verspricht, muss man halten. Vergiss es nicht!« Sie ließ seine Hand los und lief zur Tür. Hier wandte sie sich noch mal um, hob die Hand und flüsterte noch einmal: »Vergiss es nicht«, knickste tief und wischte hinaus.

Die »Eagle«

Wenige Tage später betrat James Cook zum ersten Mal in seinem Leben das Rekrutierungsbüro der Königlichen Flotte in Wapping, an dessen öden Mauern der Hauch all der Flüche, Klagen und hoffnungslosen Seufzer all jener, die zum Flottendienst gezwungen wurden, wie grauer Staub zu haften schien. Natürlich hatte er nicht erwartet, dass man seine freiwillige Meldung mit Salutschüssen begrüßen würde; aber wie sie aufgenommen wurde, überzeugte ihn, dass der schlechte Ruf der Flotte verdient war. Ein vertrockneter, seltsam verstaubt wirkender Offizier nahm Cooks Meldung in einem sehr schmutzigen Zimmer entgegen, in dem er umgeben von ebenso verstaubten, fischäugigen Schreibern und Haufen staubiger Akten wie ein mürrischer Schatzwächter hauste.

»Melden sich zur Königlichen Flotte aus welchem Grund?« knarrte der vertrocknete Herr.

»Um dem König zu dienen, Sir«, antwortete Cook ruhig.

»He – machen Sie keine dummen Witze hier, Mann«, knurrte das Ledergesicht ihn an und musterte ihn missbilligend. »Können hier ruhig offen sprechen, wenn Sie Ihrem Kapitän mit der Handspake zu Leibe gerückt sind oder doppelte Heuer genommen haben. Wir weisen keinen ab, der gesunde Glieder hat und als Seemann ausgebildet ist. Können uns so viel Tugend nicht leisten. Also, was ist mit Ihnen?«

»Es ist, wie ich sagte, Sir«, antwortete Cook steif.

»Na, wenn Sie nicht reden wollen, lassen Sie's bleiben«, raunzte der Offizier und blätterte unwirsch in seinen Listen herum. »Können auf der ›Eagle‹ als Vollmatrose ankommen«, knarrte er und schrieb einen Schein aus. »Der Masterman der ›Eagle‹ ist gerade hier und wird Sie mitnehmen. Warten Sie draußen im Hof auf ihn«, schloss er und händigte ihm das Papier aus.

Cook nahm seinen Seesack und ging hinaus. Er fühlte sich nicht wirklich enttäuscht oder gar gekränkt durch diesen kauzigen Empfang; er wunderte sich nur. War es denn wirklich so sonderbar, wenn ein Engländer sich freiwillig zum Dienst in der Flotte seines Königs meldete, dass man dahinter nur den Versuch sah, sich dem Richter zu entziehen? War es wirklich nötig, denen, die gezwungenermaßen oder freiwillig kamen, von vornherein so unfreundlich und stumpfsinnig zu begegnen, dass jeder Funke von Mut und Freude sofort wieder erlosch?

Das dachte er, während er im Hof auf seinem Seesack sitzend auf den Masterman der »Eagle« wartete. Wie er so nachdenklich dasaß, wurde ein Haufen Männer von einem Kommando Soldaten in den Hof getrieben: zum Seedienst Gezwungene, wie Cook vermutete. Stumm und widerspenstig drängten die Leute zum Tor herein und scharten sich in der Mitte des Hofes zusammen, wo sich ihre Erstarrung bald löste und in ein vielstimmiges Geschnatter, Gefluche und Gegröl überging. Cook hatte die Hafengassen vieler Seestädte gesehen und wusste, wie viel Schmutz und Elend, Gemeinheit und Bösartigkeit hinter dem bunten Trubel gedieh, die Gesichter jedoch, die er hier auf diesem Hof sah, übertrafen an Verdorbenheit alles, was er je gesehen hatte. Er erschauerte bei dem Gedanken, dass er mit solchem Gesindel zusammen wohnen, arbeiten und essen, Not und Gefahr teilen solle.

»Und aus solchen Glasvögeln soll man nun Seeleute machen«, sagte in diesem Augenblick neben ihm eine Stimme voll Bitternis. Cook sah auf und blickte in ein wetterbraunes Seemannsgesicht, das eine eisgraue Bartkrause umrahmte und aus dem neben einer gewaltigen Hakennase zwei wunderlich kindliche Augen forschend in die seinen schauten. Cook stand auf: Er vermutete den Masterman der »Eagle« in diesem Mann, dessen Gesicht sein Vertrauen weckte, und er hatte sich nicht geirrt.

MacIntosh nannte seinen Namen und nahm Cooks Zuweisungsschein an sich, nachdem er ihn sorgfältig durchbuchstabiert hatte.

»Gut, James«, sagte er dann freudig. »Ein anständiger Seemann ist uns willkommen wie die Weihnachtsglocken. Meistens findet sich nur der Bodensatz der christlichen Seefahrt bei uns ein oder dieses Gesindel hier!« Er spie verächtlich aus. »Wie soll man dieses Gesindel anders als mit Prügel zum Seemann machen? Das soll mir mal einer von denen sagen, die über die verrottete Flotte, über die Roheiten des Seedienstes das Maul aufreißen. Werbt anständige Seeleute für die Flotte an und das Prügeln hört von selbst auf. Zum Teufel mit den Feiglingen und Dummköpfen bei der Admiralität, die nicht wagen Anwerbung und Behandlung der Seeleute zu ändern! Lass uns gehen, James, damit ich diese Lumpen nicht mehr sehe und höre.«

Der Masterman der »Eagle« führte seinen neuen Vollmatrosen zu der Pinasse seines Schiffs, das themseabwärts bei Gravesend lag. Sie sprachen nicht viel auf der Fahrt den Strom hinab. Der Schotte schien seinen Wortvorrat für diesen Tag verausgabt zu haben und Cook mochte ihm nicht mit neugierigen Fragen lästig werden. Erst als die Häuser von Gravesend auftauchten, fragte er wie beiläufig: »Wie ist der Kapitän?«

»Kapitän Hamer? Hm, nun, wie so ein Kapitän der Flotte eben ist. Du wirst ja sehen, erwarte nur nicht zu viel«, mit dieser diplomatischen Auskunft entzog sich MacIntosh der heiklen Frage, aber Cook verstand, was er mit dieser Antwort sagen wollte. Was für ein Mensch und Offizier Kapitän Hamer war, das erfuhr er schon in seiner ersten Stunde an Bord der »Eagle«.

Sie kamen gerade zur Mittagszeit dort an und so begann Cook seinen ersten Dienst mit dem Empfang der Mahlzeit. Das Essen war schlecht: muffig, versalzen, halb gar, die Back, an der es eingenommen wurde, schmutzig und stinkend von Tabaksqualm und unsauberen Menschen, die das Essen schimpfend hinunterschlangen und sich sofort wieder um Karten und Würfelbecher scharten. Cook sah nur wenige Gesichter unter der Mannschaft, denen Seemannserfahrung abzulesen war. Er begab sich schleunigst wieder an Deck, wo er sich zu MacIntosh und dem Masterman von der zweiten Wache, Gallagher – ebenfalls ein Schotte –, gesellte, die dort ihre Pfeifen rauchten und klönten.

Als er eine abfällige Bemerkung über das Essen machte, zuckte Gallagher resigniert die Achseln: »So ist das nun mal bei der Flotte. Und das wird nicht anders werden, solange die Kapitäne selbst die Lebensmittel einkaufen: Die ehrlichen lassen sich von den Händlern mit schlechter Ware betrügen, weil sie nichts davon verstehen, die anderen kaufen mit Absicht billiges, schlechtes Zeug ein und stecken den Gewinn in die Tasche. Und dass der Smutje sich keine Mühe mit dem Essen für die Mannschaft gibt, darfst du ihm nicht übel nehmen. Das Essen für die Offiziersmesse nimmt ihn so in Anspruch, dass es für das andere keine Zeit hat.«

In diesem Augenblick ging ein geschniegeltes Bürschchen von knapp sechzehn Jahren an den Seeleuten vorüber und die beiden graubärtigen Mastermen lüfteten mit größter Eile ihre Mützen vor ihm. Cook hatte es nicht

so eilig, und das trug ihm einen empörten Blick des Jüng-
lings ein, der mit eben angedeutetem Gruß dem Messeraum zustrebte.

»Was war denn das für ein Äffchen?«, fragte Cook halb
belustigt, halb ärgerlich.

»Ein Midshipman«, antworteten ihm die beiden und kün-
digten ihm gleich an, seine Respektlosigkeit werde ihm
mindestens eine Rüge eintragen. Nach wenigen Minuten
erschien denn auch ein Anwärter und rief Cook zum Kapitän.

Hamer saß gerade bei der Tafel in der Messe inmitten
seiner Offiziere und Midshipmen. Die Messe war ein schö-
ner, heller Raum, dessen Wände und Decken mit Mahago-
ni getäfelt und dessen Möbel aus dem gleichen Holz sehr
hübsch gearbeitet waren. Die Tafel war mit Leinen ge-
deckt und mit feinem Geschirr und Silberleuchtern besetzt und in den Schüsseln duftete jedenfalls ein schmack-
hafteres Essen als jenes, das Cook soeben mit Widerwillen
über die Zunge gequält hatte. Der Kapitän betrachtete
den Matrosen durch sein Stielglas.

»Er ist neu auf der ›Eagle‹, was?«, krähte er scharf. »Na,
das rettet Ihn noch einmal vor der neunschwänzigen Katze. Bitte mir aus, dass Er den Offizieren und Midshipmen
mit allem schuldigen Respekt Reverenz erweist. Verstanden?«

Cook bejahte. Er fand es sehr merkwürdig, dass er, der
als Seemann schon etwas galt, hier vor diesem grünen Jungen abgekanzelt wurde. Wahrhaftig, dachte er, die Flotte
macht denen, die ihr dienen wollen, diesen Entschluss
nicht leicht.

Hamer musterte ihn nochmals durch das Stielglas: »Am
besten, Er gewöhnt sich gleich an Zucht und Ordnung. Das
kann jeder Seemann brauchen, gerade der Seemann. Und

nun pack Er sich fort und trete Er uns den Teppich nicht
weiter schmutzig!«

Cook ballte unwillkürlich die Faust und schloss die Augen. Doch sogleich hatte er sich wieder in der Gewalt und
ging wortlos hinaus.

Es war die erste Demütigung dieser Art, die Cook einzu-
stecken hatte, doch nicht die letzte, denn wer zwei Jahre
lang unter Kapitän Hamers Kommando stand, der bekam
Hochmut und Dummheit genug zu spüren. Hamer war jedoch kein schlechter Seeoffizier: Er verstand etwas von
der Seefahrt, und das söhnte Cook immer wieder mit ihm
aus. Was dem Kapitän fehlte, war Liebe zu Schiff und
Mannschaft, und deswegen versagten sich ihm endlich
auch die Gutwilligen unter seinen Leuten.

Cook verbrachte diese ersten beiden Jahre seines Diens-
tes in der Königlichen Flotte so einsam, wie er nie zuvor
gewesen war. Die größte Enttäuschung aber bedeutete es
für ihn, dass die »Eagle« in der Nordsee stationiert blieb
und sich seine Hoffnung, das Geheimnis und die Weite anderer Meere zu erfahren, nicht erfüllte. Die seemännischen Unteroffiziere an Bord schätzten ihn bald seiner
Tüchtigkeit wegen und aus demselben Grund ließen die
Offiziere ihn unbehelligt. Er selbst aber war am wenigsten
mit sich zufrieden und musste sich immer wieder sagen,
dass er aus der Windstille nun in widrige Strömungen geraten war. Der ganze Gewinn dieser zwei Jahre – so erschien es ihm – bestand darin, dass er gelernt hatte, die
Zähne zusammenzubeißen und auch angesichts harter
Demütigungen und Beleidigungen sich selbst zu beherrschen. Das war viel, das war wenig – je nachdem, wie man
es auslegte.

Sir Hugh Palliser

Jahrelang mit zusammengebissenen Zähnen und ohne das Gefühl des Gelingens zu leben, das vermag kein Mensch, ohne die Gefahr tödlichen Erstarrens zu laufen, und kein Mann zumal, dem Freiheit Lebensluft bedeutet.

In solcher Lage befand sich Cook, nachdem er zwei Jahre lang unter Kapitän Hamer auf der »Eagle« gedient hatte. Doch gerade als er meinte, bis an die äußerste Grenze seiner Geduld und Selbstbeherrschung gedrängt zu sein, erfuhr er zum zweiten Mal in seinem Leben die Gnade, die dem Menschen Hilfe und Licht zuteil werden lässt, nachdem seine Seele aufs Härteste geprüft wurde.

Im Herbst des Jahres 1757 wurde Kapitän Hamer durch Sir Hugh Palliser ersetzt. Zunächst zeigten sich die Leute wenig beglückt von dem Kommandowechsel, denn der neue Herr führte ein sehr strenges Regiment und forderte der Mannschaft in den ersten Wochen seines Kommandos unausgesetzt das Äußerste ab. Bei Kapitän Hamer hatte Laschheit mit übertriebener Schärfe gewechselt; jetzt aber regierte gleichmäßige Härte den Dienst rund um die Uhr. Freilich schonte sich Sir Hugh im Gegensatz zu Kapitän Hamer selbst ebenso wenig wie seine Offiziere; ja, er fasste diese eher noch härter als die Mannschaft an und ließ sie derb fühlen, dass ihre Ungeschicklichkeit oder Unsicherheit im Kommando die Segelmanöver verdarben. Bei all seiner Rücksichtslosigkeit und Härte im Dienst war erstaunlich, wie selten er strafte. Hamer hatte je nach Laune selbst bei geringfügigen Versehen prügeln lassen. Sir Hugh aber begnügte sich selbst bei offenkundigen Fehlern mit einem kräftigen Tadel, dem eine Erläuterung von falsch und richtig nachfolgte. Seine Geduld beim Wiederholen schwieriger Manöver war überdies unerschöpflich und seine Laune von einem beruhigenden Gleichmaß.

Ob Reinschiff oder Zeugausbessern, Bootsmanöver oder Segelexerzieren befohlen war, Sir Hugh zeigte sich überall, lobte, tadelte, berichtigte, fragte und prüfte. Tag für Tag kostete er das Mannschaftsessen, und zwar in der Küche selbst, und wehe den Köchen, wenn das Essen nicht gut und die Küche nicht sauber war. Keine acht Tage vergingen und er kannte jeden seiner 138 Leute mit Namen; drei Wochen später wusste er auch die Fähigkeiten jedes Einzelnen richtig einzuschätzen und kein Offiziere oder Masterman vermochte jemand bei ihm grundlos anzuschwärzen oder andern vorzuziehen. Nach sechs Wochen hatte er aus einem Haufen lustloser, aufsässiger und schlecht ausgebildeter Ganz-, Halb und Viertel-Seeleute eine Kriegsschiff-Mannschaft geschmiedet, die zwar über die fortgesetzte Plackerei und den unaufhörlichen Drill fluchte, im Grunde aber auf ihre Leistungen und ihren Kapitän stolz war und ihm immer williger gehorchte.

Sir Hugh besaß das Geheimnis, diese Männer an der richtigen Stelle zu packen. Er war nicht leutselig, aber gerecht; er war hart, aber er sorgte dafür, dass sie satt wurden und sauber und warm gekleidet waren; er verlangte von ihnen unnachgiebig im Dienst alle Kräfte, aber er weckte auch ihren Ehrgeiz und gab ihnen mit seinem Lob das Selbstbewusstsein, ohne das kein Mann – und sei er der primitivste – bestehen kann.

James Cook hatte diese Entwicklung an Bord der »Eagle« mit ungläubigem Erstaunen erst, dann bewundernd und schließlich freudig verfolgt. Dies war der Geist, den er bei der Flotte erhofft hatte. Cook dachte dabei nicht daran, sich selbst in den Vordergrund zu spielen.

Palliser aber besaß zu viel Menschenkenntnis, als dass ihm dieser Vollmatrose entgangen wäre.

»Sie waren schon Steuermann bei der Handelsflotte, Cook, und sind freiwillig in die Kriegsflotte eingetreten? Warum?«, fragte er eines Tages.

»Weil ich die Notwendigkeit einsah, in diesem Krieg dem König zu dienen«, antwortete Cook, und da Pallisers Art ihn zu Freimut ermunterte, fügte er offen hinzu: »Und weil ich hoffte, auf diese Weise zu einem Überseekommando zu kommen.«

»Das sind Gründe, die sich hören lassen«, erwiderte der Kapitän und musterte den Matrosen freundlich forschend. »Ich bin aus ähnlichen Gründen seinerzeit Seeoffizier geworden, obwohl meine Verwandten mich lieber in einem Reiterregiment gesehen hätten. Aber ich hoffe es noch zu erleben, dass Dienst bei der Flotte als ebenso gentlemenlike gilt wie bei der Horseguard.«

»Sie wären der Mann dazu, das durchzusetzen, Sir«, fuhr es Cook gegen seinen Willen heraus, aber gerade diese Impulsivität überzeugte Sir Hugh davon, dass dieser Mann ihm nicht schmeicheln wollte, sondern es ehrlich meinte.

»An mir soll's nicht liegen«, gab er zurück, »und solange es tüchtige Seeleute gibt, wie Sie es sind, Cook, so lange hoffe ich, dass aus der Flotte noch einmal das wird, was wir uns darunter vorstellen. Sie sollten übrigens auch längst Masterman sein, Cook. Hamer hat wohl keine Augen im Kopf gehabt. Ich werde mich darum kümmern. Mehr als das kann Ihnen der König ja nicht bieten, aber das wenigstens sollen Sie doch bekommen.«

Aber so rasch wie der immer stürmische Sir Hugh es wünschte, erfolgte Cooks Beförderung zum Masterman nicht: Die Admiralität hielt sich dabei genau an Dienstalter und Vorschrift. Seit er seinen Dienst wieder freudig versah, waren ihm Rang und Ansehen nicht mehr wichtig. Sir Hugh, der dem bescheidenen Mann eine Entschädigung für die Langsamkeit der Admiralität schuldig zu sein glaubte, rief ihn oft zu sich in die Kajüte und zog ihn in lange Seemannsgespräche hinein. Je mehr er ihn auf diese Weise kennen lernte, umso größer wurde seine Achtung vor der seemännischen Erfahrung und dem selbstständigen Denken des Vollmatrosen Cook.

Zwei Jahre lang stand Cook unter Sir Hugh Pallisers Kommando auf der »Eagle«, die noch immer zur Nordseestation gehörte und Patrouillendienst tat. Doch wie sehr unterschieden sich diese im äußeren Dienst nicht weniger eintönigen Jahre von den vorausgegangenen unter Kapitän Hamer! Dank Palliser fühlte er sich nicht nur als Seemann, sondern auch in seiner Geltung als Mann wieder bestätigt. Und als er nach zwei Jahren dann ganz plötzlich befördert wurde und auf ein neues Schiff musste, schieden die beiden Männer mit dem Gefühl voneinander, dass sie Freunde werden könnten.

Die »Mercury«

*F*ast vier Jahre dauerte nun bereits der Krieg. Hatten sie ihn nicht beinahe vergessen an Bord der »Eagle« im Einerlei des eintönigen Patrouillendienstes an der englischen Küste? Wie von weit her drang die Kunde von den Kämpfen zu ihnen – von den Kämpfen und den Niederlagen, die England gleich zu Beginn hatte einstecken müssen: die Kunde von Hastenbeck und Kloster Zeven, von dem schweren Stand, den Robert Clive in Indien gegen seinen harten Gegner Duplaix hatte, und von den erfolglosen Gefechten und Märschen des Zauderers Braddock im Gebiet der nordamerikanischen Seen im Krieg gegen die Franzosen und Indianer Kanadas. Sie fanden, es sei höchste Zeit, dass England sich zu entschlossenem Handeln aufraffte. Und es raffte sich auf in diesem vierten Jahr des Krieges: Der Herzog von Braunschweig übernahm das Kommando auf den Kriegsschauplätzen des westlichen Deutschland und schlug die siegreichen Schlachten von Minden und Krefeld und der junge General Wolfe ging an die kanadische Front, um Quebec und Montreal anzugreifen. Die Zeit des Zauderns war vorbei, frischer Wind ließ den Union Jack stolz aufflattern und gab auch dem Lebensschifflein James Cooks endlich flottere Fahrt.

Jetzt endlich erfolgte seine Beförderung zum Masterman. Gleichzeitig wurde er auf die »Mercury« kommandiert, die zum Kanada-Geschwader gehörte und zum Auslaufen bereit in Gravesend lag. Wenige Stunden bevor die Anker gelichtet wurden, kam er an Bord.

Es machte ihm wenig aus, dass er nicht im nautischen Dienst, sondern als Verwalter der Bekleidungs- und Segelkammer verwendet wurde. Bekleidung und Segelbestand waren an Bord eines Schiffes nicht weniger wichtig als Steuer, Tauwerk und Mast. Wenn er eine notwendige Aufgabe übertragen bekam, dachte James Cook kaum mehr an seine persönlichen Wünsche.

Die »Mercury« war eine große Fregatte und zahlreicher und stärker bestückt als die »Eagle« – ein schönes und schnelles Schiff, das einem Seemann schon gefallen konnte. Der Ton an Bord und das Verhältnis zwischen Offizieren und Mannschaft hielten aber den Vergleich mit der »Eagle« nicht aus. Kapitäne wie Palliser waren nun einmal weiße Raben in der Königlichen Flotte. Cook fand sich damit jedoch genauso ab wie mit seiner Aufgabe. Selbst dass das Geschwader den Sommer damit verbrachte, die Festung Quebec zu blockieren, enttäuschte ihn nur wenig.

An einem sonnigen Augustnachmittag hatte er den gesamten Bestand seines Bekleidungsmagazins an Deck schaffen lassen und hielt eine große Prüfung über Hosen und Jacken ab. Zwei Schiffsjungen breiteten die Stücke vor seinen Augen aus und er entschied nach kurzer Besichtigung, was zur Ausbesserung ausgeschieden und was nach der Lüftung wieder ins Magazin zurückgebracht werden sollte. Stapel um Stapel ging er so durch und keiner seiner Gedanken schweifte während dieser Zeit von seiner Arbeit ab. Selbst als Schritte sich näherten und hinter ihm Halt machten, ließ er sich nicht ablenken: Es war, als gebe es für ihn nichts Wichtigeres auf der Welt als Hosenböden.

Aber als nun eine belustigte Stimme hinter ihm sagte: »Lass mal das verdammte Zeug, Cook, und dreh mir mal deine Breitseite zu«, da fuhr er doch überrascht herum und blickte Sir Hugh Palliser ins lachende Gesicht. Der Kapitän der »Mercury«, der dabeistand, wunderte sich sehr über die freudige Begrüßung, die sich nun zwischen dem adligen Offizier und dem ihm nur als hölzern bekannten Masterman Cook abspielte.

Sir Hugh war jedoch nicht nur an Bord der »Mercury« gekommen, um seinen alten Matrosen Cook zu sehen; er hatte vielmehr einen Auftrag für ihn, der – wie er sich ausdrückte – »alle gesegneten Hosenböden der Flotte an Wichtigkeit übertraf«.

»Stell dir vor, Cook«, erzählte er lebhaft und entfaltete eine Karte auf dem Tisch der Kapitänskajüte, in der sie nun zusammensaßen, »ich komme vor drei Tagen mit meiner ›Eagle‹ auf diesen großartigen Kriegsschauplatz geflattert, tatendurstig wie noch nie in meinem Leben, und denke hier einen richtigen Krieg vorzufinden. Und was finde ich? Eine Flotte, die sich sonnt und angelt! Gut, denke ich, das ist just die behaglichste Art, den Krieg lebend zu überstehen, und traue meinen Augen nicht, als ich gestern den Befehl erhalte, heute früh zu einem Kriegsrat bei General Wolfe zu erscheinen. Teufel auch, denke ich, wollen sie da über die zweckmäßigste Art, Aale zu ködern, beraten? Aber ich habe mich in Wolfe getäuscht: Er hat andere Sorgen, der junge General; möchte nicht nur Fische, sondern die Festung Quebec an die Angel bekommen. ›Die Forts Montmorency und Beaufort müssen fallen‹, erklärt er, ›aber mit Infanterieangriff bezwingen wir sie nicht. Die Kanonen der Flotte müssen sie vom Fluss her niederkämpfen. Nur dann kann der Sturm auf die Abrahamshöhen, die die Festung beherrschen, gelingen. Meine Herren, ich bitte um ihre Vorschläge.‹

Sir Charles Saunders, unser ehrenwerter Admiral, macht ein saures Gesicht. Fischfang auf diese unsportliche Art ist nicht nach seinem Geschmack, scheint's. Wir kennen den Fluss unterhalb des Forts nicht, erklärt er, haben keine genaue Karte des St. Lorenz und können unsere Schiffe nicht derart aufs Spiel setzen, denn es sind des Königs gute

Schiffe, viel zu schade für so raue Angelpartien. Hat Infanterieangriff keine Aussicht auf Erfolg, muss eben Blockade die Festung zur Übergabe reif machen, bis General Braddock von Süden her den Belagerungsring schließt.

Diese Rede bringt General Wolfe in Zorn, er macht ein Gesicht, das seinem Namen alle Ehre macht. Will durchaus nicht mehr warten, der gesegnet hitzige junge General, und den Feind durch Wegfangen aller Fische im St. Lorenz aushungern, sondern will dem Feind zeigen, dass er scharfe Zähne hat, der tapfere Wolf. Und das sagt er Sir Charles auch grob und deutlich; den aber macht das nur noch bockbeiniger und zäher.

Unbehagliches Schweigen im Kriegsrat macht sich breit, das ein respektloser Neuankömmling dreist durchbricht und sagt: ›Mir scheint, man kann durch den Flussarm nördlich der Insel Orleans rasch und nahe genug an die Forts herankommen, wenn man ihn bei Flut und im Morgengrauen passiert. Ich bin bereit, diesen Flussarm ausloten und eine gute Karte von ihm anfertigen zu lassen.‹

Wolfes Augen blitzten mich an – denn ich war dieser freche Neuankömmling. ›Famos, mein lieber Kapitän! Warum sind Sie mit diesem Vorschlag nicht eher herausgekommen?‹ – ›Ich bin erst drei Tage hier, Sir.‹ – ›Umso erstaunlicher‹, beginnt der General, bricht aber mitten im Satz ab, als er das tödlich beleidigte Gesicht des Admirals sieht, und fragt: ›Haben Sie zuverlässige Leute zur Ausführung Ihres Plans?‹

›Jawohl, Sir‹, antworte ich, ›zum Geschwader gehört die ›Mercury‹ und auf der gibt's einen Masterman James Cook. Der wird diesen Flussarm ausloten.‹

Sir Charles machte auf diesen Vorschlag hin ein Gesicht, als ob man ihm Essig statt Portwein serviert hätte, aber auf Wolfes Drängen gab er nach. Wahrscheinlich ist er froh, dass er nun wieder eine Weile ungestört fischen kann.

So, nun weißt du deine Aufgabe, Cook«, schloss Sir Hugh seinen spöttisch-heiteren Bericht.

Das Gesicht des Masterman war so unbewegt, dass sein Kommandant ein wenig ärgerlich fragte: »Trauen Sie sich diese Sache auch zu?«

Cook sah ihn ruhig an: »Gewiss, Sir. Geben Sie mir die Leichtmatrosen Westman und Tomlinson und das kleine Beiboot. Ich denke, wir können morgen Abend beginnen.«

»Haben Sie denn schon einen Plan, wie Sie's machen wollen«, fragte der Kommandant leicht erstaunt.

»Gewiss, Sir«, lautete abermals die gleichmütige Antwort. »Wir werden Nacht für Nacht nach Monduntergang ausfahren und den Kanal Yard für Yard abloten. Ich bitte nur um eine grobe Skizze des Flussarms, damit die Resultate gleich richtig eingezeichnet werden.«

Der Kommandant sagte ihm diese Skizze zu und Cook verließ die Kajüte, um seine Arbeit des Kleidersortierens zu beenden. Als er den Raum verlassen hatte, sagte der Kommandant der »Mercury« zweifelnd: »Sind Sie wirklich überzeugt, dass dieser Cook der richtige Mann für eine so wichtige Aufgabe ist? Er machte mir einen so unbeteiligten Eindruck.«

Kapitän Palliser lachte: »Der und unbeteiligt? Wenn Cook dieses Holzindianergesicht aufsetzt, dann können Sie sicher sein, dass er an nichts als seine Aufgabe denkt und nicht eher davon ablassen wird, bis sie sauber erledigt ist. Er ist schwer zu ergründen, dieser Cook, da haben Sie Recht. Aber glauben Sie mir, dieser Mann hat etwas in sich, was ihn auch größten Aufgaben gewachsen macht. Solchen Leuten muss man zu tun geben, damit sie ihre Fähigkeiten beweisen. Ich bin überzeugt, Cook wird sich in aller Bescheidenheit auch am Schwierigsten bewähren.«

Die Pforte

Als das Licht des Mondes nur noch wie ein schwacher Schimmer hinter den Hügeln westlich des Flusses hervorsickerte und die Nebel über dem Strom sich mit zunehmender Nachtkühle verdichteten, stieß das Boot von der »Mercury« ab und steuerte mit kräftigen Ruderschlägen die Insel Orleans an, die wie ein gespenstisches Riesenschiff den Fluss überragte. Am Eingang des Orleans-Kanals stellten sie das Ruder ein. Westman ging ins Heck, um das Boot mit einem Ruderblatt gegen den Ebbstrom flussaufwärts zu wriggen. Er beherrschte das lautlose Rudern – die Kunst der Fischwilderer und Schmuggler – wie sonst keiner und freute sich wie ein Schneekönig, dass er ihr die Teilnahme an diesem Abenteuer verdankte. Tomlinson nahm die Lotleine zur Hand und hockte sich am Bug nieder. Auch sein Gesicht brannte vor Freude, dass der Masterman ihn zu diesem Unternehmen geholt hatte. Cook aber saß ruhig auf der breiten mittleren Ducht neben der kleinen, abgeschirmten Lampe, für die der geschickte Westman ein Drehgestell gebastelt hatte, mit dem sie bei jeder Wendung des Boots so gedreht werden konnte, dass ihr Lichtschein nicht vom Lande bemerkt wurde.

Es war ein Abenteuer, das sie hier begannen, auch für den erfahrenen Seemann James Cook. Zum ersten Mal sollte er die Eigenheiten einer unbekannten Gegend beobachten und ergründen. Uferkontur und Strömungsstärke, unsichtbare Sandbank und Windung der befahrbaren Rinne des Flusses: Dies alles sollte durch ihn in einem Kartenbild sichtbar werden und den Schiffen den Weg weisen.

Sobald sich die Nebelbank hinter ihnen schloss und die

Schiffe in die Nacht zurücktauchten, waren sie allein: ganz auf ihre Wachsamkeit, Kraft und Gewandtheit angewiesen, allein mit dem in dunklen, geheimnisvollen Lauten ziehenden Strom, mit der Nacht, dem Nebel und dem Feind am jenseitigen Ufer.

Ja, es war ein Abenteuer, in das sie auszogen. Es ließ ihre Herzen schneller schlagen jedes Mal, wenn sie es bei Monduntergang begannen, vier Nächte lang: Ein Abenteuer, um das sie an Bord der Schiffe viele junge Männer, die voller Tatendrang waren und Woche um Woche nichts als Warten erlebt hatten, glühend beneideten. Tomlinson und Westman warfen sich diesem Abenteuer mit heißer Freude in die Arme, Cook aber ließ sich weder von der Lust noch von der Gefahr dieser Tage aus dem Gleichgewicht bringen. Auge und Hand waren ruhig und jeder Sinn angespannt dem Nächstliegenden zugewandt. Die Spitze der Orleans-Insel tauchte vor ihnen auf – der Punkt, an dem ihre Messungen zu beginnen hatten.

»Wirf das Lot, Tomlinson!«

Lautlos tauchte das Senkblei ein, wie er es mit dem Matrosen an diesem Tage dutzendfach geübt hatte. »Vier Faden«, flüsterte die Stimme gepresst vor Erregung vom Bug her. »Vier Faden«, wiederholte Cook leise und seine Hand trug die Messung in die Skizze ein. Und so ging es fort, Stunde um Stunde, Yard um Yard über Breite und Länge des Flussarms. Das Boot lief sich auf einer Sandbank fest – einmal, zweimal, dreimal. Leise stiegen sie ins Wasser, schoben es ächzend wieder los. Ein unvermuteter Wirbel schleuderte sie aus dem Kurs; unermüdlich wiederholte Cook die Messungen dieses Abschnitts, aus dem sie herausgewirbelt worden waren. Ein lautes Platschen im Wasser ließ sie auffahren. War es ein feindliches Boot, das sie bedrohen wollte? War ihr Unternehmen entdeckt? Sie lauschten angespannt in den Nebel hinaus. Kein neues Geräusch folgte, nur Stille, ziehendes, murmelndes Gleiten des Stroms wie zuvor. Vielleicht war ein Fisch gesprungen oder ein Otter trieb sein Spiel im Fluss. »Wirf das Lot, Tomlinson«, sagte Cook ruhig, als lauere nirgends Gefahr.

Von der Festung her kam der Ruf der Ronde, waren Schritte der Wachen auf den Wällen zu hören. Der Nebel bedeckte jedoch Nacht für Nacht den Fluss, sodass ihr Tun unentdeckt blieb. Wenn der Morgen zu grauen begann und der Ebbstrom stillstand, kehrten sie zu den Schiffen zurück: todmüde, doch zufrieden, denn ihre Arbeit war erfolgreich.

Am Morgen nach der vierten Nacht übergab Cook seine fertige Skizze des Orleans-Kanals dem Kommandanten der »Mercury«. Viel hätte er über Mühe und Gefahr dieser Leistung sagen können, die der Nacht und den Tücken eines unbekannten Stroms abgelistet war und deren Gelingen wenige Stunden zuvor noch durch indianische Späher bedroht wurde, die das Boot entdeckten und ihm mit ihren flinken Kanus bis unter die Kanonen der englischen Schiffe nachjagten. Doch er sagte nur: »Die Karte ist fertig, Sir«, und nahm das Lob, das der Kapitän ihm spendete, wortlos entgegen.

Wenn er jedoch meinte, er könne nach dieser Tat wieder unbeachtet zu seinem Dienst als Masterman zurückkehren, so hatte er nicht mit Sir Hugh Palliser gerechnet. Sir Hugh setzte zunächst einmal durch, dass Cook bei dem bevorstehenden Angriff des Geschwaders gegen die Forts Gefechtsrudergänger des Admiralsschiffs sein sollte.

General Wolfe hatte nach fruchtlosem Warten auf Braddocks weiteren Vorstoß nach Norden, der immer wieder stecken blieb, den Sturm auf Quebec auf den 13. September 1759 angesetzt. Während das Geschwader des Admi-

rals Saunders die Forts Montmorency und Beaufort nie-
derhalten sollte, wurde der Angriff der Landtruppen auf
das Fort Diamond konzentriert, das – wie man wusste –
am schwächsten bestückt und befestigt war, weil der fran-
zösische General Montcalme es durch die steilen Klippen
und Schluchten der Abrahamshöhen für genügend gesichert hielt. In der Nacht vom 12. zum 13. September er-
stiegen jedoch Wolfes Infanteristen lautlos diese Felsen
und besetzten den schmalen Rand der Hochebene, auf der
Fort Diamond lag.

In dieser Nacht lagen auch Saunders' Schiffe alarmbereit
auf ihren Ankerplätzen. Die Anker waren am Abend schon
gehievt worden. Trossen hielten die Schiffe gegen die
Strömung. Als gegen Morgengrauen die Flut einsetzte, beobachtete man auf dem Admiralsschiff »Northumberland«
gespannt den Pegelstand: Die Flut stieg schnell und schien
stark zu werden. Das verhieß dem Angriff Erfolg. Auch der
Nebel hielt sich an diesem Tage länger als sonst. Nass und
schwer klatschten die Segel gegen die Stangen, wenn die
Schiffe im Flutstrom leise überholten. Noch schlief der
Wind. Das Gurgeln der Strömung und das Knarren der Takelage waren die einzigen Laute in der gespannten Stille
dieses Morgens.

Der Admiral, der neben Lord Colvill, dem Kapitän der
»Northumberland«, auf der Kommandobrücke stand,
lauschte angestrengt zum Land hinüber. Dort regte sich
noch nichts. »Wenn nur der Wind rechtzeitig aufkommt«
dachte er sorgenvoll und blickte auf die schlaffen Segel.
Der Gedanke, während eines Gefechts in der engen Rinne
eines Stroms nur von der Stärke der Flut abhängig zu sein,
war für den alten Seemann höchst beunruhigend.

Doch in diesem Augenblick – als habe der Windgott sein
Stoßgebet gehört – schüttelte ein Rauschen die Bäume am

Ufer: Wind kam auf, guter, mäßiger Ost, wie man gehofft hatte. Die Stengen und Rahen seufzten leise auf unter dem sich verstärkenden Druck der Segel. Und nun – wie ein elektrischer Schlag ging es durch die Männer auf den Schiffen – dröhnte von den Abrahamshöhen der erste Kanonendonner herüber. Das scharfe Knallen der Musketensalven folgte, Hurrageschrei flackerte auf.

Über das Gesicht des Admirals ging ein Lächeln, seine Gestalt straffte sich: »Los die Trossen! Klar bei Gefechtsstationen!« Leise liefen seine Befehle über das Deck. Signalflaggen gaben sie an das Geschwader weiter.

Der Masterman James Cook trat ruhig an das Ruder und nahm das Rad in seine festen Hände. Niemand sah ihm an, dass er zum ersten Mal in seinem Seemannsleben Gefechtsrudergänger sein sollte. Dennoch erfüllten Erregung und Freude auch seine Seele: Es war nichts Geringes, das Spitzenschiff des Geschwaders auf dem Weg, den man selbst ausgelotet hatte, ins Gefecht zu führen.

Die »Northumberland«, befreit von den fesselnden Trossen, schwoite leicht in den Strom und nahm Fahrt auf. Das Glück war an diesem Tag auf Seiten der englischen Schiffe: Der Nebel zog mit dem Wind und der Flut stromaufwärts, auf Quebec zu. Er würde die Flotte decken und den Feind verhüllen, dass das englische Geschwader angriff.

Nun steuerte Cook die »Northumberland« in den Orleans-Kanal. Er schickte Tomlinson an den Bug zum Loten, und Lord Colvill nahm Cooks Karte zur Hand. Noch immer hing dichter Nebel überm Strom und wirbelte in Wolken mit dem Wind daher. Man konnte keine zwanzig Faden weit sehen. Doch Cook hätte das Schiff auch bei finsterer Nacht durch diesen Flussarm lotsen können. Admiral und Kommandant verfolgten gespannt die Bewegungen des Schiffs und das schattenhafte Vorübergleiten des im Nebel verschwindenden Ufers. Die Zeit schien zu schleichen. Der Gefechtslärm an Land stieg. Noch hinderte der Nebel die Uferforts am Eingreifen, noch. Würde das Geschwader früh genug vor ihnen sein, um sie niederzuringen?

Allmählich hob sich der Nebel. Der Wind frischte mehr und mehr auf. Jetzt waren Palisaden und Wälle des Forts zu erkennen. Ein leiser Befehl Colvills, ein Druck der Hände des Rudergängers auf das Rad und gehorsam drehte die »Northumberland« ihnen die Breitseite zu. Der Admiral schaute zurück: Schiff um Schiff folgte der »Northumberland«. Keines hatte Havarie gehabt, auf allen Decks sprangen jetzt die Stückpforten auf und gaben den bronzenen Mäulern der Kanonen den Weg frei.

»Sind alle durch«, hörte Cook den Admiral zu Lord Colvill sagen. »Lassen Sie Treibanker ausbringen und feuern.«

»Alle durch!« Stolz flutete bei diesen Worten heiß durch das Herz des Masterman Cook: Das war sein Werk. Die Treibanker verlangsamten die Fahrt des Schiffs, die Batteriepfeifen trillerten den Feuerbefehl über die Decks hin. Grellrot blitzten die ersten Breitseiten auf und brüllten ihren tödlichen Gruß zu den Forts hinüber. In dicken weißen Ballen zog der Pulverrauch durch den Nebeldunst. Man sah die Kugeln krachend in die Geschützstellungen des Forts Montmorency einschlagen, sah die Kanoniere dort verwirrt hin und her rennen: Die Überraschung war geglückt. Doch von Beaufort kam nun die erste Antwort des Feindes herübergeheult über die Masten hinweg und wie ein Echo schlugen die Breitseiten der anderen Schiffe gegen die Wälle zurück. Die Schlacht um Quebec hatte auf allen Seiten der Festung begonnen; sie endete mit einem englischen Sieg. Doch wurde dieser Sieg mit dem Tod des Generals Wolfe teuer bezahlt. Wolfe empfing beim Angriff auf Fort Diamond, bei dem er seinen Soldaten mit dem Degen in der Faust voranstürmte, eine tödliche Wunde und starb, nachdem er gerade noch die Nachricht hatte entgegennehmen können, dass die Forts erobert und die Wege zur Stadt frei seien.

Während Flut und Ebbe des Weltgeschehens sich hoben und senkten, trieb Cooks Lebensschiff wieder auf gleichmäßiger, doch kräftigerer Strömung dahin. Colvill ließ Cook auf die »Northumberland« kommandieren und machte ihn zu seinem Ersten Steuermann. Palliser aber erwirkte für ihn eine Aufgabe, die seinen Namen mit einem Schlag in der ganzen Königlichen Flotte bekannt machte: die Vermessung und kartografische Aufnahme des St.-Lorenz-Stroms. Eine Pforte hatte sich vor ihm geöffnet und es war auf einmal einfach und selbstverständlich, sie zu durchschreiten.

Der Strom

Ein Riese war dieser Strom, mächtig und mit unerschöpflichen Kräften gespeist von seinen riesenhaften Müttern, den Seen im Oberland Kanadas: Erie, Ontario, Huron und Michigan. Mit breiten Schultern und rascher Flut, selbst tief strömend wie ein See, durchfurchte er das Land, bis er heimfand zum Meer. Mit der Überlegenheit des Riesen duldete er Inseln und Klippen in seinem machtvoll strömenden Lauf, bis er sie unterwaschen und zermürbt hatte. Er war so breit und tief wie ein See und so ungebärdig wie ein Wildbach, gutmütig und arglistig zugleich und für den Schiffer Freund und Feind, Plage und Wohltat in einem.

Diesem Riesen die Geheimnisse seiner Tiefe abzulauschen und sie in Karten jedem Seefahrer sichtbar zu machen, zog James Cook im Frühling des Jahres 1760 mit der Pinasse der »Northumberland« aus. Mit ihm ging als sein Gehilfe der Geometer Ben Sullivan und eine Mannschaft von zehn Matrosen und Seesoldaten. Von den ersten Maitagen an, in denen die letzten brüchigen Eisschollen auf dem Strom zu Tal trieben, bis in den späten September hinein, als nach den ersten Nachtfrösten morgens schon wieder glasdünnes Eis auf den Tümpeln stand, war Tag um Tag mit strenger Arbeit erfüllt. Mit Senkblei und Messstange, Theodolit und Rechentafel listeten sie dem Strom Yard für Yard das Bild seiner Strömungen und Untiefen, seiner Sandbänke und Rinnen, seiner Inseln und Arme, seiner Klippen und Stauwasser ab. Was Cook bei der Vermessung des Orleans-Kanals im kleinen Maßstab geleistet hatte, wiederholte sich hier nun im Großen und hier wie dort gelang seiner unbeirrbaren Stetigkeit ein Werk, dessen

Klarheit und Brauchbarkeit selbst die beiden Männer überraschte, die seinen Fähigkeiten ihr volles Vertrauen schenkten.

Er sah während der Arbeit der Vermessungen den Strom nur mit den Augen des Seemanns an, dem ein Strom eine Wasserstraße ist, die zu Häfen hinführt, und wurde so zum Lotsen für alle Schiffer, die nach ihm diese Straße befuhren. Als er die Blätter seiner St.-Lorenz-Karte ablieferte, enthielten sie nicht nur das nackte, von Zahlen und Messungen geformte Bild des Stromlaufs, sondern auch die Angaben, die jedem Steuermann das Ruder führen konnten: Steuer- und Segelanweisungen fanden sich da und knappe, einprägsame Beschreibungen besonders augenfälliger Punkte am Ufer und im Strom, die als Baken und Seezeichen dienen mochten; sorgfältige Messungen und Vergleichungen der Marken von Ebbe und Flut waren verzeichnet und Strömungsstärke und Wasserstände der Zuflüsse.

Dies alles hatte nur zu solcher Form und Anschaulichkeit wachsen können, weil neben dem Geometer der Seemann stand und ihn ergänzte. Cook selbst sagte, die Genauigkeit der Karte sei Sullivans Verdienst, doch das traf nur halb zu, denn ohne Cooks unverdrossenen Eifer hätte der Geometer, der weder besonders arbeitsam noch besonders klug war, kaum mehr als das Oberflächlichste geleistet. Ben Sullivan war ein vergnügter Irländer, der in der Trunkenheit zum Seesoldatendienst angeheuert worden war und für die Notwendigkeiten der Seefahrt, aus denen diese Stromvermessungen geboren wurde, weder Einsicht noch Begeisterung mitbrachte. Dies Kommando bedeutete ihm zunächst nichts als eine willkommene Gelegenheit, dem Drill und der Eintönigkeit des Schiffsalltags für eine Weile zu entgehen. Nichts war ihm gleichgültiger als das

Gelingen der Aufgabe, und wäre Cooks Eifer und Beharrlichkeit nicht so unerschütterlich geblieben, so hätte am
Ende nur ein sehr dürftiges Ergebnis herausgeschaut. Freilich, ohne den Geometer hätte auch all sein Eifer nichts
vermocht, denn Cooks rechnerische Künste waren nur wenig sicher und seine Messerfahrung beschränkte sich auf
das Orleans-Unternehmen.

Dieser Mangel quälte ihn angesichts der so wichtigen
Aufgabe sehr. Tagsüber, wenn die Arbeit alle Kräfte und
die ganze Aufmerksamkeit von ihm forderte, vergaß er
diese Bedrängnis, denn das Abloten des Stroms und die
Beobachtung der Strömungen und Untiefen war eine Sache, in der er sich sicher fühlte. Am Abend jedoch, wenn er
seine Ergebnisse mit denen der Ufervermessungen Sullivans verglich und abstimmte, fühlte er, wie viele Kenntnisse ihm noch fehlten. Dann versuchte er den Geometer aus-
zufragen. Dabei erfuhr er dann freilich bald, dass auch Sullivans Wissen eng begrenzt war: Es reichte nicht über die
Handhabung des Theodoliten und einiger Formeln hinaus,
die zur Vermessung gebraucht wurden. Anfangs glaubte
Cook Sullivan wolle ihm mit Absicht nicht mehr Einblick
geben, um seine selbstständige Stellung zu wahren, dann
aber sah er ein, dass für diesen Mann die Kunst der Vermessung ein Handwerk war, dessen Handgriffe er sich
nutzbar zu machen verstand, dessen Wesen er jedoch weder begriff noch auch zu begreifen wünschte.

Wenn Cook über diese Grenzen hinaus, die Sullivan ge-
zogen waren, nach Methode und Sinn mathematischer Berechnungen fragte, zuckte der Geometer die Achseln und
spie verächtlich ins Feuer, vor dem sie meistens die Abende verbrachten.

»Ich habe nie darüber nachgedacht, Käptn« (so pflegten
die Teilnehmer des Vermessungskommandos den Master-

man Cook halb scherzend, halb respektvoll zu nennen), »mir genügt, was ich weiß. Was hilft das viele Wissen? Ich komme mit dem aus, was ich habe, und wenn ich satt werde und meine Pfeife Tabak habe und nicht zu viel Arbeit und manchmal auch einen kräftigen Schluck aus der Flasche – nun, dann ist meines Vaters rothaariger Sohn glücklich und zufrieden.«

Auf solche Anschauungen gab es keine Antwort, das wusste Cook und so schwieg er. Manchmal war er fast geneigt Sullivan um seine heitere Genügsamkeit zu beneiden, mehr noch aber ärgerte er sich über die Nichtachtung von Wissen, die sich in den Worten des Geometers aussprach.

Zum Teufel, dachte er in solchen Stunden, bin ich denn immer wieder dazu verurteilt, Menschen zu begegnen, die mit Erfahrung, Überlieferung und ein bisschen angelerntem Wissen anspruchslos von der Hand in den Mund leben? Dieser Kerl Sullivan besitzt ja auch nur ein winziges Stückchen aus dem ungeheuren Schatz des Wissens und hat weder Achtung noch Liebe für das, was er weiß und kann. Ein paar Formeln und die Kenntnis vom Gebrauch der notwendigen Geräte konnte sich schließlich jeder aneignen, der nicht ganz stumpfsinnig war. Schließlich lernten ja sogar Bären das Tanzen, dachte er ingrimmig. Aber um auf die Dauer mit solchem Stückwerk auszukommen, dazu musste man wohl von Natur aus genügsamer sein, als ihm beschieden war.

Je weiter die Vermessung des St. Lorenz fortschritt und je mehr er dabei fühlte, wie die Arbeit gelang und er sie mit seinen Mitteln meistern konnte, umso freier und sicherer fühlte er sich. Zum ersten Mal wurde ihm bewusst, dass er sich vor den Offizieren nicht zu verstecken brauchte und dass er das Vertrauen von Sir Hugh Palliser und

Lord Colvill mit Recht genoss, mochte er sich auch immer verpflichtet fühlen, es durch Leistungen zu rechtfertigen. Trotzdem hatte er das Gefühl, noch längst nicht genug gegeben zu haben.

Was war er denn? Was hatte er gelernt? Er war 31 Jahre alt und Steuermann eines Schiffes; er hatte gelernt Segel zu richten und ein Steuerruder zu führen; er hatte gehorchen und arbeiten gelernt. Das war nun keine schlechte Ausbeute für einen Mann in seinen Jahren, und wenn man gerecht war, musste man sagen, dass sich auf solcher Grundlage das Leben eines tüchtigen Mannes wohl aufbauen ließ. Und doch spürte er, dass er nicht der Mensch war, sich mit diesem Ergebnis zufrieden zu geben. Er musste seine Netze noch einmal und immer wieder auswerfen, um einen besseren und reicheren Fang zu machen. Doch ehe er sich daran wagen durfte, musste jemand kommen, der ihm Hand und Auge noch sicherer machte, damit er über das bloße Erfahren, dieses tastende Loten mit dem Senkblei hinauskam, das ihm jetzt wie ein Sinnbild seines Lebens und Denkens erschien. Er fühlte sich jung und stark genug alles zu lernen, was notwendig war, und ganz bescheiden von vorn damit zu beginnen.

So grübelte Cook an manchem Abend vor sich hin. Schon in früheren Jahren hatte er oft sein Ziel zu erkennen versucht. Damals war oft Furcht und Unruhe die Frucht solchen Grübelns gewesen. Jetzt aber focht ihn keine Furcht mehr an, nur die Unruhe blieb; doch auch deren Wesen schien sich geändert zu haben. Er hatte etwas vom Wesen des Stroms angenommen, dessen Fluten ruhe- und ziellos zu treiben schienen und doch unaufhaltsam und kraftvoll dem Ziel zueilen, das ihnen vom Quellenursprung an bestimmt ist.

Aber war es nicht unsinnig, etwas zu erhoffen, was vielleicht unerreichbar blieb? Mit einem fast gewaltsamen Ruck riss er sich von seinen Gedanken los und ging ins Zelt, in dem Sullivan tief atmend schlief. Er legte sich nieder und nun spürte auch er die Müdigkeit und fand bald ruhigen Schlaf, in den die dunklen Laute von Fluss und Wald und der kühle Atem von Wasser und Erde sänftigend einsickerten.

An den Zelten vorbei aber zog der Strom unaufhaltsam und ohne Eile seiner Mündung zu, fing in sein dunkles Spiegelgesicht den Glanz der Sternbilder und die ruhelose Hand des Windes ein. Mochten die Menschen tagsüber auch Netz und Senkblei in seine Strömungen werfen und den Grund seines Bettes und die Konturen seiner Ufer betasten, mochten sie mit Schiffen seine Flut durchschneiden, er strömte gleichmütig dahin, der Sohn der Riesinnen, der fließende Bruder der Erde, seines Ziels und seiner Macht durch alle Zeiten gewiss.

Die »Northumberland«

Als Cook seine Karte des St.-Lorenz-Stroms Lord Colvill übergab, war der Offizier denn doch überrascht. Stunden gingen hin, bis er jedes Blatt der Karte geprüft hatte, und Cook erlebte nun, wie ein Mann, der gleich ihm den Strom mit Seemannsaugen ansah, seine Arbeit bewertete. »Was Sie da geleistet haben«, sagte Colvill schließlich, als er die Blätter zusammenlegte, »sollte Ihnen von Rechts wegen den Offiziersrang eintragen. Mit diesem Vorschlag werde ich die Karte der Admiralität zur Kopie zusenden. Ich werde auch Palliser davon berichten und wir beide werden nicht ruhen, bis Sie die sichtbare Anerkennung des Königs erhalten haben.« Cook machte eine Bewegung, die wie Abwehr aussah. Colvill bemerkte es und fragte: »Oder sagt Ihnen diese Absicht nicht zu?«

Der Masterman schwankte, wie er antworten solle. Würden Degen und Schärpe seinen zweiunddreißig Jahren nicht seltsam zu Gesicht stehen? Waren diese äußerlichen Abzeichen in seinem Lebensalter noch wichtig und ganz ernst zu nehmen? Einen Zuwachs an Freiheit – das Einzige, was ihm erstrebenswert schien – konnte er davon nicht erwarten, wie er wusste. Sollte aber der Leutnantsrang für ihn eine Stufe zu wichtigeren, selbstständigeren Aufgaben sein – zu einem Kommando über ein größeres Schiff etwa –, dann, ja dann musste er zuvor sein Wissen erweitern und ergänzen, vor allem was Mathematik anging. Ohne diese Vorbereitung hätte der Offiziersrang keinen Sinn.

Solche Erwägungen zogen ihm bei Lord Colvills Frage durch den Kopf und er antwortete schließlich zögernd:

»Sie wollen mir eine Freude schenken, Sir, und ich danke Ihnen dafür ehrlich. Aber wenn ich offen sein darf, so muss ich sagen: Ich mag nicht in eine Stellung aufrücken, in der ich mich unsicher bewege. Wenn ein Schiff in See geht, sollte an Bord alles klar sein von der Bilge bis zum Flaggenknopf, vom Schiffsjungen bis zum Kapitän. Ich weiß, es ist nicht immer und überall so, aber fordern muss man es doch.«

Lord Colvill nickte. »Sie machen's sich schwer, Cook«, sagte er, »aber ich kann Ihnen nicht widersprechen, weil Sie im Grunde Recht haben. Trotzdem werde ich Sie zum Offizier vorschlagen. Die Admiralität wird sich wie üblich Zeit lassen, ehe sie darauf eingeht, und diese Spanne werden wir nutzen, um Ihnen dort nachzuhelfen, wo es fehlt. Die Fähigkeit zum Kommando haben Sie gewiss.«

Lord Colvill begann nach ihrem Gespräch Cook mit den Offizieren zur Arbeit mit den Sextanten und zur Bestimmung des Schiffsorts heranzuziehen. Er brachte ihn bald dahin, dass er diese Arbeiten und ihre mathematischen Grundlagen ohne Fehler beherrschte. Als die »Northumberland« den Hafen von Halifax anlief, hatte er sich die Grundzüge der nautischen Mathematik angeeignet.

Eines Tages eröffnete Colvill ihm, dass er nun das Wissen eines durchschnittlichen Flottenoffiziers besitze. »Aber ich schätze, zufrieden sind Sie damit noch nicht, Cook«, lächelte er und fuhr fort: »Wir werden einen ruhigen Winter im Hafen haben und den sollen Sie nach Kräften nutzen. Nehmen Sie diese Bücher hier und arbeiten Sie sie durch. Wenn Sie Fragen haben und Hilfe brauchen, stehe ich Ihnen zur Verfügung, das wissen Sie.«

Cook vermochte nicht zu danken, aber die halb scheue, halb hingerissene Bewegung, mit der er seine Hände nach den Büchern ausstreckte, waren Lord Colvill Dank genug.

In seiner Koje blätterte Cook die Titelseiten der Bücher auf: Da waren Euklids »Grundzüge der Geometrie«, da war ein Werk über nautische Mathematik und eine Einführung in die Astronomie, Rechentafeln und eine mathematische Aufgabensammlung. Er fühlte sich beschenkt und erschüttert wie noch nie: Hier lagen die Bausteine eines neuen, vertieften Lebens vor ihm. Die Helligkeit und Freude eines reinen Glücks erfüllte ihn: So jung und zukunftsfroh hatte er sich seit langem nicht mehr gefühlt. Welche Aufgabe ihm auch immer gestellt werden mochte, er würde ihr gewachsen sein.

Elisabeth Bates

Wenn auch der Friede noch nicht geschlossen war, so hatten doch die Kriegshandlungen in Kanada im Jahre 1762 praktisch ihr Ende gefunden und in London wurde bereits über Waffenstillstand und Friedensbedingungen verhandelt. Für Cook freilich bedeutete dies, dass er in diesem Sommer erst recht mit Arbeit überhäuft wurde, denn zu den Vorbereitungen des Friedens gehörten umfangreiche Kartenaufnahmen in den Neufundlandgewässern. Der Ruf, den ihm die St.-Lorenz-Karte eingetragen hatte, empfahl ihn Kapitän Graves, dem damaligen Gouverneur von Neufundland, für diese Arbeit. So war Cook denn unausgesetzt von Bucht zu Bucht, von Insel zu Insel unterwegs, um Vermessungen anzustellen. Kein Wunder schließlich, dass er am Ende des Sommers der Arbeit dankbar den Urlaub nahm, den der Gouverneur ihm anbot.

So betrat er denn Ende November nach fast vierjähriger Abwesenheit von der Heimat endlich wieder englischen Boden. Seine Absicht war, nach Erledigung eines dienstlichen Auftrags unverzüglich von London noch Whitby zu fahren und dort die Monate seines Urlaubs mit Kapitän Walker in behaglicher Ruhe zu verbringen. Zwar hatten ihm die Freunde Colvill und Palliser ihre Wohnsitze als Urlaubsstätte angeboten und er wusste, dass auch Bates ihn ohne Zögern gastlich aufnehmen würde. Doch diesmal zog es ihn nach Yorkshire und zwar umso mehr, als London wenig Verlockendes für ihn besaß. Das Gebaren der Londoner, das ihm wichtigtuerisch zu sagen schien, dass sie sich als die Erhalter und Mehrer des Königreiches fühlten, verdross ihn, denn er hatte die tiefe Überzeugung gewonnen, dass die wirklichen Bewahrer und Mehrer Englands weit draußen an seinen überseeischen Grenzen standen, kämpften und notfalls wortlos und ohne Dank starben. Männer wie Wolfe, Colvill und Palliser, doch auch – und nicht geringer – all die namenlosen Soldaten und Seeleute des Königs. Was hier in London in Amtsstuben hockte, in den Kaffeehäusern schwatzte und auf den Straßen flanierte, das waren doch nur die Nutznießer, die geschäftig die Ernten der Felder einheimsten, die andere mit ihrem Blut und Schweiß bearbeitet hatten. Dass dieses Urteil ungerecht war, dass in den Ministerien von St. James, in den Räumen der Admiralität und im Kreise der Königlichen Gesellschaft der Wissenschaften Männer saßen, in deren Gehirnen Träume und Pläne geboren wurden, die den Männern der Tat draußen Waffen schmiedeten und Ziele verliehen, das bedachte Cook in diesen Tagen noch nicht.

Streng, hochmütig und einsam betrachtete er so eines Mittags, als er gerade den Auftrag des Gouverneurs von Neufundland in der Admiralität erledigt hatte, den Schwarm der Flaneure, Makler und Schwätzer in Lloyds Kaffeehaus, in dem sich Kaufleute, Reeder und Seeleute damals gern trafen. Morgen schon würde er in der Mailcoach sitzen und nach Yorkshire reisen, in die hügelwellige Landschaft seiner Heimat, zu ihren Eichenhainen, aus deren Stämme man dort so seetüchtige Boote wie die »Freelove« baute. Er hörte im Ohr schon William Walkers dröhnendes Lachen und breites Sprechen und freute sich auf lange Abende des Erzählens und Schweigens vor dem brennenden Kamin.

Ehe er jedoch nordwärts reiste, besuchte er den Holzhändler Bates. Obwohl sich die beiden Männer seit mehr als drei Jahren nicht mehr gesehen hatten, waren sie doch nach wenigen Minuten schon wieder miteinander vertraut wie alte Freunde und es ergab sich wie von selbst, dass Bates den Seemann in sein Haus zu Gast bat.

Als Cook während der Wagenfahrt nach Barking mit spürbarer Vorfreude von der beabsichtigten Reise nach Yorkshire und zu William Walker sprach, unterbrach ihn Bates und sagte mit belegter Stimme: »Bill Walker lebt nicht mehr. Wusstet Ihr das nicht, Cook?«

Ein langes, schweres Schweigen folgte und jeder hing seinen Gedanken nach – Gedanken der Erinnerung und des Abschieds von einem Mann und Freund, der in beider Leben einen besonderen Platz eingenommen hatte. Sie fühlten deutlich, dass ihre Welt durch Walkers Tod ärmer geworden war. Deswegen achtete jeder des andern Schweigen, und als der Wagen in Barking hielt, traten sie wohl still, aber nicht von Trauer bedrückt, in das Haus ein.

Bates bewohnte das Haus in Barking allein mit seiner Tochter Elisabeth. Seine drei jüngsten Söhne befanden sich auf einer Internatschule. Elisabeth hatte nach dem Tode ihrer Mutter stillschweigend und unauffällig die Führung des Hauses übernommen und es in allem so erhalten, wie es dem Vater lieb und behaglich war. Als Gäste kamen nur noch die wenigen Menschen in das Haus, mit denen der Holzhändler sich wirklich befreundet fühlte: Männer wie der Abgeordnete Osbaldeston, die im öffentlichen Leben standen und deren Gespräche fast immer ernste und weiträumige Themen umkreisten.

Durch diese Gespräche, denen sie gern zuhörte, und durch den ständigen Umgang mit ihrem Vater hatte Elisabeth ziemlich früh alle mädchenhafte Verspieltheit abgelegt. Nur der Ausdruck ihrer braunen Augen, der zwischen quellenhafter Klarheit und träumerischer Verschattung häufig wechselte, zeigte, dass das Herz des Mädchens ein eigenes, unerfülltes Leben führte. Sie bemühte sich die

Unruhe ihres Herzens dadurch zu überwinden, dass sie sich mit aller Kraft der Fürsorge für den Vater und die Brüder widmete.

Als Cook ihr nun plötzlich gegenüberstand, errötete Elisabeth leicht. Wäre er nicht so unerfahren im Umgang mit Frauen gewesen, dann hätte er wohl bemerkt, wie Elisabeths Augen aufleuchteten, und sich an jene Stunde vor sieben Jahren erinnerte, in der das Kind ihm zurief: »Du musst wiederkommen!« Sie hatte sie nicht vergessen – wie er während seiner Weltfahrt, von der er nun trocken und nüchtern berichtete.

Für Elisabeth aber blühte dieser sachliche Bericht in wunderbaren Farben; sie sah Landschaft, Meer und Menschen, von denen er erzählte, deutlich vor sich und wünschte nur, Cook möge so bald nicht zum Ende kommen.

Von ihm und seinem Werdegang war in den letzten Jahren manchmal vor diesem Kamin die Rede gewesen, vor allem wenn Osbaldeston zu Gast war. So hatte sie auch von seiner Vorarbeit für das Werk der St.-Lorenz-Stromkarte gehört. Nicht ein Wort von Osbaldestones Berichten hatte sie sich entgehen lassen, sobald der Name Cook fiel. Sie sah ihn dann immer so vor sich, wie in jener Stunde, als er »abmusterte« in diesem Haus: sehr ernst, fast finster das Gesicht und hart und kantig die ganze gedrungene Gestalt, und wusste nicht, warum gerade dieses Gesicht, dieser Name so viel Raum in ihrem Herzen hatte. Er mochte freier und selbstbewusster geworden sein in diesen Jahren, heiterer und gelassener aber jedenfalls nicht, sondern eher noch strenger und unnachsichtiger, wenn das überhaupt ging. Vor seinem Weg und seiner Leistung empfand sie Staunen und Achtung, vor seinem verschlossenen Gesicht, seinen strengen Augen aber fast ein wenig Mitleid. Sie ahnte, wie einsam auch sein Herz war.

Cook nahm Bates' Einladung an, seinen Urlaub in Barking zu verbringen, und Elisabeth konnte sehen, wie sich die Anspannung des Gastes löste. Nach wenigen Tagen schon fühlte er sich hier nicht mehr fremd, so selbstverständlich nahm ihn Elisabeth in ihr Haus auf. Er nahm seine mathematischen und geografischen Studien auf und verscheuchte so das Gespenst des Müßiggangs.

Im gleichmäßig stillen und heiteren Ablauf dieser Tage ging ihm zum ersten Mal auf, was es bedeutet, Haus und Heim zu haben, und ein Wort William Walkers fiel ihm ein. Der Alte hatte die bramarbasierende Redensart mancher Schiffer, der Seemann brauchte weder Frau noch Kind noch Haus, denn seine Heimat sei die See und das Schiff sein Haus und seine Eheliebste, nie leiden mögen und seinem Steuermann oftmals gesagt: »Heirate James und bau dir Haus und Heim! Der Seemann muss draußen etwas haben, das seine Gedanken nach Hause zieht und seinen Fahrten ein beständiges Ziel gibt. Und wenn's stürmt und die Brecher über unserm Kopf zusammenschlagen, dann ist Heim und Familie ein Notanker, der schon manchen, der bereits ins Treiben und Sinken geraten war, gerettet und ihn wieder glauben und hoffen gelehrt hat.«

Und als er an diese Lehre Walkers dachte, fiel ihm zugleich jene Stunde des Abschieds von der »Freelove« ein, die sich hier in diesem Haus abgespielt hatte. Er erinnerte sich an die Mahnung des Kindes Elisabeth: »Du musst wiederkommen! Vergiss es nicht«, und sie rührte ihn nun doppelt seltsam an.

Am Abend, als sie vor dem Kamin saßen – Elisabeths Vater war noch nicht aus London zurück – fragte er, ob auch Elisabeth sich an jene Stunde und die Worte erinnere, und ganz gegen seinen Willen war der Ton dieser Frage inständiger, als es seine Absicht gewesen war. Eine tiefe Röte floss über das Gesicht des Mädchens, und als sie ihn nun fest und heiter ansah, spürte er, wie Zuneigung und Freude aus diesen Augen warm zu ihm herüberströmten.

»Wie schön, dass auch Sie jene Stunde nicht vergessen haben«, sagte Elisabeth. »Ich habe so viel daran gedacht.«

»Und Sie glaubten, dass ich wiederkommen würde, wie ich es versprochen habe?«

»Immer«, antwortete sie schlicht und sah ihn ernst und mahnend wie in jener längst vergangenen Stunde an. Dieser Blick nahm alle Unsicherheit von ihm und gab ihm die richtigen Worte ein.

»Wollen sie von nun an ganz meine Gefährtin sein, Elisabeth«, fragte er ruhig und nahm ihre Hand in die seine. Der stumme, innige Druck dieser Hand und ein Nicken gaben ihm das »Ja«, dessen er bei seiner Frage schon sicher gewesen war.

Am 21. Dezember 1762 wurde ihre Ehe geschlossen: Ein Seemann, der nur wenige Monate Urlaub hat, muss die Zeit nutzen. Es wurde eine Seemannsehe wie tausend andere auch: Auf viele Monate geduldigen Wartens folgten einige Wochen gemeinsamen Glücks. Sie wurde im Laufe von achtzehn Jahren mit sechs Kindern gesegnet, von denen vier aufwuchsen. Drei davon waren Söhne. Sie folgten dem Beispiel des Vaters und gingen zur See; sie starben nur wenige Jahre nach ihm.

Die »Grenville«

Sommer über der großen Neufundlandbank! Nach einem langen grauen Winter voll Eis und Schnee, Nebel und Sturm endlich Sommer mit blauem Himmel und großen weißen Wolken und Sonne, die das Wasser der Bank erwärmt und die Fische dort hinlockt! Und mit den ersten Zügen der Dorsche sind auch die bretonischen Fischer aus St. Malo, Lorient und Brest da, mit ihren hochbordigen, bauchigen Schiffen, mit denen sie Jahr für Jahr das Meer kreuzen, um Stockfisch zu holen, den das katholische Frankreich als Fastenspeise im Winter braucht. Tag für Tag im Ruderboot die Setzangeln abfahren, bei jedem Wetter, den ganzen Sommer hindurch, bis die Herbststürme und Nebel die Fische von der flachen Bank vertreiben. Hart und eintönig ist ihre Arbeit, aber sie tun sie ohne Klage und in einer bewundernswerten Eintracht.

Auch diese bretonischen Fischer kennen die weiße schlanke, kleine Schonerbank »Grenville« seit langem, wie alle Welt in den Gewässern von Neufundland sie kennt. »Grenville« – so heißt das Schiff, mit dem James Cook, der Assistent des Seeaufsehers von Neufundland, seinen Amtsbereich befährt, bald hier, bald dort in den Häfen nach dem Rechten sieht, damit Seezeichen und Hoheitsgrenzen respektiert werden, und bald in dieser Bucht, bald in jenem Klippengewirr Vermessungen anstellt, um Ankerplätze und Fahrtrinnen auszumachen.

Seine Freunde haben sich sehr geärgert, als die Admiralität ihm diesen sonderbaren Rang verlieh, der nicht Fisch und nicht Fleisch ist. Als Seeaufseher würde Cook im Rang eines Offiziers stehen, wiewohl dieses Amt in der Königlichen Flotte denkbar unbeliebt ist; bedeutet es doch eine Sackgasse in der Laufbahn, in die man überalterte oder nicht sonderlich fähige Offiziere abschiebt. Der Assistent des Seeaufsehers, ein Amt, das die Weisheit der Admiralität eigens für Cook ausgedacht zu haben scheint, ist so gut wie gar nichts. »Ein besserer Hafenmeister«, nennt es Sir Hugh grimmig. Aber da Cook die Bezüge eines Seeaufsehers erhält und man ihm zu verstehen gegeben hat, der Posten eines Seeaufsehers in Neufundland werde nicht besetzt, solange er dorthin kommandiert ist, glaubt die Admiralität, ihm für seine Leistungen Anerkennung genug bewiesen zu haben.

Cook begreift durchaus, dass die Freunde enttäuscht und verärgert sind. Er selbst aber ist nicht unzufrieden mit dieser Lösung, denn er hat längst eingesehen, dass sich daraus etwas Brauchbares machen lässt und dass es sein Leben mit einer ihm angemessenen Arbeit ausfüllen kann. Empfindlichkeit in Rangfragen hat er nie gekannt. In dem Bereich, dem er entstammt, gilt feste Hand und offenes Auge mehr als Titel und Anspruch. So lässt ihn der Ärger der Freunde innerlich unberührt und er findet volles Genüge in seinem neuen Wirkungskreis.

Sein Leben fließt in diesen Jahren hin wie ein Fluss, der sich engen Tälern mit hindernden Klippen glücklich entwunden hat und nun in ruhiger Strömung gleichmütig und stark durch ein Wiesental hinzieht. Wirbel und Widerströmungen zehren nicht mehr an seinen Kräften und von allen Seiten fließt ihm ergänzende Kraft aus tausend Rinnsalen zu.

Das Amt und die Insel, die »Grenville« und die Frau daheim in Barking sind für Cook in diesen Jahren der Kern seines Daseins. Es ist nicht gemächlich und flach geworden – oh nein; dafür sorgt allein schon die »Grenville«. Sie ist sein Amtssitz und sein Wohnhaus – ein Schiff, wie es ganz gewiss kein zweites in der Königlichen Flotte gibt. Er hat sich die Mannschaft selbst ausgesucht und außer Ben Sullivan, dem alten Kameraden von der St.-Lorenz-Vermessung, sind nur Männer an Bord, die wirklich seebefahren sind und zu ihrem »Käptn« passen. So heißt er bei seinen Leuten auch hier bald und für immer und sie sprechen das Wort stets mit Respekt aus. Andere Männer könnte er auch gar nicht brauchen, denn er ist unermüdlich in den Gewässern um Neufundland unterwegs und die sind kein Gebiet für Lustjachtmatrosen. Hier gibt's mehr Stürme als Sonnenschein und viel, sehr viel Nebel, und wenn der sich zeigt, sind zumeist Treibeisdriften und Eisberge in der Nähe. Die Küsten stecken voller Klippen wie ein Haifischmaul voller Zähne und eine Sekunde Unachtsamkeit kann Scheitern und Tod bedeuten.

Sie sprechen eine Sprache auf der »Grenville«, die Sprache des Fahrensmannes. Es ist immer etwas Gutes und Kräftiges im Topf mittags und stets ein Tee tagsüber und ein steifer Grog abends in der Kombüse: So will es Cook, denn der Tag des Seemanns hier oben im Norden ist hart und zu den meisten Zeiten des Jahres auch nass und kalt. Während der Freiwache sitzen sie zusammen in der warmen Kajüte und spinnen Seemannsgarn und selten fehlt der »Käptn« dabei, wenn er auch selbst nur wenig spricht und lieber zuhört, wie die andern erzählen von Jamaica und Rio, von Kapstadt und Batavia und ihre Abenteuer prahlend und bunt wie ein Pfauenrad ausbreiten. Er kennt seine Leute und sie kennen ihn auch: Er kommandiert nicht viel, aber wenn es geschieht, verlangt er strikten Gehorsam. In solchen Augenblicken sagt er kein Wort zu viel und die Situation ist dann auch meist so, dass sie keine überflüssigen Worte verträgt.

In diesen Jahren auf der »Grenville« lockert seine kühle Art zu einer Wärme auf, die anzeigt, dass sein Leben den Sommer erreicht hat. Es ist ganz gut, dass seine Freunde ihn auf der »Grenville« nicht erleben: Sie würden sich wohl doch etwas befremdet fühlen von diesem derben Fahrensmann, der ganz im Alltag der christlichen Seefahrt aufgeht und dessen Denken anscheinend von Salzwasser, Teer, Tabakrauch und Rumduft so stark durchtränkt ist, dass daneben kein Platz mehr für höhere nautische Mathematik, geschweige denn für Ehrgeiz und Träume zu sein scheint.

Aber das scheint nur so: Er schuf immerhin in diesen Jahren herrlich exakte Karten der Neufundland- und Labradorküste; und ein mathematisch und astronomisch unanfechtbarer Bericht über eine Sonnenfinsternis, die er bei Kap Ray beobachtete, legte bei seinem Erscheinen in den Veröffentlichungen der Königlichen Gesellschaft der Wissenschaft ebenso Zeugnis für Cooks unbeeinträchtigte geistige Lebendigkeit ab wie jene Karten.

Eine Zeit stillen Sammelns und Sichtens waren diese Jahre im Seeaufseherdienst für ihn. Was immer ihm die Begegnungen mit Fischern und Siedlern, Jägern und Pelzhändlern, Indianern und Eskimos an Erkenntnissen und Erfahrungen vermittelte, was immer ihn dieses erste kleine selbstständige Kommando auf See an Bord der »Grenville« lehrte und die karthografische Arbeit an Wissen in ihm befestigte: Er vergaß es nicht, auch wenn er es nicht lange überdachte. Wie in einem Zeughaus lagen in seinem Gedächtnis diese Erfahrungen aufgezeichnet, die eigenen wie die der andern; sie würden an dem Tag, da er sie brauchte, zur Hand sein.

Gerade weil er beides hatte: das Derbe des Seemanns und einen Geist wie ein Gelehrter, strömte er überallhin Vertrauen aus, je nachdem, welche Seite seines Daseins er herauskehrte. Er verkehrte freundschaftlich mit seinem Gouverneur – dem Kapitän Graves war Sir Hugh Palliser nach einiger Zeit auf diesen Posten gefolgt – und erfreute sich gleichermaßen auch des Vertrauens der bretonischen Fischer, die im Sommer auf der Neufundlandbank fischten und ihre Standquartiere auf den Inseln St. Pierre und Miquelon hatten.

»Raten Sie uns, helfen Sie uns, Monsieur«, kamen sie eines Tages im Sommer 1767 zu ihm, als die »Grenville« sich zwischen ihren Barken sehen ließ. »Da ist so ein alter Murrkopf von Offizier vom Gouverneur geschickt worden, um hier nach dem Rechten zu schauen. Sie wissen, Monsieur, wir tun nur unsere Arbeit hier und denken an nichts anderes. Sie waren ja oft genug mit der ›Grenville‹ bei uns. Dieser Herr aber, Monsieur, hat die Insel inspiziert und befahl uns unsere Lagerschuppen abzureißen. Der Vertrag von Utrecht verbiete uns das Anlegen von festen Häusern. Nun fragen wir: Sind Schuppen feste Häuser, Monsieur? Kann man uns zumuten auf den engen Schiffen den ganzen Sommer über den Fisch zu stapeln? Raten Sie, helfen Sie, Monsieur!«

Cook ging mit den Fischern an Land und sah sich die Schuppen an: Es waren normale Bretterbuden, die nur ein Böswilliger als »feste Häuser« bezeichnen konnte. Sie waren auch noch nie beanstandet worden. Aber der »Murrkopf von Offizier« – Kapitän Edgewood – konnte die Franzosen nicht leiden und erblickte darin, dass man ihnen Miquelon und St. Pierre auch 1763 wieder als Fischereistützpunkt belassen hatte, eine Dummheit. Deshalb legte er es darauf an, die Fischer zu schikanieren.

Wie Cook die Holzschuppen betrachtete, fielen ihm die Schäferkarren von Yorkshire ein: Häuser, die auf Rädern fuhren. Die konnte nun auch der Böswilligste nicht als

»feste Häuser« ansprechen. Wie beiläufig erzählte er den Fischern von jenen fahrbaren Schäferhütten. Sie blickten sich an und grinsten. Als Edgewood kam und sich von der Ausführung seines Befehls überzeugen wollte, fand er sämtliche Schuppen auf Räder gesetzt. Er sagte nichts, aber in seinen Augen wetterleuchtete die Wut. Zornentbrannt berichtete er dem Gouverneur von den Vorgängen. Sir Hugh Palliser hörte ihn kopfschüttelnd an, brach dann aber bei der Erwähnung der fahrbaren Schuppen in schallendes Gelächter aus. »Genügt Ihnen diese Antwort nicht«, fragte er Kapitän Edgewood, sobald er sich etwas gefasst hatte. »So führe man die Schikane immer ad absurdum! Ich möchte nur wissen, in welchem humorvollen Kopf dieser Einfall gewachsen ist.«

Er erfuhr es nie, denn Cook pflegte seine Scherze nicht zu kolportieren. Sir Hugh hielt ihn vieler Dinge für fähig, doch solchen Schelmenstreichs niemals; er erwartete viel und Großes von diesem Mann, nur eines nicht: dass er es lernte, Scherze zu machen.

Die »Endeavour«

Sie waren nun schon den dritten Tag auf der Themse unterwegs und sowohl Sir Hugh Pallisers wie des Schiffsmaklers Everett Geduld begann zu Ende zu gehen: Kein Wunder, denn sie hatten in dieser Zeit mehr als ein Dutzend Schiffe besichtigt, die zum Verkauf standen. James Cook aber war auch an diesem dritten Tag noch so frisch wie am ersten.

»Weiß der Teufel, James«, brummte Sir Hugh, als sich ihr Boot nun der Bark »Queen Ann« näherte, »um eine Frau zu suchen, haben sie nicht so viel Zeit gebraucht wie jetzt zur Auswahl eines Schiffes. Diesen plumpen, dreckigen alten Kasten da, die ›Queen Ann‹, würde ich gar nicht erst betreten.«

Cook lächelte nur und antwortete nicht. Seine Augen tasteten sorgfältig das alte Schiff vor ihnen ab: den gedrungenen Rumpf, den massiven Vordersteven und die kurzen, kräftigen Masten. Sir Hugh hatte ohne Zweifel recht: Die »Queen Ann« sah überaus verwahrlost aus; doch sie erinnerte Cook sehr an die »Freelove« und deswegen war er fest entschlossen dieses Schiff genau zu besichtigen.

Während Palliser und der Makler sich mit dem Eigner des Schiffs unterhielten, einem alten, schon etwas taperigen Seemann aus Newcastle, der sein ganzes Leben lang mit seiner »Queen Ann« Kohle vom Tyne nach London verfrachtet hatte, kroch Cook durch das ganze Schiff. Er vermaß und beklopfte, befühlte und verglich, prüfte Bilge und Beplankung, die »Pferde« und »Eselshäupter« der Masten und tauchte schließlich schwarz von Kohlenstaub aus dem Raum wieder auf.

Nachdem er sich in der Kajüte gesäubert hatte, fragte er den alten Seemann: »Ist Ihr Schiff bei Harwood Brothers in Whitby gebaut?«

Der »Kohlenfuhrmann« sah ihn überrascht an und fragte: »Woher wissen Sie das, Leutnant?«

Cook lächelte: »Schließlich bin ich ja auch einmal Kohlenfrachten gefahren. Da lernt man so etwas.«

Der Schiffer blickte Cook misstrauisch an. Dass ein Leutnant der Königlichen Flotte auch einmal »Kohlenfuhrmann« gewesen sein sollte, kam ihm unglaubhaft vor. Nicht weniger seltsam erschien es ihm, dass ein Admiral mit einem Leutnant zusammen höchstpersönlich ein Schiff kaufen ging. Aber das konnte ihm ja schließlich gleichgültig sein, wenn sie das Schiff nur zu einem guten Preis kauften, damit er sich befriedigt in Tynemouth zur Ruhe setzten konnte.

Der Admiral schien freilich gar nicht geneigt die »Queen Ann« zu kaufen. »Wir hätten doch bei ›The Welsh‹ bleiben und uns diese elende Sucherei sparen sollen, James«, sagte er.

»Sir, würden Sie für eine lange Reise zu Pferd ein Tier wählen, das zwar elegant aussieht, aber weiche Gelenke hat, oder eins, das hart und ausdauernd ist, selbst wenn es unauffällig, ja hässlich aussieht?«

»Natürlich würde ich in solchem Fall das unauffällige, aber härtere Pferd vorziehen«, sagte Hugh.

»Ich habe es nicht anders erwartet, Sir. Werden Sie nun verstehen, warum ich die ›Queen Ann‹ nehmen will? Sie ist hässlich und dreckig von der Kohlenfracht. Aber sie ist von Harwood Brothers in Whitby gebaut, und das sagt mir, dass sie seetüchtig ist. Ob sie Kohlenfracht befördert oder Forscher, das wird der ›Queen Ann‹ wohl gleichgültig sein. Sie wird in jedem Fall brav ihren Dienst tun.«

So wurde die »Queen Ann« in die Königliche Flotte aufgenommen, weil Cook es wollte. Er hatte das sichere Gefühl, dass dieses Schiff ihm ein dauerhaftes und brauchbares Werkzeug sein würde für seine erste Südsee-Expedition und darauf allein kam es an.

Um die ersten Vorbereitungen für diese Fahrt war es ihm und Sir Hugh Palliser in diesen letzten Maitagen des Jahres 1768 gegangen. Wenige Tage zuvor war er zum Leutnant befördert worden, nachdem man ihn mit dem Kommando über die dritte englische Südsee-Expedition betraut hatte.

Wie stets in seinem bisherigen Leben traten die verwandelnden Ereignisse auch jetzt wieder sehr plötzlich ein, als er mit ihnen schon nicht mehr rechnete. Wenn er nicht in Sir Hugh Palliser und in Stephens, dem Ersten Sekretär der Admiralität, so treue Freunde gehabt hätte, wäre er ganz gewiss auf dem Seeaufseherposten vergessen worden. Diese beiden aber nutzten eine Gelegenheit, die sich überraschend bot, ihm das Offizierspatent zu verschaffen. Sir Hugh erinnerte sich an die Vorgänge, die zu dieser Gelegenheit führten, noch jetzt mit Vergnügen.

Es war im März dieses Jahres gewesen, als er zu einer Besprechung bei Sir Edward Hawke, dem Ersten Lord der Admiralität, gebeten wurde. Mit ihm fanden sich Sir Alexander Dalrymple, Geograf und Mitglied der Royal Society, und Stephens bei Sir Edward ein. Zweck dieser Besprechung war einen Befehlshaber für die von der Royal Society angeregte und vom König bereits genehmigte dritte englische Südsee-Expedition zu finden. Die Royal Society schlug hierfür Sir Alexander Dalrymple vor, weil er das ganze Unternehmen nahe gelegt hatte.

Davon wollte jedoch Sir Edward durchaus nichts wissen: Man habe trübe Erfahrungen damit gemacht, wenn man

Landratten zum Kapitän eines Schiffs ernenne. Der Astronom Halley, dem man diese Ehre erwiesen habe, hätte von ihr den denkbar ungeschicktesten Gebrauch gemacht und am Ende nichts als Unzufriedenheit und Meuterei geerntet. Herr Stephens oder Sir Hugh Palliser möchten sehen, einen geeigneten Seemann aufzutreiben. Sir Alexander könnte dann als Führer der gelehrten Expeditionsteilnehmer gelten. Ihm ein seemännisches Kommando zu übertragen komme nicht in Frage.

Die Teilung des Kommandos aber war nicht nach Dalrymples Geschmack: Er sah darin eine Geringschätzung seiner Fähigkeiten als Mann und Gelehrter und protestierte erregt.

Der alte Haudegen Hawke betrachtete den aufgeregten Gelehrten verwundert wie einen Käfer, der verzweifelt aus einem glattwandigen Gefäß zu entrinnen versucht. Stephens legte sich ins Mittel und versprach einen Seemann für das Kommando auszusuchen, mit dem sich der Gelehrte verstehen würde. Er blinzelte hierbei Sir Hugh Palliser zu, der denn auch sofort verstand, an welchen Seemann Stephens dachte. Dalrymple ließ sich jedoch nicht umstimmen: Er beanspruchte das Kapitänspatent für sich, als wenn davon das Gelingen der Expedition abhinge.

Diese Halsstarrigkeit brachte Hawke in Zorn: Er schoss Dalrymple mit einigen groben Seemannsausdrücken wrack und sprengte die Sitzung mit der Bemerkung, er werde sich eher die rechte Hand abhauen lassen, als eine Bestallung für diesen bockbeinigen Esel von nichtswürdiger Landratte unterschreiben, möge sich der auch hundertmal für einen gelehrten Mann ausgeben.

Nach dieser Eröffnung blieb dem armen Dalrymple keine andere Wahl, als schweigend das Feld zu räumen, da er auf diesen rauen Seemannston als Gelehrter wie als Edelmann nicht mit gleicher Lautstärke antworten konnte. Sir Edward aber genoss befriedigt den Rückzug des geschlagenen Gegners; dass dieser seine Art, zu kämpfen, als höchst unfair verachtete, rührte ihn wenig.

Im Genuss seines Sieges war er geneigt jeden passablen Vorschlag anzunehmen, der die Admiralität in Stand setzte, den Auftrag des Königs auszuführen. So wurde auf Stephens' und Sir Hugh Pallisers Anraten James Cook mit diesem Kommando betraut. Damit zeigte sich sowohl die Royal Society, der Cooks Name nicht unbekannt war, und der Erste Lord der Admiralität einverstanden, weil ihm Stephens und Palliser Cooks seemännische Tüchtigkeit und Erfahrung nach Kräften rühmten. Als Cook von seiner Ernennung erfuhr, war sein erster freudiger Gedanke: So werde ich nun endlich die ganze Weite der See erfahren, und der zweite: Dafür aber brauche ich ein Schiff, das jeder See gewachsen ist. In diesem Augenblick sah er all die Schiffe vor sich, denen er gedient hatte: die »Freelove«, die »Eagle«, die »Mercury«, die »Northumberland« und die »Grenville«. Von allen aber blieb endlich nur das Bild der »Freelove« vor seinen Augen; es leitete ihn bei der Suche nach seinem Schiff und ließ ihn die »Queen Ann« finden.

»Welchen Namen soll denn das Schiff tragen, das dich in die Südsee führen wird?«, fragte seine Frau am Abend dieses Tages, als er ihr von dem alten Kohlenschiff berichtete, das er gewählt hatte.

»Die Frau des Schiffers darf nach altem Brauch taufen«, antwortete Cook.

»Strahlend, sieghaft, meine ich, müsste dieser Name sein«, versuchte Sir Hugh Palliser Elisabeth zu beraten. »Denn dies Kommando ist James' endgültiger Sieg: Er ist nun in seinem Reich angelangt.«

Elisabeth dachte nach: Nein, wenn der Name des Schiffes auch von seinem Kapitän etwas aussagen sollte, dann taugte ein strahlender, sieghafter Name nicht recht; dann musste etwas darin sein von dem ruhigen Ernst seines Gesichts, von seiner unverdrossenen Hingabe an Arbeit und Pflicht, von dem langen, hindernisreichen Weg seiner Jugend und von seiner Freude am Fragen und Erforschen von Unbekanntem.

»Endeavour«, glaub ich, wird der rechte Name sein«, sagte sie endlich.

»›Endeavour‹, Strebsamkeit«, wiederholte er prüfend. »Du hast es getroffen: So muss das Schiff heißen, auf dem ich meine große Fahrt beginne.«

Er hob das Glas, das eingeschenkt vor ihm stand, und trank Sir Hugh, dem bewährten Freund, zu: »Auf alle guten Schiffe, die zur Stunde auf der Weite der See unter Segel sind!«

Die Südsee

Die Mannschaft

Kapitän und Mannschaft gehen mit dem Beginn einer Seereise einen Bund ein, den man wohl mit einer Vernunftehe
vergleichen darf. Manche dieser Verbindungen werden
weder von Achtung und Zuneigung noch von den entge-
gengesetzten Gefühlen beeinflusst. Andere wieder durch-
laufen sämtliche Stufen von gegenseitigem abwartendem
Beobachten über kühle Achtung zu unverbrüchlicher Zuneigung, die auch schwere Belastungen überdauert. Vo-
raussetzung dafür ist, dass der stärkere Partner – und das
ist an Bord eines Schiffes kraft seiner Vollmachten stets
der Kapitän – von seinem moralischen Übergewicht klar
Gebrauch macht.

Cook hatte vor der Ausfahrt der »Endeavour« sorgfältig
alles bedacht, was nach Herkommen und Erfahrung seiner
Mannschaft die lange, strapazenreiche Reise erleichtern
und sie gesund erhalten konnte. Alle Vorbereitungen für
die Expedition überwachte er mit eigenen Augen, mochten ihm die Offiziere auch zehnmal melden, es sei alles in
Ordnung. Proviantamtsschreiber, Dockbeamte, Händler,
Offiziere, Unteroffiziere – sie alle waren sich einig, dass ihnen ein so pedantischer und schrulliger Kapitän wie dieser
James Cook schon lange nicht mehr begegnet sei, wiewohl
sie in dieser Hinsicht an Kummer gewöhnt waren; denn
welchem Kapitän waren keine Marotten nachzusagen?

Sie alle seufzten erleichtert auf, als das Schiff endlich
seeklar war und die Spithead-Reede mit Südkurs verließ.
Die Atlantikfahrt der »Endeavour« war eine Schönwetter-
fahrt, und das entsprach nicht ganz den Wünschen des Kapitäns. Er hätte einen tüchtigen Sturm oder eine Periode

widriger Winde lieber gesehen. Er wusste, dass auf jeder Reise Kapitän, Schiff und Mannschaft eine Stunde der Prüfung erleben, in der jeder dieser drei Partner seine Tüchtigkeit beweisen muss. Nach alter See-Erfahrung ist es gut, wenn diese Stunde schon früh und für alle zu gleicher Zeit eintritt, denn erst danach wissen sie, was sie voneinander zu halten haben. Die »Endeavour«-Expedition hatte dies Glück nicht und ihr Verlauf gab der Seemannserfahrung Recht: Sie wurde zu einer schwierigen Reise.

Dies konnte Cook trotz aller Vorsorge nicht verhindern, wie er denn auch erleben musste, dass alle Fürsorge für das Wohl der Mannschaft deren Vertrauen durchaus nicht mit einem Schlag gewann. Diese Fürsorge drückte sich vor allem in einigen Neuerungen aus, die man vorher wohl noch auf keinem Schiff der Königlichen Flotte erprobt hatte.

Dass Cook, sobald in den Tropen die körperlichen Anforderungen an die Mannschaft wuchsen, an Stelle der üblichen zweimaligen Sechs-Stunden-Wache am Tag eine dreimalige Vier-Stunden-Wache treten ließ, fand zwar ungeteilten Beifall, wurde aber bald vergessen, als die Ereignisse im Hafen von Rio de Janeiro eintraten.

Der Hafen von Rio ist zwar seit jeher seiner Schönheit wegen berühmt, daneben aber auch unerträglich heiß. Wenn ein Schiff drei Wochen in diesem Hafen liegt und während dieser Zeit niemand von Bord gehen darf, verliert sich der Sinn für die Schönheit recht bald, denn ein dreiwöchiger Aufenthalt auf einem engen, still liegenden Schiff bei solcher Hitze bedeutet bei lebendigem Leibe gesotten zu werden. Borddisziplin, Selbstzucht und Höflichkeit schmelzen dabei wie Talgkerzen auf einer heißen Herdplatte.

Die Mannschaft stimmte jedenfalls nach wenigen Tagen

überein, dass den »Alten« der Teufel geritten haben musste, als er sich entschloss diesen Hafen anzulaufen. Cook
hatte gehofft hier den Vorrat an Frischproviant zu ergänzen. Diese Hoffnung erfüllte sich nur teilweise und auch
dieser unbefriedigende Erfolg musste mit tausend Wider-
wärtigkeiten erkauft werden. Deren Ursache war der Vize-
könig von Brasilien höchstpersönlich, der sich Cook gegenüber wie ein boshafter Hafenmeister benahm.

Vergeblich versuchte der Kapitän ihm zu erklären, mit
welchen Absichten sein Schiff unterwegs war; vergeblich
wies er darauf hin, dass die »Endeavour« ein Schiff der englischen Kriegsflotte sei; erfolglos wehrte er sich dagegen,
dass man seiner Mannschaft das Betreten des Landes und
dem Kapitän den freien Einkauf von Lebensmitteln unter-
sagte. Der hohe Herr blieb dabei, die »Endeavour« für ein
Sklavenhändlerschiff zu halten, und erklärte Cooks Hinweis auf den wissenschaftlichen Charakter der Expedition
sei ein besonders listiger neuer Trick. Er ging in seiner
Schikane sogar so weit, Offiziere und Matrosen des Schiffs
tagelang in Haft zu halten, denen er kurz zuvor das Betreten des Landes zu Einkäufen gestattet hatte. Alle Proteste
wies er mit überaus höflich ausgeklügelten Briefen geschickt ab.

Kurzum: Offiziere, Passagiere und Mannschaften der
»Endeavour« waren Gefangene an Bord ihres eigenen
Schiffs und es war wohl verständlich, dass dieser Zustand
sie empörte. Ihr ganzer Zorn wandte sich gegen den Kapitän, dessen Geduld gegen die Schikane sie missverstan-
den. Ihm ging es darum, auf jeden Fall den notwendigen
Proviant zu erhalten; sie aber sahen nur das Nächstliegende: die Hitze an Bord, die Unfreiheit, die gemeine
Schikane. Sie widersetzten sich seinen Befehlen, versuchten heimlich an Land zu gelangen und beschworen

damit nur neue Konflikte mit den Behörden des Landes herauf.

Es blieb Cook schließlich nicht erspart, zu strafen. In einigen Fällen offener Widersetzlichkeit musste er sogar zur Prügelstrafe greifen, und das kam ihn besonders hart an, denn wer wie er vom Matrosen zum Offizier aufgestiegen war, wusste, wie entehrend diese Strafe wirkte und dass sie das sicherste Mittel war, die Kluft zwischen Kapitän und Mannschaft aufzureißen. Das blieb denn auch nicht aus; vergessen waren die wohltätigen Neuerungen, die er eingeführt hatte, und auf der Back hieß es sofort, er sei »ein hundsgemeiner Schinder wie tausend andere auch«.

Diese Stimmung besserte sich erst, als bei den Falkland-Inseln die wärmere Kleidung ausgegeben wurde, die der Kapitän in reichlicher Menge mitgenommen hatte, obwohl das Ziel der Reise in der heißen Zone lag. Nun sagte die Back wieder: »Der Jimmy ist doch ein tüchtiger Kerl!«

Aber nicht die Fürsorge gewann Cook am Ende dann doch das Vertrauen seiner Mannschaft, sondern die Tatsache, dass er ihnen die Ereignisse in Rio nicht nachtrug. Nachdem die Strafen abgebüßt waren und wieder Ordnung im Schiff herrschte, hatte er vergeben und vergessen und behandelte auch die Sünder wieder wie vorher gerecht und mit ruhiger Freundlichkeit wie jeden andern an Bord. Sie wurden seine eifrigsten Fürsprecher.

Außerdem lernte die Mannschaft mit jedem neuen Tag auf See deutlicher einsehen, dass er die Seefahrt von Grund auf verstand und dass man ihm nichts »vormachen« kann. Mit der Zeit wurden sie richtig stolz darauf, dass er war, was sie sich selbst gern nachrühmten: »ein richtiger englischer Seemann aus der alten Schule«.

Der Fall des Seesoldaten Greenslade bewies recht deutlich, wie hoch sie Cook achteten. Dieser neunzehnjährige, noch recht kindische Bursche hatte eines Tages bei Gelegenheit einer Wache vor der Kapitänskajüte ein Seehundsfell gestohlen, das der Kapitän während des kurzen Aufenthalts auf Feuerland eingehandelt hatte. Dieses Fell war an Bord zu bekannt, als dass der Dieb seine Beute lange hätte verstecken können.

Nach einer halben Stunde schon hatten Greenslades Kameraden das Fell bei ihm entdeckt, ihm den Diebstahl trotz seines Leugnens auf den Kopf zugesagt und ihn erheblich durchgeprügelt. Der Sergeant entschied dann, die Tracht Prügel sei einstweilen Strafe genug; Greenslade solle nun zum Kapitän gehen, beichten und sich von ihm Strafe oder Verzeihung für sein Vergehen einholen. Ein Korporal wollte den Diebstahl ordnungshalber dem Leutnant Molineux, dem Kommandoführer der Seesoldaten melden. Aber davon wollten die Leute nichts wissen. So ein Leutnant behandle eine so schwer wiegende Sache doch nur nach dem Reglement und obenhin. Nein, Greenslade solle sofort zum Kapitän gehen; er werde schon wissen, ob dieser Diebstahl ein Verbrechen sei oder nur die Dummheit eines Kindskopfes.

Greenslades kindische Seele wurde jedoch nicht mit der Angst vor den Folgen seines Vergehens fertig. Statt sich bei Cook zu melden, drückte er sich im Schiff herum, und während seine Kameraden beim Abendessen saßen, sprang er über Bord und ertrank.

Jetzt erst erfuhr der Kapitän von dem Geschehen. »Ihr habt es gut gemeint«, sagte er. »Aber es wäre mir lieber, ihr lernt begreifen, dass Gesetze, Befehle und Vorschriften nicht sinnloser Formkram, sondern Gebrauchsanweisungen für ein vernünftiges Zusammenleben sind.«

Er sagte dies zu den Offizieren und Unteroffizieren der Besatzung. Vermutlich verstanden sie alle nicht so ganz, was er meinte. Aber weil der »Alte« es sagte, mussten die Worte wohl Sinn und Verstand haben; so dachten wenigstens die Unteroffiziere. Gut also: Sie wollten sich Mühe geben, es ihm recht zu machen. Und da sie diesem Vorsatz treu blieben, hatte der Kapitän im Laufe der Fahrt seine Freude an ihnen und seinen Matrosen.

Die Offiziere

Schwieriger war es für Cook, seine Offiziere für sich zu gewinnen und aus ihnen brauchbare Gefährten für seine Arbeit zu machen. Er war wohl älter und erfahrener als sie, stand aber nicht in höherem Rang. Da sie alle jung, sehr jung waren, hatten sie außer Abenteuerlust, Ehrgeiz und Rangliste noch nicht viel im Kopf und ließen ihn ziemlich unverblümt spüren, dass sie ihn nur pflichtgemäß in seiner Kommandogewalt anerkannten. Es war nicht leicht, sie von diesem Dünkel zu heilen. Wie tief sie ihm befangen waren, hatten sie damit bewiesen, dass sie in Rio de Janeiro mit den murrenden Matrosen gemeinsame Sache machten.

Als Cook sie danach mit spürbarer Kälte behandelte, spielten sie die Gekränkten, statt die Lehre anzunehmen. Wie wenig einsichtig die Offiziere waren, zeigte sich, als Cook einige Zeit vor der Ankunft in Tahiti seine Anordnung über den Umgang mit den Eingeborenen erließ.

Gewiss, es gab manches Neue und Ungewohnte in diesem Erlass. Sein oberster Leitsatz war, jeder habe sich auf anständige Weise um die Freundschaft der Eingeborenen zu bemühen und sie menschlich zu behandeln. Ein solches Motto hatte sich vorher wohl noch keine Expedition gewählt. Die Offiziere kannten Cook nun bereits gut genug, um zu wissen, dass er solche Worte ernst nahm und mit Nachdruck darauf bestehen würde, dass man sie respektierte. Ihr Europäerhochmut wehrte sich aber nach Kräften dagegen: Sollte man etwa jeden der Schwarzen mit Küssen und Komplimenten begrüßen?

Am meisten verdross die Offiziere, dass die Strafandrohungen, die Cooks Erlass für diejenigen enthielt, welche die sorgfältig erdachte Handelsordnung des Kapitäns übertraten, nicht nur für die Mannschaft, sondern auch für die Offiziere gelten sollten.

Was warf man ihm daraufhin in der Offiziersmesse nicht alles vor! Kleinigkeitskrämerei, Schrullenhaftigkeit, Tyrannei und Engherzigkeit. Und dann: Wie kam Cook überhaupt dazu, die Messe mit der Back ohne weiteres einfach in einen Topf zu werfen und die Offiziere wie die Kanaille vor dem Mast zu behandeln? Sollte man nicht dagegen protestieren und vorstellig werden?

Man wurde aber doch nicht vorstellig. Selbst der vorlaute Leutnant Hicks verkroch sich, als man ihn damit beauftragen wollte. Schon der Gedanke war unbehaglich, mit einem solchen Protest vor die scharfen, kühlen Augen des Kapitäns zu treten. So ließ man es bei ausgiebigem Lästern in der Messe hinter Cooks Rücken bewenden und schenkte am Ende mit halbem Herzen den Vernunftgründen Beachtung, die Cook zu der Anordnung über den Umgang mit Eingeborenen veranlasst hatten.

Es lag schließlich auf der Hand, dass man vermeiden musste, Tausch- und Handelsartikel durch ungeordnetes oder überreichliches Angebot zu entwerten, wenn man Monate hindurch an einem Platz blieb. Von einem geordneten Handel und einem guten Verhältnis zu den Eingeborenen hing ja die Durchführung der Expedition zum guten Teil ab.

»Aber was weiß Cook von Tahiti und seinen Eingeborenen?«, warf einer der Offiziere ein, der die Südseefahrt der »Delfin« unter Kapitän Wallis im Jahre 1766 mitgemacht hatte und deshalb gern in der Messe den Südsee-Experten spielte. Nach seiner Meinung konnte man mit den Eingeborenen nur auskommen, wenn man sie den

Herrn spüren lässt, wie es Wallis übrigens auch getan hatte.

Cook hatte Grund, zu bezweifeln, dass dies Verhalten anständig und zweckmäßig sei. Er wusste, dass es dank dem anmaßenden Auftreten der Mitglieder der Wallis-Expedition bald zu Streitigkeiten mit den Eingeborenen gekommen war. Am Ende hatte man damals sogar das Wasserholen mit Waffengewalt erzwingen müssen. Wallis gab der Hinterhältigkeit und Unehrlichkeit der Inselleute die Schuld an den Zwischenfällen. Cook aber suchte ohne Voreingenommenheit den Fehler da, wo er wirklich lag: bei den europäischen Gästen.

Ihm sagte seine Lebenserfahrung, dass es auf die Dauer nicht nur menschlich anständiger, sondern auch nützlicher war, den Mitmenschen zu achten und in seiner Eigenart gelten zu lassen, auch wenn er eine andere Hautfarbe hatte. Sein ganzes Streben ging dahin, die »Endeavour« und ihre Besatzung ohne irgendwelche vermeidbaren Zwischenfälle zu ihrem Auftrag und wieder nach Hause zu führen. Diesem Zweck musste jedes anständige Mittel dienen. Er meinte, jedermann an Bord müsse auch ohne Überredung begreifen, dass sich diesem Ziel alles andere unterzuordnen hatte.

Auch das Sauerkraut war ein solches Mittel, das dem großen Ziel des Kapitäns diente. Zunächst freilich hatte es den Anschein, als wären auch in diesem Fall die Offiziere und Mannschaften gleichermaßen wie in Rio uneinsichtig.

Als im südlichen Pazifik zum ersten Mal das rohe Sauerkraut auf den Tisch kam, bedienten sich nur der Kapitän und Dr. Solander, der schwedische Botaniker der Expedition. Es fiel kein Wort über das absonderliche Gericht. Alle wussten ja seit Beginn der Reise, dass Cook es auf Anraten des berühmten Arztes Sir John Pringle auf diese Fahrt als

Vorbeugungsmittel gegen den Skorbut erproben wollte und selbst großes Vertrauen darein setzte. Die Schüssel wurde abgeräumt und erschien bei der nächsten Mahlzeit aufs Neue. Wieder das gleiche Bild: Der Kapitän bediente sich schweigend, Dr. Solander folgte und diesmal taten es ihnen – wenn auch zögernd – die anderen Gelehrten an Bord nach.

Die Offiziere aber verschworen sich nachher lieber zu hungern, als sich dieser neuen Schrulle des Kapitäns zu unterwerfen und dies widerliche Gericht zu essen.

Cook ließ sich weder zu einer Äußerung des Unwillens noch zu gutem Zureden herbei. Auf der Back war es übrigens ähnlich zugegangen: Auch dort hatten nur diejenigen, die nichts mehr auf den Kapitän kommen ließen, das Kraut gegessen, obwohl Cook vorher durch die Mastermen den Gesundheitswert des Gerichts hatte erläutern lassen.

Acht Tage danach wurde befohlen, jeder habe von nun an vor dem Mittagessen seine Portion Sauerkraut zu verzehren. Gegen diesen Befehl lehnten sich die Offiziere offen auf: Sie empfanden es als ehrenrührig, dass sie mit der Mannschaft gleichgestellt wurden – in einem Fall, der, wie sie meinten, mit der Schiffsdisziplin nichts zu tun habe.

Cook hörte sich ihre Vorstellungen ruhig an. »Sie wissen«, antwortete er ruhig, »der Seemann bemäkelt zunächst alles, was nicht dem Gewohnten entspricht – mag es sich nun um Speise, Trank, Arbeitsweise oder Geräte handeln und noch so sehr von Vorteil für ihn sein. Er sträubt sich gegen alles Neue. Merkt aber der Mann vor dem Mast, dass seine Vorgesetzten die neue Sache zu schätzen wissen und sich ihrer gern bedienen, dann hält er sie auf einmal für ausgezeichnet. Deshalb hatte ich gehofft, meine Herren, Sie würden ein gutes Beispiel geben. Sollte ich mich so sehr in Ihnen getäuscht haben?«

Nichts weiter: kein Vorwurf, kein Spott, keine besondere Betonung. Und doch hatte er seine Offiziere zum ersten Mal an der richtigen Stelle gepackt. Dass sie keine Vorbilder seien, wollten sie nun doch nicht auf sich sitzen lassen.

Von diesem Tage an kam das Sauerkraut in der Messe und in der Back zu Ehren. Zwar wurde erheblich darüber gelästert und gespottet – der Name »Sauerkrautreise« entstand damals und blieb an Cooks erster Südseefahrt hängen –, aber man aß fortan brav jeden Mittag sein Häufchen Sauerkraut.

Der Erfolg zeigte, dass man es hier weder mit der papiernen Theorie eines Mediziners noch mit der Schrulle eines spleenigen Kapitäns zu tun hatte. Als die »Endeavour« Tahiti erreichte, fand sich trotz der langen Seereise ohne genügend frischen Proviant kein Zeichen beginnenden Skorbuts an Bord.

Die Gelehrten

Cook hatte zu Beginn der Reise nicht die Absicht, sich an der Forschungsarbeit der Gelehrten zu beteiligen. Sie sollten an ihm jederzeit Rückhalt finden, im Übrigen aber sich selbst überlassen bleiben. Bescheiden meinte er, er werde als Seemann zu ihrer Arbeit kaum etwas Ersprießliches beitragen können. So grenzte er denn von vornherein seinen Pflichtenkreis gegen den ihren ab und betrachtete sie als Passagiere und Gäste an Bord.

Diese klare Scheidung ließ sich jedoch auf dem engen Raum eines Schiffes nicht lange durchhalten. Die Herren waren allesamt zu gut erzogen, als dass sie ihm gegenüber ihren gesellschaftlichen oder wissenschaftlichen Rang herausgekehrt hätten. Sir Joseph Banks war ja nicht nur von Adel und reich wie ein Nabob, er besaß trotz seiner Jugend auch bereits im Reich der Wissenschaft einen geachteten Namen. Und ebenso waren der Astronom Green, der Pflanzenforscher Dr. Solander und der Landschaftsmaler Buchan in ihrem Fach als Männer von Rang und Namen anerkannt. Da die Royal Society Cook zu ihren Mitarbeitern zählte, fiel es ihnen nicht schwer, ihn als einen der ihren anzusehen.

Er aber war ihnen gegenüber befangen und auch wohl in einer schwierigen Lage, denn es war für ihn, den Kapitän, nicht leicht, sie in die Schiffsgemeinschaft einzugliedern. Und sie selbst wussten nicht recht, wie sie sich zu ihm stellen sollten.

Diese Klärung vollzog sich erst nach einigen kleineren Missverständnissen während des kurzen Besuchs, den die »Endeavour« der Küste von Feuerland abstattete. Der Kapi-

tän hatte ursprünglich nicht beabsichtigt Feuerland anzulaufen, denn wie alle Seeleute fürchtete er diese ihrer
Stürme wegen berüchtigte Küste. Da jedoch das Wetter
klar war und ein zusätzlicher Vorrat an frischem Wasser
für die lange Pazifikfahrt wünschenswert schien, ging man
in einer Bucht kurz vor Anker. Außer dem Wasserholer-
kommando sollte niemand an Land gehen.

Aber Cook hatte nicht damit gerechnet, dass der Duft
von Erde, Süßwasser und Wald, der vom Land herüber-
wehte, den Gelehrten den Wunsch eingeben würde, eine
kleine Forscherexkursion in das fremde Land hinein zu unternehmen. Nicht ohne Bedenken gab er ihren Bitten
nach, denn er traute dem Wetter nicht. Mit dem Versprechen, vor Abend zurückzukehren, marschierten »die lieben Landratten« – wie sie an Bord hießen –, von ihren beiden schwarzen Dienern begleitet, vergnügt davon.

Sein Wetterspürsinn hatte den Kapitän nicht getrogen:
Im Laufe des Tages schlug das Wetter um. Regen- und Ha-
gelböen gingen gegen Abend in einen heftigen Schneesturm über. Cook hatte allen Grund, mit Sorge an die Forscher zu denken. Seine Sorge steigerte sich zu Unruhe und
Ärger, als bei Anbruch der Nacht die Gelehrten noch immer ausblieben.

Es gab eine kalte Nacht; der Schneesturm ließ zwar
nach, ging jedoch in einen regelmäßigen, dichten Schnee-
fall über. Noch vor Morgengrauen schickte Cook ein Such-
kommando an Land, das gegen Mittag endlich die Ver-
missten zurückbrachte. Nun stellte sich heraus, dass Sir
Joseph Banks allzu sorglos mit seinen Gefährten in das unbekannte Land hineinspaziert war. Über der eifrigen Suche nach unbekannten Pflanzen hatten sie vergessen auf
Zeit, Weg und Steg zu achten. Von Schneesturm und Dämmerung überrascht, hatten sie sich gründlich verlaufen

und mussten die Nacht frierend herumirren. Dabei verloren sie die beiden Diener. Man fand sie in einer Schneewehe erfroren.

Die Herren sahen arg mitgenommen aus und das Hochgefühl der ersten Forschungsarbeit in fremden Ländern war ihnen so sehr verdorben, dass sie Mitleid verdient hätten. Aber der Kapitän war so aufgebracht, dass er in diesem Augenblick nicht mehr daran dachte, dass er die Forscher als Gäste hatte betrachten wollen und dass sie etwa Rang und Würden geltend machen könnten. Man hatte das ihm, dem für Schiff und Besatzung Verantwortlichen, gegebene Versprechen gebrochen, hatte Leib und Leben – wie ihm schien – leichtfertig um einiger Körbe voll Moos und Grünkram willen aufs Spiel gesetzt. Banks suchte schwach einzuwenden, es handle sich bei diesem »Grünzeug« um einige der Wissenschaft noch nicht bekannte Pflanzen, um wertvolle Funde also.

Mit einer unwirschen Handbewegung fegte Cook diesen Einwand beiseite: Dieser »Ertrag« wiege doch wohl den Verlust zweier Menschenleben nicht auf. Man habe nicht genügend nachgedacht und sich statt auf Einsicht und Umsicht auf Glück und Zufall verlassen. Und das sei das Schlimmste. Kurz und gut: Er als Kapitän und Führer der Expedition müsse darauf bestehen, dass man in Zukunft solche törichten Abenteuer aus Rücksicht auf das Ziel des Unternehmens unterlasse.

Wie ein Hagelschauer fuhren diese Vorwürfe über Banks dahin. Zum ersten Mal in seinem Leben wurde er ohne Respekt vor Namen und Reichtum abgekanzelt wie ein Schuljunge. Banks schämte sich, denn er spürte, dass Cook mit seinen Vorwürfen Recht hatte.

Mit schlichten Worten bat Banks um Verzeihung. Und nun eroberte auch ihn, was Cook das Herz seiner Mann-

schaft gewonnen hatte: die Fähigkeit des Kapitäns, zu vergeben und zu vergessen. So blieb in den Gelehrten keine
trübende Erinnerung an diese Stunde zurück. Von nun an
waren sie nicht mehr nur Gäste an Bord, sondern Mitglieder der Schiffsgemeinschaft.

Das Gesicht der Insel

Als die »Endeavour« sich Tahiti näherte und in die Bucht von Matavai einlief, schwärmten die Kanuflottillen der Inselbewohner dem Schiff fröhlich entgegen. Mit grünen Zweigen winkte man den Ankömmlingen aus den Booten und vom Strand her zu; riesige Büschel goldgelber Bananen, brauner Kokosnüsse und flammender Pandanusblüten hob man zur Reling empor und Trauben lachender und rufender Menschen hängten sich an die Bordwände, glitten ins Wasser zurück, kamen wieder heran. Zurufe und Lachen umgaben die Gäste wie eine klingende Welle.

Die Männer auf der »Endeavour« hatten sich die Stunde der Ankunft auf Tahiti, von dem man daheim so viel märchenhaft bunte Dinge zu berichten wusste, während der eintönigen Seefahrt in den schönsten Farben ausgemalt. Doch dass man sie nun wie heimkehrende Brüder jubelnd begrüßte, übertraf ihre buntesten Phantasiebilder. Die Menschen hier zu Lande schienen weder Misstrauen noch Förmlichkeit zu kennen. Wie Kinder jauchzten sie den Ankömmlingen zu und trugen als Willkommensgeschenke herbei, was ihre Häuser und Gärten hergaben. Nun war auch der ärgste Zweifler an Bord geneigt, denen Recht zu geben, die in den Inseln der Südsee das verlorene Paradies auf Erden wieder entdecken wollten.

Aus den klaren blauen Wassern der Bucht, die in sanften Wellen atmete, hob sich das Land empor, stieg von seinem rosigen Strand zu Hügelwellen auf und strebte schließlich im kühnen Schwung einer Vulkankuppe dem Himmel entgegen. Auf den steilen Schultern dieser Kuppe drängte sich dichter Wald zu dunklem Grün zusammen. Strand und Hügelland aber waren licht und fruchtbar. Hier versteckten sich in üppigen Wäldchen die Hütten der Eingeborenen. Fruchtbarer Boden ließ alle Früchte gedeihen und schenkte den Bewohnern ohne allzu harte Arbeit ertragreiche Ernten.

Das Volk mied das Innere des Landes: Über dem Urwald und den Schluchten des Vulkans lag ein schwerer Schatten; hier war das Reich der Geheimbünde und Sekten, die Behausung der Geister und Dämonen, deren Dasein die heiteren Menschen des Landes in der Sonnenfülle ihrer Heimat frösteln ließ, sobald sie daran dachten.

Das Volk lebte mit dem Gesicht zum Meer, denn das Meer war gut. Von frühmorgens bis tief in die Nacht hinein waren die Fischerboote längs der Küste und draußen im offenen Meer unterwegs. Auf dem Wasser in ihren flinken, wendigen Auslegerbooten waren die Menschen in ihrem Element. Sie schwammen wie die Fische und segelten so verwegen wie die Strandgutjäger der irischen Atlantikküste.

Das größte Wunder dieses Landes war das Sonnenlicht, dessen goldene Fülle Tag für Tag niederströmte. Die Seewinde und die Laubschatten der Bäume nahmen ihm seine sengende Schärfe. Sein Leuchten, seine Wärme milderten die düsteren Schatten und Dämonen, die um den Vulkan geisterten.

Drei Monate lang stand das sonnenfrohe Gesicht der Insel vor den Augen der fremden Gäste. Zunächst sahen sie nur diese eine Seite ihres Gesichts – die vordergründige und ansprechende freilich, aber doch eben nur eine unter vielen. Schritt für Schritt enthüllten sich ihnen auch die anderen, je mehr sie mit den Eingeborenen umgingen und je tiefer ihre Blicke dabei in die Hintergründe des Insellebens eindrangen. Mit den Südseeverhältnissen nicht vertraut, war man auf der »Endeavour« zunächst geneigt der schönen Sage Glauben zu schenken, auf Tahiti gebe es wie im Paradies weder Rang noch Standesunterschiede. Die zutraulichen Schwärme des Volkes, die in den ersten Tagen von allen Seiten zum Schiff strömten, schienen in sich durch keinerlei erkennbare Formen oder Abzeichen unterschieden: Keiner schien benachteiligt, keiner besonderen Respekt zu verlangen.

Nach einigen Tagen zeigte sich jedoch, dass sich die Würdenträger der Insel bisher zurückgehalten hatten. Erst am dritten Tag ließ sich der Häuptling des Matavai-Distrikts an Bord der »Endeavour« sehen. Und nun zeigte sich, mit welchem Nachdruck man auch auf Tahiti Standesunterschiede zu wahren wusste. Der Häuptling Tutaha überragte nicht nur durch seine Hünengestalt seine Landsleute, sondern wusste seine Würde auch durch entsprechenden Prunk und durch herrisches Auftreten zu unterstreichen. Sobald sein Boot sich dem Schiff näherte, schwieg der vergnügte Lärm der anderen Besucher. Scheu wichen sie nach allen Seiten zurück; ja, manche wendeten sich ab, um den Mächtigen nicht durch ihre Blicke zu kränken. Solange der Häuptling an Bord blieb, bewegte er sich in einem magischen Kreis unterwürfigen Schweigens. Der grimmige Blick, mit dem er seine Untertanen von Zeit zu Zeit musterte, ließ ahnen, dass mit ihm oft nicht gut Kirschen essen war.

Der Kapitän empfing ihn mit aller Höflichkeit, überhäufte ihn mit Geschenken und es war Tutaha anzusehen, dass ihm dieser Empfang nicht wenig schmeichelte. Trotz aller Verständigunsschwierigkeiten begriff der Häuptling bald, dass die Gäste ihn für das Oberhaupt der ganzen Insel hielten, und er nutzte dieses Missverständnis nach Kräften zu seinen Gunsten aus. Als Cook entdeckte, dass in Wahrheit eine Frau mit Namen Beriea das Oberhaupt Tahitis war, hatte der schlaue Tutaha bereits dank seinem Reichtum, den er durch die Gastgeschenke der Engländer anhäufen konnte, seinen Einfluss so gestärkt, dass er seine schon früher begonnenen Intrigen gegen die Königin ganz offen fortsetzte.

Beriea beklagte sich bitter hierüber und Cook tat alles, um auch sie mit Geschenken zufrieden zu stellen. Aber sich an ihre Seite zu stellen und aktiv gegen den Usurpator Tutaha einzuschreiten, wie Banks es wünschte, lehnte er ab.

Übrigens glichen sich Königin, Adel und Volk darin, dass jeder auf Geschenke erpicht und hemmungslos neugierig war und ohne Scheu einfach nahm, was ihm gefiel, wenn man es ihm nicht lieber vorher schenkte.

Allmählich begriffen die Gäste, dass sich auch in diesem dem Urzustand scheinbar noch so nahen Volk soziale Schichten gebildet hatten. Es gab eine dünne Oberschicht, Eri genannt, freie (Manahuna) und endlich Unfreie (Tau-tau). Zu seinem großen Erstaunen entdeckte Sir Joseph Banks eines Tages, dass nicht Waffenübermacht oder Grö-ße des Besitzes diese Rangordnung bestimmten, sondern religiöse Vorstellungen – vor allem die Macht des Tabu. Diese Macht aber lag allein in den Händen der Häuptlinge und nur so ließ sich verstehen, dass Tutaha trotz seines Reichtums und seines Einflusses bei den anderen Häupt-lingen nur zögernd und auf Umwegen seine Intrigen ge-gen Beriea betrieb: Ihr Tabu war wohl mächtiger als das seine.

Langsam und schrittweise in hundertfältigen kleinen Er-lebnissen und Beobachtungen, zu denen jeder an Bord das Seine beitrug, enthüllte sich so das Gesicht der Insel bis in seine feineren Züge hinein. Vieles ahnte man mehr, als dass man es klar zu durchschauen vermochte. Vor allem Banks gestand sich seufzend ein, dass die wenigen Wochen des Aufenthalts in Tahiti nicht ausreichen würden die ganze Fülle des Insellebens zu erfassen.

Je mehr Banks mit seinen Gefährten mit dem Leben der Eingeborenen vertraut wurde, umso deutlicher sah er, dass auch hier der Mensch aus dem Stande paradiesischer Unschuld vertrieben war. Ein Paradies – das hätte doch bedeutet, dass das Volk von Tahiti ein geschichtsloses Leben ohne Verstrickungen führte, das sich niemals änderte.

Davon konnte man freilich nicht sprechen. Aber die Insel war so schön, das Volk vom Schicksal offensichtlich bevorzugt, dass die Europäer keinen Grund hatten die Eingeborenen zu bemitleiden. Natürlich waren die Werkzeuge Europas zweckmäßiger, seine Ackerbauformen vielseitiger. Doch sowohl Kleidung wie die Geräte für den Haus- und Schiffbau reichten hier für die Bedürfnisse völlig aus und waren in ihren Formen nicht nur einfach und natürlich, sondern auch schön.

Wenn man bedachte, dass Häuser wie Schiffe der Eingeborenen mit Werkzeugen aus Stein geschaffen waren, so konnte man nur mit größtem Respekt von den Leistungen der Eingeborenen sprechen. Auf Tahiti wie auf allen anderen Inseln der Südsee kannte man damals weder Bohrer noch Schrauben, weder Nägel noch Säge. Muscheln und Haifischzähne dienten als Schneidewerkzeuge, Steine als Hammer und Beil, Bindungen wurden aus Pflanzenbast und Pflöcken hergestellt.

Mit solchen Werkzeugen wurden die Auslegerboote geschaffen, die zum Fischfang in den Küstengewässern besser als jedes andere Wasserfahrzeug geeignet waren. Und ebenso zweckmäßig waren die Häuser auf der Insel. Wie ein auf Pfählen kieloben aufgedocktes Boot sah solch ein

Haus mit seinem spitzen, tief herabgezogenen Palmstroh-
dach aus. Die Wände bestanden aus lockerem Mattenge-
flecht, Innenwände fehlten ganz. So wehte jeder Lufthauch durch den Raum.

Die Eckpfeiler der Häuser waren wie die hohen Steven
der Boote schön geschnitzt und bunt gemalt. Es war nicht
recht in Erfahrung zu bringen, was die fratzenhaft stilisier-
ten Gesichter und die Masken- und Tierfiguren bedeuten
sollten. Waren es Gedenkbilder für Ahnen der Sippe oder
Helden des Volkes? Götterbilder oder Dämonenfratzen?
Die Eingeborenen wichen solchen Fragen beharrlich aus.

Natürlich führten auch die Menschen dieser gesegneten
Insel kein Leben ohne Arbeit und Pflichten. Haus- und
Bootsbau war die Arbeit der Männer, Weberei und Garten-
bau besorgten die Frauen. In den Feldmarken verriet jeder
Fußbreit fruchtbaren Bodens die pflegende Hand. Äcker
und Gärten waren mit Yamswurzeln, Bananen, Bataten
und Brotfruchtbäumen sorgfältig bestellt. Ständig sah
man Männer, Frauen und Kinder grabend, hackend oder
jätend dort beschäftigt. Das günstige Klima ermöglichte
zwar mehrere Ernten im Jahr, aber auch hier konnten es
sich die Menschen nicht leisten, das Wachstum den Launen des Zufalls zu überlassen. Die Früchte wuchsen ihnen
keineswegs in den Mund, wie romantische Träumer in Europa sich einbildeten.

Die Insel war bei Cooks Ankunft so dicht besiedelt, dass
jeder Zoll fruchtbaren Landes bebaut werden musste.
Dass dies mit Verstand und Fleiß geschah, darüber wach-
ten Häuptlinge und Priester unnachsichtig.

Die Eingeborenen hatten rasch begriffen, dass die europäischen Werkzeuge den ihren überlegen waren. Deshalb
stand kein Tauschgegenstand so hoch im Kurs wie ein Beil
oder ein großer Nagel. Auf Tahiti, das schon mehrmals eu-

ropäische Gäste gehabt hatte, machte sich schon niemand mehr die Mühe, Steinbeile oder Bohrer aus Haifischzähnen anzufertigen.

Nein, ein Paradies war Tahiti nicht, wohl aber ein gesegnetes Land, in dessen Gesicht die hellen Züge die dunklen Furchen der Not überstrahlten. Als Europäer mochte man die Eingeborenen vielleicht beneiden um ihr Schicksal und sich nach dem goldenen, warmen Frieden dieses Landes sehnen. Aber seinen Menschen konnte sich niemand angleichen, denn das hätte bedeutet, der Zukunft gegenüber gleichgültig zu sein. Und dies eben war die feine Grenzlinie zwischen Europäern und Tahitianern, die niemand zu überschreiten vermochte: Die Südseemenschen lebten nur dem Heute, die Europäer aber dem zukünftigen Tag.

Der Alltag der Expedition

Cooks klugen, vorausschauenden Anordnungen über den Umgang mit den Eingeborenen war es zu verdanken, dass es kaum je zu Reibereien ernster Art kam. Gleichwohl forderte der Alltag der Expedition von ihm, dass er ständig seine Wachsamkeit und immer aufs Neue seine Autorität und Einsicht aufbieten musste, damit die Arbeit der Forscher unbehelligt vor sich gehen konnte und die Sicherheit von Schiff und Mannschaft gewahrt blieb.

Dies war nicht immer leicht, denn manche Mitglieder der Expedition fanden es lächerlich, dass man mit den tahitianischen Würdenträgern so diplomatisch verfuhr. Man hätte sich dank der Überlegenheit der europäischen Waffen doch nehmen können, was man brauchte! Von solchen Ansichten wusste Cook freilich seine Gefährten schnell abzubringen. Waffengebrauch gegen Eingeborene gestattete er nur, wenn einer sich lebensgefährlich bedroht sah, und anmaßendes Auftreten verleidete er den anderen vor allem durch sein Vorbild. Da er die Häuptlinge ohne Unterschied so höflich wie europäische Fürsten behandelte, konnte sich niemand an Bord ihnen gegenüber als Herr aufspielen. Für jeden Fleck Erde, den er benutzen, für jeden Baum und jeden Stein, den er gebrauchen wollte, bat der Kapitän den Eigentümer oder den Häuptling um Erlaubnis und erwarb in aller Form das Besitz- oder Benutzungsrecht, obgleich die Eingeborenen untereinander es in dieser Hinsicht gar nicht so genau zu nehmen schienen.

Freilich konnte auch die vorausschauende Klugheit des Kapitäns nicht alle Reibungsflächen beseitigen. Deshalb war es gut, dass Cooks scharfe Seemannsaugen niemals müde wurden und seine Fähigkeit, stets gerecht zwischen Verschulden und Versehen zu unterscheiden, nie nachließ. Und gut war es auch, dass er in Banks einen Helfer besaß, der es verstanden hatte, sich das Vertrauen der Eingeborenen in hohem Maß zu gewinnen und zu erhalten. Daher hat die »Endeavour«-Expedition nichts von Aufruhr, von Kämpfen mit »Wilden« und glorreichen Waffensiegen zu berichten.

Zweierlei machte dem Kapitän auf Tahiti viel zu schaffen: die Gedanken- und Bedenkenlosigkeit seiner Mannschaft gegenüber den Inselleuten und die Neigung der Eingeborenen zu Diebereien.

Es begann mit dem Priem, den ein Spaßvogel von Seemann einem der Eingeborenen zu probieren gab, der durchaus erfahren sollte, was der Matrose da so genussvoll im Munde bewegte. Als Janmaat aber sah, dass der Tahitianer den Kautabak verschluckte, schlug er sich schleunigst seitwärts in die Büsche, während der Beschenkte mit brennendem Schlund und Magen niedersank und sich vergiftet glaubte. Jammernd umstanden Weib und Kind und Nachbarn den Unglücklichen und alle trauten sicherlich dem weißen Mann bereits eine arge Teufelei zu. Da kam Sir Joseph Banks dazu. Als ihm die geschickte Pantomimik der Eingeborenen das Geschehene verdeutlicht hatte, fand er rasch Abhilfe. Eine Kokosnuss wurde aufgeklopft und der angenehme Milchsaft tat seinen Dienst: Der Priem kam wieder zu Tage und der Saft kühlte Magen und Hals des Opfers.

Der Inselklatsch trug das Ereignis in Windeseile über das ganze Land und von diesem Tage an galt Banks bei allen Eingeborenen als ein großer Medizinmann und hilfsbereiter Freund. Alle Häuser standen ihm offen und für jeden Weg fand er einen Führer, für jede Frage bereitwillige

Auskunft. Dies Vertrauen wurde nie erschüttert, zumal Banks sich darauf verstand, es klug zu nähren. So hängt Gelingen und Misslingen oft von Kleinigkeiten ab.

Gefährlicher schon war ein anderes Ereignis. Der Kapitän hatte dem Leutnant Gore befohlen Ballast nachladen zu lassen. Gore sah sich an Land nach geeigneten Steinen um und dabei fiel sein Blick auf einen alten Morai – einen Begräbnisplatz, dessen Bruchsteinfassung fast ganz eingesunken war. Der Platz lag nahe beim Schiff; er enthielt genug Steine: So gab der Leutnant seinen Leuten Anweisung den Ballast dort herzuholen.

Sie hatten kaum mit der Arbeit begonnen, da versuchten die Einwohner des benachbarten Dorfes die Seeleute unter Drohungen zu hindern. Schon rüsteten sich die Matrosen zu einer Rauferei und der Offizier tat nichts, um sie davon abzubringen. Inzwischen hatte das Dorfoberhaupt Banks herbeigerufen, der nun den Leutnant dringend bat die benötigten Steine anderswo zu holen. Der Platz sei den Dorfbewohnern heilig und müsse unangetastet bleiben.

Der Leutnant aber wollte nicht nachgeben. Warum – zum Teufel – sollte diese Landratte, dieser Pflanzensammler einen Seemann darüber belehren, was er tun durfte und lassen musste?

»Nehmen Sie Vernunft an, Gore«, beschwor ihn Banks. »Oder muss ich erst den Kapitän bemühen, dass er Sie belehrt?«

Diese Drohung bewog den Leutnant zum Rückzug. Die Belehrungen des Kapitäns waren in solchen Fällen meistens recht nachdrücklich.

Banks atmete auf, als er den Streit geschlichtet sah. »Sie müssen wissen«, erklärte er dem Leutnant dann, »alle Friedhöfe der Eingeborenen stehen unter Tabu – das heißt: Sie sind heilig und unantastbar. Wer sich an ihnen vergeht, wird ausgestoßen aus der Gemeinde und ist vogelfrei, wenn er nicht auf der Stelle umgebracht wird. Nichts flößt den Eingeborenen mehr Furcht ein als dieses Tabu. Was unter Tabu steht – Mensch oder Gegenstand –, ist dem Gott geweiht und wird mit einer Scheu verehrt wie bei uns das Sakrament.

Solche Dinge muss man achten, auch wenn man sie nicht ganz begreift. Das Tabu ist etwas Fürchterliches, Dämonisches, das tief ins Leben jedes Einzelnen auf der Insel eingreift.

Ja, Leutnant, so sonnig die Insel ist, so glücklich und heiter die Menschen auch scheinen: Das Leben dieses Volkes gleicht dem Berg, der ihre Insel beherrscht. Auch hier sind neben und unter einer von der Sonne vergoldeten Schauseite Schatten und dunkle Abgründe.

Einige dieser Dunkelheiten aufzuhellen ist unser Bemühen. Gelingt es, so wird es nicht nur für die Wissenschaft, sondern auch für die Seeleute ein Gewinn sein. Ihr werdet leichter mit den Menschen dieser Insel auskommen, wenn ihr wisst, wo sie verletzlich sind.«

Nicht immer reichte Banks' Vermittlung aus, die Ordnung wieder herzustellen. Dann musste der Kapitän eingreifen. Dies war vor allem dann der Fall, wenn die Diebereien der Eingeborenen, zu denen sie meist ihre Neugier verführte, sich auf unentbehrliche Gegenstände erstreckten.

So verschwand zum Beispiel eines Tages bei der Errichtung der astronomischen Beobachtungsstation an Land die Kiste mit dem Teleskop, ohne das die eine der Expeditionsaufgaben – die Beobachtung des Venusdurchgangs durch die Sonne – nicht durchzuführen war. Dringliche Vorstellungen bei Tutaha brachten die Kiste nicht zurück.

So sah sich Cook zu Repressalien gezwungen. Er ließ sämtliche in der Bucht gerade anwesenden Fischerboote beschlagnahmen.

Dies einfache, unblutige Vorgehen wirkte rascher und nachhaltiger als eine bewaffnete Aktion, wie sie die Offiziere vorschlugen. Wenige Stunden nach dem Diebstahl war das Teleskop wieder herbeigeschafft und der Freigabe der Boote stand nichts mehr im Wege. Ihre vorübergehende Beschlagnahme war schnell verschmerzt; eine Strafaktion aber hätte Tote und Verwundete hinterlassen und die Eingeborenen, denen man ja nicht begreiflich machen konnte, welchen Schaden ihr Diebstahl verursachte, für längere Zeit verstimmt. Außerdem war fraglich, ob ein bewaffnetes Vorgehen das Teleskop zurückgebracht hätte.

Noch empfindlicher wurden die Eingeborenen eines Tages dadurch getroffen, dass Cook den Häuptling Tutaha als Geisel festsetzen ließ. Dies geschah, als ein zum Holzfällen in den Wald geschickter Matrose nicht von seiner Arbeit zurückkehrte. Eingeborene verrieten, Tutaha habe den Mann gefangen nehmen und ins Gebirge bringen lassen.

Was den Häuptling zu diesem Schritt bewog, gab Anlass zu allerlei Vermutungen. Während die einen zu der Ansicht neigten, der Matrose habe sich irgendwelche Übergriffe gegen Eingeborene zu Schulden kommen lassen, glaubten andere überhaupt nicht, dass er gefangen genommen sei: Der Mann habe sich mit Tutaha verabredet und wolle damit bemänteln, dass er zu desertieren beabsichtige. Eine dritte Gruppe hielt es für möglich, dass man auf der Insel einmal einen Weißen als Menschenopfer und Prunkstück für eine Kannibalenmahlzeit haben wollte. Man war zwar bisher noch nicht auf Spuren der Menschenfresserei gestoßen, wusste aber durch die Berichte der Expedition des Kapitäns Carteret davon.

Aber weder das Verhalten des Matrosen noch Appetit auf Menschenfleisch stellten sich bei Tutahas Festsetzung als Grund für das Verschwinden des Seemanns heraus, sondern etwas, was zum Wesen des Häuptlings recht gut passte. Diesen gelüstete es nämlich nach einem weißen Untertanen, denn der würde ihm – wie Tutaha meinte – allen anderen Häuptlingen und vor allem der Königin Beriea gegenüber endgültig das Übergewicht gesichert haben.

Der Häuptling gestand dies ohne jede Spur von Verlegenheit ein. Ja, er war selbstsicher genug, am folgenden Tage als Ersatz für den weißen Mann zwei Äxte zu fordern, die er denn auch erhielt. Cook meinte, die Äxte würden ihm mehr nützen als ein Seemann, der an Land doch nur ein Fisch auf dem Trockenen sei.

Cook hielt es für ratsam, die Besuche seiner Leute an Land auf ein Mindestmaß zu beschränken und den Tauschhandel unablässig zu überwachen, damit nicht Handwerkszeug und Geräte, die zum Schiffsbestand gehörten, bedenkenlos vertauscht wurden.

Die Eingeborenen, vor allem die Frauen von Tahiti, hatten nämlich rasch erkannt, auf welche Weise sie sich am leichtesten die auf der Insel so sehr begehrten Nägel und andere Gegenstände aus Eisen verschaffen konnten. Ihre männlichen Landsleute schienen mit dieser Form des Tauschhandels auch ganz einverstanden. Allzu viel Zartgefühl in dieser Hinsicht zeichnete das Inselvolk jedenfalls nicht aus.

Cook sah zwar über die nicht endenden Frauenbesuche an Bord nach Möglichkeit hinweg, wiewohl sie recht unangenehme Folgen mit sich brachten, die den Schiffsarzt Dr. Monkhouse beständig beschäftigten. Als die »Endeavour«

Tahiti verließ, musste Cook feststellen, dass der Gesundheitszustand seiner Mannschaft schlechter war als vorher.

Im Ganzen gesehen, sah sich der Kapitän selten zu Bestrafungen genötigt. Zumeist konnte er es beim strengen Tadel bewenden lassen. Nur wenn sich Matrosen Eingeborenen gegenüber zu Gewalttätigkeiten hinreißen ließen, strafte er hart. So diktierte er einem Seesoldaten vierundzwanzig Hiebe mit dem Tauende zu, weil dieser einem Eingeborenen einen Federschmuck mit Gewalt entrissen hatte, den zu verkaufen der Tahitianer sich weigerte. Diese Bestrafung erschien manchem an Bord zu hart, weil die Inselbevölkerung es ja auch mit der Ehrlichkeit nicht allzu genau nahm. Diesen Einwand ließ Cook jedoch nicht gelten. Gerade weil sich die Weißen den Tahitianern gegenüber überlegen fühlten, sollten sie sich mehr beherrschen. Dies wollte er der Mannschaft deutlich einprägen; deshalb ließ er die Strafe an Land vor Augen der Eingeborenen vollstrecken.

Bei dieser Exkursion zeigte sich die Gutherzigkeit des Inselvolkes in voller Deutlichkeit. Kaum hatte der Profos begonnen dem Übeltäter die Hiebe auf den bloßen Rücken zu zählen, da baten die Tahitianer flehentlich, Cook möge dem Mann verzeihen und die Strafe aufheben. Und als sich nun auch noch Banks den Bitten der Eingeborenen anschloss, schwankte er einen Augenblick.

Schließlich jedoch blieb er fest, weil er mit dieser Bestrafung ein Exempel für seine Leute wie für die Eingeborenen statuieren wollte. So erhielt der Sünder seine Strafe ungeschmälert.

Die Eingeborenen aber, die weder gegen Untergebene noch gegen Kinder hart verfuhren, begegneten Cook von diesem Tage an mit einer ehrfürchtigen Scheu, die ihm große Macht über sie verlieh. Hätte ihm der Sinn nach

Herrschaft und Macht gestanden, so hätte er die Insel seinem Willen leicht unterwerfen können und selbst die Häuptlinge wären ihm kaum eine ernsthafte Gefahr dabei gewesen.

Doch ihm galt die Macht seines Willens und seine Kommandogewalt als Kapitän nur als Werkzeug, das der Aufgabe seiner Expedition zu dienen hatte. Er war ein Mann der Ordnung und des Maßhaltens und blieb es, trotz aller außerordentlichen Ereignisse seines Lebensweges.

Mauis Fisch

Vom flimmernden Leuchten des Horizonts aufgesogen versanken Tahiti und seine Nachbarinsel Huaheine hinter der »Endeavour« und die Weite der See nahm das Schiff wieder auf. Das Ziel hieß Neuseeland – jenes Land, das der niederländische Seemann Abal Tasman vor mehr als 125 Jahren entdeckt hatte.

Luft und Landschaftsbild dieses Landes schienen den Männern der Expedition freundlich, ja fast heimatlich, als sie sich hier an Land begaben.

Jedes Tal war lieblich belebt von Wiese, Bach und Fluss und von einem strahlenden Himmel überwölbt. Wälder umkränzten die Hügel grün, voll von kräftigem, hochwüchsigem Baumbestand und feurig blühendem und duftendem Gesträuch. Vom Innern des Landes her grüßten mächtige, schneebedeckte Berghäupter wie Wolkengebirge herüber. Die Gelehrten hätten gern länger auf dieser Insel verweilt, jedoch der Kapitän trieb Schiff und Mannschaft unnachgiebig voran, immer in Sicht der Küste kreuzend.

Senkblei und Teleskop kamen in diesen Wochen kaum eine Stunde zur Ruhe. Cook trug täglich auf seiner Karte Punkt um Punkt, Strich um Strich ein, nüchtern, genau, unverrückbar – Zahlenreihe eines Rechenexempels, dessen Lösung fehlerlos sein sollte.

Sah James Cook überhaupt noch neben dem Schwarz-Weiß der Karte die farbig lebendige Küste dieses Landes? Drang das Wechselspiel von Licht und Schatten über der Brandung an den Felsen des Strandes, über dem bald steingrauen, bald waldgrünen Gebirge bis in sein Herz vor?

Wie sein Gesicht schien auch sein Herz mit Kühle gepanzert; es verriet nicht, ob ihn die Schönheit und der Zauber der Bilder, an denen das Schiff vorüberstreifte, noch irgendwie anrührte. Nichts schien sein Auge ablenken zu können von der großen Aufgabe des Vermessens.

Die frühen Entdecker neuer Küsten und fremder Länder – Kolumbus, Cabral, Quiros und Mendana –, sie alle trugen ein Traumbild im Herzen und oft glaubten sie Dinge zu sehen, die gar nicht oder doch nicht so da waren, wie sie es den Nachfahren dann überlieferten. Von allen Entdeckern schien Cook der erste und einzige, der ohne Traum nüchtern und wach durch fremde Meere und an unbekannten Küsten segelte. Wo die anderen einem Traumbild oder goldener Beute nachjagten, ging er ruhigen Schrittes seiner Arbeit nach und gehorchte dem Befehl des Auftrages. Ihm galt als Krönung nur der gesicherte Ertrag, die sorgfältig gesiebte Ernte unendlicher Mühen.

Besondere Aufmerksamkeit forderte die Frage, ob Neuseeland eine einzige Insel sei oder ob es sich in zwei Inseln gliedere. Cook war nach einem Rundblick von einem Berg nahe der Meeresstraße, die heute seinen Namen trägt, zu dem Schluss gekommen, Neuseeland bestehe aus zwei Inseln. Die Meeresströmung wie die Verhältnisse von Ebbe und Flut in dieser Straße, die man zunächst als fjordartige Bucht ansprach, bestätigten seine Anschauung. Deshalb war er geneigt, auf die Durchfahrt durch die Straße zu verzichten, da er das Schiff nicht der Gefahr aussetzen mochte, in einem engen, von Untiefen durchsetzten Gewässer aufzulaufen. Die Offiziere aber hatten bei den Lotungen an der Küste, bei denen sie mit dem Boot weit in die Straße hineinkamen, den Eindruck gewonnen, es handele sich doch wohl um eine lang gestreckte Bucht und Neuseeland sei eine zusammenhängende Insel. Geduldig nahm Cook diesen Widerspruch hin und ließ die »Endeavour« zwei Tage lang weit in die Straße hineinsegeln, bis klar wurde, dass der Kapitän doch Recht hatte.

Seit dieser Fahrt hat sich die Karte der lang gestreckten Doppelinsel nicht mehr wesentlich geändert. Das war die Frucht der geduldigen, genauen Vermessung und Erforschung der Küste.

Vom Leben im Innern der Insel freilich erfuhren Cook und seine Gefährten nur schattenhafte Umrisse, die sich erst später mit Licht und Farbe füllten. Im Gegensatz zu den Menschen von Tahiti waren die Maori Neuseelands Fremden gegenüber als Einzelne abweisend, als Sippen von unverhohlener Feindseligkeit. Kam man den Gästen auf Tahiti mit Früchten und grünen Zweigen in den Händen entgegen, so hoben sich hier Waffen drohend gegen sie. In jeder Bucht, in der man anlegte, um Wasser oder Holz zu holen, musste man erneut um die Gastlichkeit der Bewohner werben. Die Stämme der Insel waren untereinander so verfeindet, dass keiner dem anderen Ankunft oder Art der fremden Gäste meldete, wie es auf den anderen Südseeinseln Brauch ist. Hätten nicht körperliche Merkmale und die Sprache bezeugt, dass dieses Volk den gleichen Ursprung hatte wie das von Tahiti, so wäre bei so verschiedenem Charakter diese Verwandtschaft kaum glaubhaft erschienen.

Wie die »Endeavour« war der Maori-Sage nach auch der Halbgott Maui, in dem die Neuseeländer ihren Stammvater verehren, einst von Norden hergekommen. Vom Norden her, vom Lande Hawaiki segelte er im Auslegerkanu mit seinen Brüdern südwärts über das öde Meer. Hunger quälte sie und die Brüder verfluchten Maui und seine Verwegenheit, so weit südlich vorzustoßen. In ihrer großen Not half ihnen der Schöpfergott Tane. Er rief Maui zu seine

Angel auszuwerfen. Der gehorchte und ein großer Fisch biss an – so groß, dass Maui und seine Brüder eine ganze Nacht lang ziehen mussten, bis sie ihn endlich an die Oberfläche brachten. Da, so behauptet die Sage, sprach Tane: »Te ike no Maui (das ist dein Land, Maui).« Und Maui antwortete dankbar: »Haha whennua (das Land, das ich gesucht).« Und deshalb nennen die Neuseeländer ihr Land auch jetzt noch »Aheinomaui« (Mauis Insel) oder »Haha whennua«.

Der Winter war vergangen, bis Cook seinen Maui-Fischzug beendet und den großen Fisch Neuseeland auf die Oberfläche seiner Karte gebannt hatte. Es war Sir Joseph Banks, der diesen Vergleich der Maori-Sage entnahm, und vielleicht bewegte den Kapitän nun, da diese Leistung in zäher, geduldiger Arbeit vollbracht war, ein ähnliches Glücksgefühl wie jenen sagenhaften Helden Maui, als er sprach: »»Haha whennua‹ – es ist das Land, das ich gesucht.«

Götter der Südsee

Enger als andere Eingeborene hatte sich in Tahiti der Priester Tupia an Cook und Sir Joseph Banks angeschlossen. Er eignete sich erstaunlich rasch brauchbare Kenntnisse der englischen Sprache an und wurde so nicht nur zum Dolmetscher im alltäglichen Umgang mit seinen Stammesgenossen, sondern gab Cook und seinen Gefährten auch vielfältige Aufschlüsse über die Geschichte und Eigenheiten seines Volkes. Ohne ihn wäre man sicherlich am wahren Wesen der Polynesier ziemlich blind vorübergegangen und hätte nur hier und da eine Erscheinung als seltsam oder großartig bestaunt, ihr Geheimnis aber nur obenhin gestreift. Durch Tupia erst erhielten die Gelehrten einen tieferen Einblick in den Geist der Südsee, in dem sich Wildes und Rohes mit Zartem und Schönem, Gedankentiefe mit phantastischem Farben- und Bilderreichtum vermischen.

Wie alle Völker früher Kulturstufen leiten auch die Südseestämme ihre Abkunft unmittelbar von den Göttern her und deuten sich Welt und Geschichte des Menschen aus dem Mythos. Wie die Neuseeländer den Halbgott Maui, so nehmen auch die Menschen von Tahiti einen Göttersohn als Stammvater für sich in Anspruch. Er lehrte sie Schiff- und Ackerbau, die Kunst des Segelns und des Flötenspiels und gab ihrem Zusammenleben das Gesetz, das das Volk in drei Schichten teilt. Auf seinen Befehl schlossen sich die erwachsenen Söhne des Volkes zu einem Bund zusammen, dessen Aufgabe Pflege der Überlieferung, der Tanzkunst und des Kampfes ist. Dieser von ihrem göttlichen Stammvater gestiftete Bund ist der Ursprung des Geheimbundes der Areoi, der im Dasein der polynesischen Stämme eine mächtige Rolle spielte.

Tupia verriet den Gästen auch, wie hoch die Kunst des Segelns bei seinen Landsleuten ausgebildet ist. Die Europäer hatten in ihnen nur reine Küstenfahrer sehen wollen; wenn man Tupia jedoch glauben durfte, verstanden seine Landsleute den Kurs nach den Sternen zu richten und kannten die Gesetze der Passate und Meeresdriften der Südsee. Mit solchem Wissen ausgestattet, wagten sie sich mit ihren seetüchtigen Doppelkanus furchtlos ins freie Meer hinaus und segelten weite Strecken. Ja, ganze Stämme wanderten zu Schiff von ihren Inseln aus, wenn Seuchen, Springfluten oder Seebeben ihr Land bedrängten oder übermächtige Feinde sie zu unterjochen drohten.

Dies erklärte nun freilich, warum Neuseeland von Menschen der gleichen Rasse besiedelt war wie Tahiti. Diese Menschen waren See-Nomaden, die so lange von Insel zu Insel wanderten, bis sie Raum genug fanden und zur Ruhe kamen. Als Angehörige eines Volkes von Meerfahrern vermochte Tupia auch, sich in den Sinn der »Endeavour«-Expedition hineinzuversetzen. Ihm schien es nicht unverständlich, dass sich die Wagemutigen eines Volkes auf die Schiffe begaben, um ferne Meere und fremde Länder aufzusuchen. Das sei ein Zeichen von Jugend und Kühnheit, sagte er, würdig des Geheimbundes der Areoi.

Dieser Vergleich schien den Forschern nun nicht gerade schmeichelhaft, denn was sie auf Tahiti vom Treiben der Areoi gesehen und gehört hatten, ließ diesen Bund als eine Gesellschaft zügelloser junger Leute erscheinen, die sich nur zu wilden, lasziven Festen zusammenfanden. Tupia aber belehrte sie, Sinn des Bundes sei, die alten Volksüberlieferungen aus der Zeit der Wanderung in Sagen, Gesängen und Tänzen zu pflegen und eine Weile so zu leben, wie die Stämme damals überall gelebt hätten. Ohne diesen Bund würde das Volk bald die Überlieferungen vergessen und sich friedlichem Behagen genügen lassen. Solche Genügsamkeit stehe nur den beiden unteren Klassen zu; den Freien, den Eri, aber gebühre es, die alten Heiligtümer des Glaubens und der Überlieferung weiterzutragen und sich in Festen und im kriegerischen Spiel zu üben, solange die Jugend dauere.

Die Göttersage der Südsee ist ein Stufenbau, der an Reichtum der Gestalten und an Tiefsinn der griechischen Mythologie nicht nachsteht. Sie verehren einen Schöpfer-Gott – Tane Taora genannt –, der Weltall, Erde und Himmel schuf. Ihm graute danach in seiner Einsamkeit und so erzeugte er mit der Sehnsucht die Atuas – göttliche Geister, die den Erdkreis mit all seinen Erscheinungen beseelen und jedem Ding göttlichen Hauch verleihen, der bald gut, bald böse ist. Diese Abkömmlinge der Atuas werden Tupapau genannt. Von Zeit zu Zeit vermählt sich einer der Atuas – die Sonne, der Mond, das Wasser, der Strand, der Berg, der Tag oder die Nacht – mit einem irdischen Mädchen und aus solchen Verbindungen gehen die Halbgötter hervor, die Stammväter der Südseestämme.

Ohne Scheu gestand Tupia ein, dass auch sein Volk noch gelegentlich einem Atua Menschenopfer bringe und einst auch dem Kannibalismus gehuldigt habe. Freilich dürften Menschenopfer nur in besonderen Notzeiten dargebracht werden, um den zürnenden Atua zu versöhnen und das Unheil zu wenden. Den Kannibalismus habe man aus Tahiti seit langem verbannt; in Neuseeland aber – davon hatten sich Cook und seine Gefährten durch Augenschein überzeugen können – sei er noch gebräuchlich.

Tupia erklärte dazu, den erschlagenen Feind essen übertrage dessen Kräfte auf den Sieger. »Große Fische fressen

die kleinen, Hunde Menschen, Menschen Hunde, Hunde
einander und Vögel einander und ein Gott den anderen«,
fügte er erläuternd hinzu und trotz aller Bereitwilligkeit,
europäisches Wesen zu begreifen, vermochte er den
grundsätzlichen Abscheu vor Menschenopfer und Kannibalismus nicht zu begreifen. Höflich, aber unnachgiebig
widerstand er allen Versuchen des frommen Schiffsarztes
Dr. Monkhouse, ihn für das Christentum zu gewinnen.

Wartende Erde

Das Land, das die »Endeavour« wenige Wochen nach dem Abschied von Neuseeland erreichte, war seltsam hell und weit und über seinen Niederungen und Hügeln bis zu den in der Ferne blau dämmernden Bergketten herrschte ein so tiefes Schweigen, als sei es seit den Tagen der Schöpfung weder von Menschenruf noch von Tierschrei gestört worden. Und mit der Herrschaft des Schweigens ging die Herrschaft des Lichts einher – eines Lichts, das nicht mild und bläulich wie über den Ländern Europas floss, nicht mit seiner goldenen, heißen Fülle wie über den Inseln der Südsee, sondern starr wie eine silberne Rüstung das Land bedeckte.

Eng umschlossen Schweigen und Licht die mächtigen, hoch aufstrebenden Bäume der Eukalyptushaine auf den Hügeln. Die Erde sprach nirgends davon, dass der Mensch versucht hatte ihrer fruchtbaren Krume Nahrung, Behausung und Heimat abzugewinnen mit Spatenstich, Saatwurf und Axthieb.

Vergeblich forschte man hier nach Herden weidender Tiere. Die Vierfüßler schienen hier nur durch flüchtige, scheue Einzelgänger vertreten – wie etwa durch einen Wildhund, der, einmal gesehen, unauffindbar wieder in der Weite und dem Schweigen des Landes verschwand. Von den Zweifüßlern aber waren nur die am wenigsten behausten Gäste der Erde zu finden: schwatzhafte, schnarrende Tauben- und Papageien- und Krähenschwärme und manchmal ein einsamer Adler, dessen höhenseliger Flug die lichte Weite und das starre Schweigen des Landes noch zu vertiefen schien.

Die Männer der »Endeavour«-Expedition hatten nun bereits so viele fremde Länder betreten, dass deren Fremdheit sie nicht mehr zaghaft machte. Am Strand von Neuholland (wie man damals noch Australien nannte) aber kehrte angesichts der so starr schweigenden Erde der Schauer der Fremde zurück. Wären der ersten Stunde der Begegnung keine weiteren gefolgt, wären ihre Gedanken später nur mit Grauen zu diesem Erdteil zurückgekehrt.

Aber da sie Europäer, Seeleute, Entdecker, Forscher waren, gruben sie das Grasgespinst des Bodens auf und fanden darunter schwarze, lockere Krume – fruchtbar und fähig jede Art Getreide zu tragen. Sie hieben die Axt ohne Bedenken in die Bäume der Hügel und entdeckten in ihnen hartes, verwendbares Holz. Sie prüften die Gräser und Blumen am Strand und auf den Wiesen und waren überrascht von ihrer Fülle. Beglückt bargen Banks und Solander diese Schätze in ihren Herbarien, in den Kisten und Kasten ihrer Räume an Bord, die seit Feuerland den süßen Heuduft von welkendem Laub und sterbenden Pflanzen nicht verloren hatten.

Die Seeleute aber pflanzten die Fahne Englands am Strand auf und ließen sie wehen, solange die »Endeavour« in der Bucht lag, der Cook der großen Pflanzenfunde wegen den Namen Botany-Bai verlieh. In keinem der Länder, die man berührte, hatte der Kapitän die Flagge so lange und sichtbar an Land gezeigt. Rot, fremd und einsam stand sie im übermächtigen Licht und Schweigen dieses Landes – zum Zeichen dessen, dass Engländer von dieser Erde Besitz ergriffen. Das freilich ahnten alle an Bord: Nicht die Fahne allein, sondern der Pflug würde den Menschen helfen sich gegen das abwehrende Schweigen in diesem Erdteil sieghaft zu behaupten. Als Vorboten des

Pfluges waren Forscher und Seefahrer an diesen Strand gekommen. Die Fahne Englands bedeutete für sie nicht nur ein Symbol der trotzigen Selbstbehauptung Europas, sondern auch einen Schutz gegen die tödlich einsame Starrheit dieses Niemandslandes am Rande der bewohnten Erde.

Ganz anders als sie erlebte Tupia dieses fremde Land: Ängstlich, mit scheuen Augen bewegte er sich auf dieser Erde und verließ das Schiff und die Nähe der weißen Gefährten nur ungern. Befragt, was ihn denn so sehr ängstigte, antwortete er: Er glaube, dies sei Bulutu, das Reich der toten Häuptlinge und Krieger – das Totenland, das man von Tahiti aus westwärts gegen Sonnenuntergang erreiche. Nie sei ein Lebender von dort zurückgekehrt, denn die Seelen der Toten gestatteten keinem die Heimkehr. »Nie werde ich Tahiti wieder sehen«, schloss er voll Trauer und niemand wagte ihm zu widersprechen, denn jeder fühlte, Tupia sei an einer Grenze angelangt, wo Worte ohnmächtig werden.

Man hätte ihm entgegenhalten können, dass dieses Land, das er für das Totenreich seiner heimischen Sagen hielt, ja von menschlichen Lebewesen und nicht von Toten bewohnt sei. Aber die Eingeborenen Neuhollands waren so armselige Wesen, dass man Tupia mit diesem Hinweis wohl kaum überzeugt hätte. Die Einwohner waren genauso seltsam und unwirklich wie das Land. Die Spur ihres Daseins prägte sich der Erde nicht kräftiger und nachhaltiger auf als ihre Schritte dem starren Gras und dem rieselnden Sand der Küste. Als dürftige Nomaden zogen sie scheu und furchtsam die Küste entlang und nur geschärfte Augen konnten ihr Dasein hier an einem Haufen faulender Muschelschalen, dort an einem Aschenfleck oder an den Resten ihrer Strauch- und Grashütten erkennen, die von

Wind und Sonne rasch wieder mit der Umwelt verschmolzen wurden.

Wie Bewohner des Totenreichs waren sie mit Schmuck, Werkzeugen und Kleidung nicht zu bestechen. Vergeblich legten die Forscher Zeugfetzen, Glasperlen und Nägel in ihren Hütten nieder: Diese verlockenden Dinge blieben unbeachtet, ja, die Hütten wurden anscheinend nicht wieder betreten, nachdem Fremde sie berührt hatten. Weder freundliche Zurufe noch Winken mit grünen Zweigen vermochte sie zu bewegen stillzustehen, wenn man sich ihnen näherte. Selbst Frauen und Kinder – überall sonst am ehesten durch Geschenke und ein Lächeln zu gewinnen – wichen scheu in die Grassteppe oder die Gehölze zurück.

In jedem andern Land hätte, wenn nicht das neue Gesicht weißer Männer, so doch bestimmt ihr Schiff mit seinen hohen Masten und den breiten, leuchtenden Segeln Staunen und Neugier der Eingeborenen geweckt. Die Menschen von Neuholland aber schenkten ihnen keinen Blick. Wie Verbannte zogen sie ihres Wegs, die zu ewiger Wanderschaft verdammt sind. »Tata Ino«, nannte Tupia sie: »traurige Unglückliche«. Man konnte sie kaum besser kennzeichnen, denn sie wirkten wie die gefangenen Tiere hinter den Gittern der Tiergärten: traurig, einsam, dennoch aber jederzeit noch eines feindseligen Ausbruchs fähig.

Dies offenbarte sich, als Cook von der Botany-Bai aus nordwärts segelnd die Küstenlinie erforscht, auf Karten gezeichnet und auch mit ihren Riffen bereits gefährliche Bekanntschaft gemacht hatte. Er sah sich gezwungen das Land noch einmal anzulaufen und das Schiff in der Mündung eines Flusses aufzulegen, um die erlittenen Schäden zu beheben. In diesen Wochen gelang es, mit Geschenken eine Sippe dieses scheuen Volkes an das Schiff heranzulocken. Dennoch blieben sie den Weißen fremd. Sie achteten weder deren Brot noch das fremdartige Werkzeug, berochen und betasteten beides misstrauisch und ließen es dann achtlos fallen. Nur die Schildkröten, die einzige frische Nahrung, die die Küste bot und die Cooks Leute notwendig brauchten, da der Skorbut bereits auf dem Schiff zu wirken begann, lockten die scheuen Besucher an. Der Vorrat war aber zu klein, als dass man davon hätte abgeben können. So verjagten die Wachen die Angelockten mit Faustschlägen und Kolbenhieben. Sie flohen, aber aus Wut darüber entrissen sie einem der Schmiedefeuer ein brennendes Scheit Holz und setzten damit das dürre Gras rings um das Zeltlager in Brand. Wind trieb das Feuer auf das Lager zu. Nur mit Mühe wurden Zelte und Vorräte auf den Sandstrand des Flusses gerettet. Eine der Schmiedewerkstätten musste man den Flammen überlassen.

So war das Land Neuholland: In urweltlichem Schweigen unter einem Panzer von Licht lag es wartend da. Ein seltsames Land – Europa ferner und fremder als alle andern Teile der Erde. Und doch hatte Cook in die Erde dieses Landes die Fahne seines Königs länger und sichtbarer eingepflanzt als irgendwo sonst. Wollte er diesem Erdteil damit nachdrücklich zeigen, dass sein taubes Warten am äußersten Rand der besiedelten Erde nun die längste Zeit gedauert habe?

Das Riff

Wie ein Schild lag vor der Küste von Neuholland ein Gewirr von Klippen und Riffen: die Große Barriere. Donnernd brach sich die Brandung an diesen Klippen und wie Mühlbäche stürzten Flut und Ebbe durch die schmalen, felsigen Öffnungen mit schlürfendem Sog aus und ein.

Von der Botany-Bai aus segelte die »Endeavour« immer in Sicht dieser Brandung und nahe der Küste dahin und während dreißig Tagen Segelns hatten Ausguck und Senkblei kaum eine Minute Ruhe. Tagsüber stand der Wind zum Land hin, über dem die Glut der Sonne in zitternden Wirbeln schimmerte, und zwang zu ständigen Segelmanövern, denn der Kurs durfte sich weder zu sehr dem Riff nähern noch sich allzu weit vom Land entfernen.

Jedermann an Bord – auch der Kapitän – hätte sich lieber auf die freie hohe See begeben. Aber Cook wusste allen klar vor Augen zu führen, warum man sich mit Untiefen und Klippen herumschlagen musste.

»Gefahr ist keine Entschuldigung dafür, einmal entdecktes Land unerforscht zu lassen, mag es sich auch um Riffe oder Wüsten handeln. Scheitern wir, so wird man uns freilich der Waghalsigkeit und des Leichtsinns bezichtigen. Haben wir aber Glück, so wird man uns kühne und kluge Entdecker nennen. Ich fürchte die Klippen nicht. Ich fürchte nur eins: dass wir die sagenhafte Durchfahrt des Torres – die Meerenge, die Neuguinea und Neuholland trennt, verfehlen.«

Das sagte Cook gelassen und voll Vertrauen auf sein Glück und die Tüchtigkeit seiner Mannschaft und seines Schiffs. Die Gesichter aller trugen die Spuren von Mühen und Entbehrungen. An Bord wussten alle, dass er nicht häufiger und nicht kräftiger aß als jeder andere, dass er mehr Wachen leistete als alle andern und dass die Sorge um Schiff und Mannschaft umso schwerer auf seine Seele drückte, je länger die Fahrt dauerte. Dennoch beschleunigte er die Fahrt an der Neuhollandküste entlang nicht – trotz schmaler Rationen, trotz Klippendrohung und mörderischer Hitze, trotz Überanstrengung und immer stärker um sich greifendem Skorbut. Denn nur die langsame Fahrt gestattete exaktes Loten und genaue Beobachtung der Küste: Nur so konnte ein genaues Bild der Strandlinie und der Küstengewässer auf der Karte entstehen, die späteren Seefahrern die Wege weisen sollte.

Nur nachts steuerte die »Endeavour« vom Land ab und ließ sich vom ersten kräftigen Atemzug des Landwindes ins freiere Wasser tragen. Wohl kam auch dort das Senkblei nicht ganz zur Ruhe, aber die Gefahr der Untiefen war dort draußen doch gemindert und die Männer konnten sich entspannen von der Überforderung der Wachen des Tages. Und doch geschah es in einer mondklaren, stillen Nacht, als das Schiff auf einundzwanzig Faden Wassertiefe segelte und Cook selbst die Gefahr der Untiefen für überwunden erklärt hatte, dass die »Endeavour« bei Flut auf eine Klippe lief. Ein Kratzen und Schurren unterm Kiel wurde laut, ein kurzes, gar nicht gefährlich klingendes Knacken und Brechen – dann lag das Schiff fest, von der Dünung sacht gewiegt und oft bei stärkerem Atemholen der See härter gegen die Spitze der Korallenbank geworfen.

Im Mondlicht sah man rings um das Schiff einzelne Bretter der Verkleidung des Schiffsbodens treiben und die Befürchtung lag nahe, dass ein großes Leck entstanden sei und das Schiff bei der nächsten Flut vernichten müsse.

Der Kapitän ließ bei der Mannschaft keinen Augenblick

lang Verwirrung und Unschlüssigkeit aufkommen. Er befahl Pumpen anzuschlagen und das Schiff sofort so viel als möglich zu erleichtern, damit es bei wiederkehrender Flut flott würde. Im Handumdrehen war jeder an Bord beschäftigt: Ballast, Kisten, Fässer, unbrauchbares Tauwerk wurden an Deck geschleppt und über Bord geworfen; einige der nie benutzten Kanonen nebst Munition folgten. Jeder strengte sich nach Kräften dabei an und fand keine Zeit, zu murren oder zu klagen, obwohl jeder sich der Gefahr genau bewusst war. Die Nähe der Gefahr schien eher wie ein leichter Rausch zu wirken, denn statt unter Fluchen wurde die Arbeit unter Witzen und mit viel Gelächter geleistet.

Am Morgen trat glücklicherweise Windstille und glatte See ein. Die Gefahr, von den Wellen zerschlagen zu werden, war damit vorübergehend gebannt. Die nachfolgende Flut trat jedoch so schwach ein, dass selbst das erleichterte Schiff fest auf der Klippe sitzen blieb. Schon musste man drei Pumpen anschlagen, um nur einigermaßen dem Steigen des Wassers im unteren Raum zu begegnen. Immerhin richtete das Schiff sich auf und stieß nicht mehr so heftig gegen die Korallenbank.

Gleichwohl war die Lage keineswegs entspannt, denn man musste fürchten, dass die Abendflut, von deren Stärke man sich nun das Flottwerden erhoffte, zugleich so viel Wasser durch das Leck drücken würde, dass das Schiff, kaum freigekommen, sinken musste. Das Boot aber – das wussten alle – reichte nicht aus, die ganze Mannschaft an Land zu bringen. Man konnte auch nicht Teile der Besatzung an Land bringen, ehe die »Endeavour« flott wurde, denn alle wurden gebraucht, um Pumpen und Gangspill in dem Moment zu bedienen, wo das Schiff sich bewegte.

Cook bot den Gelehrten an vorher an Land zu gehen; sie lehnten das jedoch einmütig ab: Lieber wollten sie alle ihre Kräfte zur Rettung des Ganzen aufbieten, lautete ihre Antwort, die Cook mit stummem Dank aufnahm. Überdies schien auch gar nicht ausgemacht, wer das glücklichere Los zog: derjenige, der mit dem Schiff versank und so ein schnelles Ende fand, oder derjenige, welcher an Land kam und dort langsam und qualvoll verhungerte. Diese fürchterliche Aussicht trug wohl dazu bei, dass sich weder Unruhe noch Ungehorsam erhoben, sondern alle gefasst der Hochflut entgegenwarteten – entschlossen das Äußerste zur Rettung zu wagen oder aber unterzugehen.

Als der Flutstrom die »Endeavour« rüttelte, gingen bis auf die Leute an den Pumpen alle Mann – gleich, ob Offizier, Gelehrter, Seesoldat oder Matrose – an das Gangspill und die kleine Winde, um die ausgebrachten Anker einzuholen. Und sie sangen wahrhaftig noch in diesem Augenblick, als der Tod grinsend hinter ihnen stand, sangen, wie es sonst Brauch ist beim Ankerhieven. Schweiß lief in Strömen über die Gesichter, die Muskeln spannten sich und die Brust holte keuchend Atem – aber sie sangen! Wie oft hatten sie miteinander gestritten im Lauf dieser Reise – in der Messe wie im Logis! Sie hatten sich beneidet und gehasst, wie es nicht ausbleibt, wenn Männer monatelang an ein enges Schiff gebunden sind. Jetzt aber gingen sie trampelnd und keuchend am Gangspill im Kreis und sangen ihr altes Heimwehlied »Rolling home«.

Und sie schafften's: Knarrend und ächzend rutschte die »Endeavour« von der Korallenbank herab ins tiefere Wasser und das Wunder geschah: Das Leck wurde nicht größer; die Pumpen reichten aus das Wasser im Raum auf erträglicher Höhe zu halten. Und nun hieß es: pumpen, pumpen, pumpen!

Vom Gangspill ging die Besatzung – Offiziere, Gelehrte und Matrosen – an die Pumpen. Sie waren allesamt ausgemergelt von der Reise, erschöpft von vierundzwanzig Stunden pausenloser Arbeit und Wachsamkeit. Dennoch und trotz glühender Sonne hielten sie aus an den Pumpen, lösten einander von fünf Minuten zu fünf Minuten ab in ununterbrochener Kette, bis man gegen Abend einen Leckstopfer aus einem werggefüllten Segel fertig gestellt und vor das Leck gebracht hatte. Dann genügte eine Pumpe, um mit dem Leck fertig zu werden, und man durfte wagen, unter Segel nach einer Bucht in der Nähe zu suchen, wo man den Schaden ausbessern und die »Endeavour« für die Heimreise herrichten konnte.

»Jedermann an Bord war in diesen Stunden der Gefahr von vollkommener Selbstbeherrschung; jedermann tat alles, was er vermochte, mit ruhiger, geduldiger Beharrlichkeit, die ebenso weit vom Aufruhr des Schreckens wie vom trüben Versagen der Verzweiflung entfernt war« – so liest man's in Cooks Logbuch und damit hat der Kapitän den Geist gekennzeichnet, der in jenen Stunden die Besatzung der »Endeavour« beherrschte. Er verschweigt bescheiden, dass es im Wesentlichen seiner Ruhe und seiner Entschlusskraft zu verdanken war, dass die Rettung gelang. Zudem zeigten sich in diesen Stunden die Früchte seiner Erziehung an der Mannschaft zum ersten Mal sichtbar.

Freilich – was wäre ein Schiff, ein Kapitän ohne Glück?!

»Der Herrgott hatte wieder einmal seinen Daumen dazwischen gehalten«, wie die Seeleute sagen. Als man die »Endeavour« einige Tage später an Land ausbesserte, zeigte sich, dass jene scharfe Spitze des Korallenriffs, die das Hauptleck in den Schiffsboden gebohrt hatte, beim Flottwerden des Schiffes abgebrochen und stecken geblieben war und nun als unfreiwilliger Leckstopfer ihren Schaden wieder gutmachte.

Die Straße der Haifische

Forscher und Entdecker verfahren anscheinend bei ihren Unternehmungen wie die Kinder beim Kirschenessen: Sie nehmen zunächst nur die schönsten und schmackhaftesten, am Ende aber doch alle. So verhielt sich jedenfalls Cook bei seinen Forschungen und Vermessungen an der Neuholland-Küste. Mochte auch diese Küste mit Klippen und Untiefen so gefährlich sein wie ein Haifischmaul mit Zähnen – er brachte es nicht über sich, sie zu verlassen, das freie Meer aufzusuchen und Heimatkurs zu nehmen.

Immer wieder fand sich eine Bucht, die angesteuert und untersucht werden musste, denn hinter jeder konnte sich doch die sagenhafte Straße des Torres öffnen und die wollte der Kapitän unter keinen Umständen übersehen. Sie sollte die Krönung und der Abschluss seiner Neuholland-Erforschung sein. Dieses für die Schifffahrt wie für die Erdbeschreibung gleich wichtige Problem ungelöst zu lassen konnte er sich, wie er meinte, nicht leisten, wenn es ihm mit dem Ansehen als Forscher und Seefahrer ernst war.

Seine Gefährten hatten im Lauf der Fahrt verstehen gelernt, dass er allen geografischen Fragen gründlich, ja fast besessen nachging. Nun aber – nach der Strandung der »Endeavour«, nach zwei Monaten, die man auf die notdürftige Ausbesserung des Schiffes hatte verwenden müssen, angesichts geleerter Vorratskammern und der Tatsache, dass Skorbut und schmale Kost die Kräfte der gesamten Besatzung bis auf die letzten Reserven aufgezehrt hatten – nun glaubten sich Offiziere wie Gelehrte doch berechtigt auf schnelle Heimreise zu dringen.

Erneutes Aufladen des Schiffs hätte in dieser Verfassung jedoch den sicheren Untergang bedeutet. Cook musste es wohl spüren, dass die Sorge seiner Gefährten ehrlich durchdacht war. Er gab nach. »Es könnte wohl sein«, gestand er ihnen zu, »dass wir einige geringfügige Verbesserungen unserer Karte zu teuer bezahlen müssten.« Seinem überanstrengten Gesicht war anzusehen, wie schwer ihm dieser Verzicht fiel.

Alle waren froh, als man endlich die Durchfahrt durch das Große Barriere-Riff gefunden hatte und die hohe See erreicht war. Doch ein Rückschlag ließ nur wenige Stunden auf sich warten. Nach kurzem Segeln auf hoher See zeigte sich, dass die »Endeavour« durch die Ballastabgabe für die lange Dünung des Pazifiks zu leicht geworden und dass die Reparatur der Kielbeplankung nicht so gut gelungen war, wie man gehofft hatte.

Das Schiff zog noch immer so viel Wasser, dass die Pumpe ständig in Betrieb bleiben musste. Die Gefahr bestand, dass die starke Dünung das Gefüge des Schiffs noch mehr lockerte und damit das Wasser im Schiff weiter stieg. Sich mit einem solchen Schiff in diesem Meer der Korallenbänke und Haifische zu bewegen, war ungemütlich und noch gefährlicher als das Kreuzen nahe der Küste innerhalb der Großen Barriere. Dort ließ sich, wie sich gezeigt hatte, durch aufmerksames beständiges Loten das Auflaufen des Schiffes eher verhindern als auf offener See, wo die Dünung die Korallenbänke überspülte und oft unsichtbar blieb.

Sobald die »Endeavour« die Barriere verlassen hatte, stellten sich Rudel von Haifischen beim Schiff ein. Es war fast so, als ob diese Räuber der See mit dessen baldigen Untergang rechneten. Diese Fische sah an Bord niemand gern in solcher Nähe, aber sie blieben der »Endeavour«

treu bis nach Batavia. Bei glatter Fahrt, bei vorsichtigem Kreuzen zwischen den Untiefen der Torres-Straße, angesichts von Neuguinea, Timor und Savu umkreisten zu jeder Stunde zwei oder drei der schwarzen Dreiecksflossen lauernd das Schiff. Einmal Klippen an Steuerbord und Haifische backbords, einmal Haifische an Backbord und Korallenbänke steuerbords, manchmal auch Haifische zu beiden Seiten, hier Brandung voraus und Haifische achteraus, dort umgekehrt – immer aber Haifische dicht beim Schiff: So ging es bis zur Nordspitze von Neuholland, bis zur Küste von Neuguinea, durch die Torres-Straße hindurch in die Timorsee hinein: eine Straße der Haifische!

Zwischen Haifischrachen und Klippenrand hielt das lecke Schiff den eingeschlagenen Kurs nach Norden. Ein Segeln war es kaum zu nennen, denn zumeist ging die Brise bald nach Sonnenaufgang schon schlafen. Dann mussten die Matrosen in die Boote und das Schiff in Schlepp nehmen, während die Mittagssonne glühend und prall auf das Meer niedersengte. Die Dünung drängte die »Endeavour« dabei unaufhaltsam gegen die Riffe der Barriere hin und alle an Bord atmeten jedes Mal erleichtert auf, wenn die Ebbe das Schiff weit genug auf die See hinaussaugte. Die Flut brachte zumeist eine leichte Kühlung, die ein Kreuzen gegen den Strom und die Dünung ermöglichte. Langsam, unendlich langsam ging es nordwärts.

Aber eines Nachts hatte die Dünung das Schiff dann doch so nahe an die Küste herumgedrückt, dass man das Donnern der Brandung in unmittelbarer Nähe vernahm. Dabei rührte sich kein Windhauch. Den Brandungswellen ausgeliefert musste man den Sonnenaufgang erwarten, der vielleicht eine Mütze voll Wind bescheren würde und das Ausbringen der Boote gestattete. Dabei waren noch immer 140 Faden Wassertiefe unterm Kiel – zu viel, um die Anker zu Wasser zu lassen und so das treibende Schiff zu stoppen.

Der grauende Morgen sah die »Endeavour« keine dreißig Meter mehr von der Klippe entfernt: Dieselbe Welle, die ihre Steuerbordseite bespülte, erhob sich backbords zu einem letzten hohen Wogenkamm, der sich brausend und im Morgenlicht grün und rosig funkelnd am Riff brach. So lag das Schiff nun zwischen Haifischzähnen und Strandung in einem Wellental und jedermann wusste, dass es keine Rettung gab, wenn die Welle das Schiff packte und auf die Klippe schleuderte. Die Hoffnung, dass die Boote im Stande seien, die »Endeavour« gegen die Dünung angehend von der Bedrohung fortzuschleppen, nahm niemand ernst.

Trotz dieser hoffnungslosen Lage, angesichts dieser Todesgefahr, tat jedermann an Bord ruhig und sicher seine gewohnte Arbeit. Die Wache stand bereit zum Segelmanöver, um auch den leisesten Windhauch nicht zu verpassen, und hielt die Pumpe in Betrieb, als käme es darauf an, mit einem lenzgepumpten Schiff zu scheitern. Der Astronom Green kam wie allmorgendlich auf die Brücke und nahm das Besteck auf. Ohne Hast und ohne Seitenblick auf die donnernde Brandung hantierte er mit Sextant und Rechenstift. Als er fertig war, sagte er trocken und voller Gemütsruhe: »Wir haben lange nicht mehr einen so klaren Horizont gehabt wie heute. Die Ränder der Sonnen- und Mondscheibe waren so scharf wie selten. Ich schätze, dass ich dank dieser günstigen Umstände den Standort des Schiffes nach Länge und Breite so genau wie kaum je zuvor bestimmen konnte.«

Er nickte befriedigt, packte seine Geräte zusammen und blickte noch einmal auf See und Himmel. »Es wird ein sehr heißer Tag heute«, sagte er ruhig und trat zu Cook, der dem Ausbringen der Boote zusah.

»Sie haben wohl heute früh keine Zeit, mit mir zu frühstücken«, fragte Green und seiner Stimme war das Bedauern über die ablehnende Antwort, die er als sicher erwartete, anzumerken.

Cook musste über die Gemütsruhe des Astronomen lächeln, der nun auf seinen dünnen Storchbeinen gelassen zur Messe spazierte. Dabei ließ er jedoch kein Auge von der Pinasse, die man gerade in die Davits hängte. Man hatte sie soeben wiederhergestellt und wollte sie nun ebenfalls zum Schleppen voranschicken. Der Bootsmann trieb die Leute beim Ausschwenken aufgeregt an; er wusste ja, wie viel von jeder Zugkraft abhängen konnte. Cook jedoch bremste seine Aufregung sogleich. »Nur Ruhe, Marsden«, rief er gelassen. »Mit Hast bringen Sie nur die Davits in Unordnung. Damit ist auch nichts gewonnen.« Der Zuruf wirkte: Schulmäßig genau und behutsam kam die Pinasse zu Wasser. Währenddessen rückte das Schiff Zoll um Zoll der Brandung näher.

Doch auch in dieser Stunde bewährte sich Cooks Seemannsglück: Kaum war die Pinasse so weit voraus, dass ihre Trossen sich strafften, da kam eine leichte, ganz zarte Brise auf – so zart, dass sie an Land vielleicht kaum ein Rosenblatt bewegt hätte.

Sanft schwellte sie die Segel und trug die »Endeavour« etwa siebzig Meter vom Riff hinweg, vom Schlepp der Boote unterstützt. Sie verhauchte rasch und zart, wie sie gekommen war; doch nach einigen Metern folgte ein ebenso sanfter Hauch und trug das Schiff noch einmal ebenso weit vom Riff fort. Dann schlief der Wind ein und eine Windstille folgte für den ganzen Tag, währenddessen es der unermüdlichen Anstrengung der Bootsbemannung gelang, das Schiff weit genug von der Brandung entfernt zu halten, bis der Ebbstrom die Gefahr endgültig bannte und die Haifische um das fast schon sichere Mahl betrog.

Dies war ein Tag am Nordstrand von Neuholland. So mancher folgte, der ihm glich, bis diese Küste, bis die Torres-Straße und Neuguinea hinter der »Endeavour« lagen und der Kurs nur noch »westwärts« lautete. Es war höchste Zeit. Gewiss, Cook durfte sich mit Stolz der Wiederentdeckung der Torres-Straße rühmen. Er hatte mit Sicherheit nachgewiesen, dass Neuguinea eine Insel und nicht mit Neuseeland verbunden war, und er hatte das Gesicht und den Umfang der Küste von Neuholland ganz enthüllt. Aber nun musste es endlich genug sein.

Jetzt nämlich hielt der alte Seeteufel Skorbut die Mannschaft ganz in seinen Klauen. Abgemagert und kraftlos schlichen die Leute über das Deck; längst waren Salzfleisch, Erbsen, Bohnen und das muffige, von Maden wimmelnde Hartbrot allen verleidet; nur der Rum und der Madeira-Wein waren auf der langen Fahrt besser geworden. Doch trotz Skorbut und Entkräftung, trotz Seemüdigkeit und Tropenglut tat jedermann an Bord seine Pflicht, so gut er konnte, und wurde ihm das sauer, so bedurfte es nur eines Blickes auf den Kapitän: Ausgemergelt und elend war er wie alle, aber er ging seine Wachen und tat seine Arbeit mit dem Gleichmaß einer Uhr.

Aber auch die »Endeavour« war noch immer ungebrochen und unverdrossen. Tropenglut hatte ihre Kalfaterung gelockert und ihre Planken so ausgedörrt, dass sie immerfort Wasser zog und eine Pumpe beschäftigte. Tauwerk, Segel, Rahen und Maste waren zermürbt und abgenutzt, aber sie hielten noch und gaben dem Schiff Halt und Kurs. Stolz und schön war sie ja nie gewesen, die gute, alte »Endeavour«, aber nun plagten Holzwürmer Planken und Kiel und Muscheln und Seetang hingen sich in langen Bärten an ihren Boden. Auch für sie war es Zeit, dass sie aufgefrischt wurde. Nur noch langsam schlich sie durch die Timor- und Sunda-See bis nach Batavia, eine ehrliche Arbeiterin des Meeres, die ihr Teil geleistet und eine Rast verdient hatte.

In Batavia schickte Cook sie ins Dock von Onrust und dort erhielt sie ein neues Plankengewand für den Kiel, neue Segel und neue Anker. Als die »Endeavour« am zweiten Weihnachtstag des Jahres 1770 endgültig von Batavia aus mit Kurs auf Kapstadt in See ging, war sie jedenfalls in besserer Verfassung als ihre Besatzung.

Das Sterben an Bord

In Batavia nämlich begann das Sterben an Bord der »Endeavour«.

Gerade als der Skorbut aus den Gliedern der Mannschaft wich, sprang das gelbe Fieber sie aus der feucht-heißen Luft der Niederungen Javas an. Heimtückisch kroch dieser Feind in die Körper hinein; anfangs schlichen die Befallenen matt und unlustig dahin und fühlten eine unbestimmte Vergiftung wie eine Lähmung in den Gliedern; dann befiel übergroße Erschöpfung die Geschwächten, wütender Kopfschmerz füllte die Schädel wie mit siedendem Blei, und sie sanken aufs Krankenlager. Fieber verdunkelte ihren Blick, jagte das Blut glühend durch die Adern; eisiger Schweiß bedeckte klebrig Stirn und Glieder und schwarzes Erbrechen nahm den Kranken die letzte Kraft.

Die Krankheit verschonte keinen: den Maori Tupia ebenso wenig wie den Schiffsarzt Dr. Monkhouse; die Gelehrten nicht und nicht die Offiziere; weder den Kapitän noch den Schiffsjungen; weder Matrosen noch Seesoldaten. Nur der alte Trunkenbold Gort, der sechsundsiebzigjährige Segelmacher des Schiffs, blieb ungeschoren. Betrunken taumelte er durch die Zelte, in denen die Mannschaft während des Aufenthaltes in Batavia untergebracht war, und schwang die Rumkruke. »Sauft, Burschen, sauft«, krächzte er heiser. »Pure old Jamaica! Das ist die richtige Medizin für'n kranken Seemann! Mich holt die Krankheit nicht, sag ich euch, solange noch Rum in der Bottel ist! Mich nicht! Mich holt der Teufel, wenn's Zeit dazu ist! Ha, ha, aber es ist noch nicht Zeit«, kicherte er, »für mich noch nicht! Nein, für mich noch nicht.«

Wer noch bei Kräften war oder die Krankheit überstanden hatte, sorgte so gut er konnte für die kranken Kameraden. Und noch einmal zeigte sich's in diesen höllischen Tagen deutlich, dass der Kapitän seine Besatzung im Lauf der Fahrt mit einem guten Geist erfüllt hatte. Wie ein Mann stemmte sie sich mit dem letzten Funken ihrer Kraft gegen das Übel.

Da lag in einem Zelt Tupia, der Maori-Priester aus Tahiti, den das Seefahrerblut zur Fahrt mit der »Endeavour« verlockt hatte. Der Kapitän hatte sich seinerzeit gesträubt ihn mitzunehmen, weil er fürchtete, der Maori werde die Strapazen der Fahrt nicht überstehen, dann aber zugestimmt, weil Banks für Tupia bat und die Expedition einen Dolmetscher wohl brauchen konnte. Seit Neuholland fürchtete Tupia, er werde den Heimweg nicht wieder finden. Der Skorbut hatte ihm ärger als den Europäern zugesetzt. Und nun war er einer der Ersten, den das gelbe Fieber befiel.

Sir Joseph Banks pflegte ihn und den Astronomen Green mit dem größten Eifer. Ihm war kein Weg zu viel, den beiden eine Erfrischung zu verschaffen, keine Stunde zu spät, ihre Wünsche zu erfüllen. Doch all seine Aufopferung vermochte nichts gegen die Übermacht der Krankheit. Der Astronom starb als Erster. Von jeher kühl und gelassen, sah er den Tod ohne Angst kommen.

»Unser ganzes christliches Leben rechnet vertrauensvoll mit einer Unbekannten«, sagte er nun. »Nun bin ich doch neugierig, ob das Exempel dort drüben die gleiche Lösung hat, die wir hier errechnen. Tut mir nur Leid, Banks, dass ich Ihnen diese Lösung nicht übermitteln kann.«

Nicht weniger tapfer trat Tupia dem Tod entgegen. Banks glaubte, er müsse den Maori vor seinem Ende noch um Verzeihung dafür bitten, dass er ihn zur Mitfahrt ermuntert und dadurch in den Tod gelockt habe. »Wer nach

Bulutu segelt, kehrt nicht heim«, antwortete Tupia darauf schlicht. »Ich wusste, dass ihr westwärts fahren würdet, dem Totenreich entgegen, und dennoch ging ich mit euch. Die Sonne hat meine Augen noch mit viel Bildern gesegnet bis zu diesem traurigen Ort. Ich habe nichts zu beklagen, nichts zu bereuen.« Danach zog er die Decke über sein Haupt und verlor sich in den murmelnden Gesang tahitischer Todeshymnen, der schließlich in ein gehauchtes Flüstern verebbte.

Zeitweilig waren nur zehn Mann der »Endeavour«-Besatzung dienstfähig. Sieben Mann erhielten auf dem Friedhof von Batavia ihr Grab, die andern genasen.

Die Fahrt durch den Indischen Ozean verlief ohne Windstillen und Stürme. Dieser normale Verlauf kam sehr gelegen, denn wenige Tage nach der Abfahrt brach das gelbe Fieber erneut an Bord aus und verwandelte das Schiff binnen kurzer Zeit in ein Hospital.

Vergeblich versuchte der Kapitän der Krankheit durch mehrmaliges Auswaschen der Decks mit Essig beizukommen. Er hoffte damit, die verbrauchte, stickige Luft der Räume zu reinigen, in der man die Ursache des Fiebers sah.

Längst war die Krankenstube überfüllt und das höllische Fieber tobte auch in den Logis. Heiß und dick stand die Luft in den Räumen unter Deck und fuhr den Kranken wie flüssiges Feuer durch Mund und Kehle.

Auch den Segelmacher Gort hatte nun das Fieber gepackt. Vergebens hatte er tapfer mit der Rumbuddel dagegen gefochten. Mit gelbem, spitzem Greisengesicht lag er in seiner Koje und murmelte die Gebete seiner Kindheit, denn er hatte Angst bekommen, der Teufel, den er so oft beschworen, könnte ihn beim Wort nehmen. Diese Angst wich erst, als der Kapitän sich zu ihm setzte, mit ihm zusammen das Vaterunser sprach und ihm ruhig und fest versicherte, der Teufel werde einem alten Seemann, der bis zuletzt seine Pflicht getan habe, nichts anhaben.

»Auch nicht, wenn er so schrecklich viel geflucht und gesoffen hat wie ich?«, kam es von Gorts zitternden Lippen.

»Fluchen und Saufen hat nur deine Lippen berührt, Gort«, tröstete ihn Cook. »Gott aber sieht das Herz an. Und dein Herz ist schlicht und ehrlich geblieben. Das wird ihm genügen.«

Da nickte der alte Janmaat und griff dankbar nach der Hand seines Kapitäns. Der ließ sie ihm, bis der Tod kam und den Blick der blauen Kinderaugen in dem verschrumpelten Greisengesicht auslöschte.

Verschlossen, mit engen Lippen und blicklosen Augen stand der Kapitän neben dem Sterbenden. Weder das Fluchen noch das Stöhnen der Kranken ringsum schien ihn zu erreichen. Einsam und verschlossen wie an Gorts Sterbebett stand er auch nachts an den Seemannssärgen und hörte Gebet und Totenlied an, ehe der Leichnam der See übergeben wurde. Fast in jeder Nacht zwischen Batavia und Kapstadt sank ein Sarg ins Meer.

Dreiundzwanzig Männer verschlang das gelbe Fieber im Indischen Ozean an Bord der »Endeavour«. Als das Schiff das Kap der Guten Hoffnung erreichte, bestand die Besatzung nur noch aus 56 Mann. Als sie vor zwei und einem halben Jahr die Spithead-Reede verlassen hatte, befanden sich 94 Mann an Bord.

In den gemäßigten Breiten wich das Fieber allmählich, die Kräfte kehrten zurück, und als es nordwärts in den Atlantik hineinging, stellte sich auch die Heimkehrfreude ein. Mit Trauern machte man die Toten nicht wieder lebendig. Man war noch einmal entronnen, man lebte und kehrte heim: Das wog alles andere auf. Und besah man's recht, so war es diese Südseefahrt des Kapitäns James Cook doch trotz allem wert gewesen.

Einzig der Kapitän schien weder Heimkehrfreude noch Befriedigung am Geleisteten und Erlebten zu finden. Seit das Sterben an Bord der »Endeavour« begann, hatte er gegrübelt und über sich Gericht gehalten. Hatte er nicht in aller Bescheidenheit daran geglaubt, er sei für eine solche Expedition der richtige Mann und tüchtiger als seine Vorgänger? Hatte er es nicht besser machen wollen als sie?

Hochmut waren solche Gedanken gewesen – Hochmut, den ihm das Schicksal nicht verzieh! Es hatte während der ganzen Fahrt auf seine Gelegenheit gelauert, den Kapitän Cook zu demütigen und ihm zu zeigen, dass man nirgends und niemals entronnen ist, dass man zu jeder Stunde wachsam und auf Kampf und Widerstand gefasst sein muss, dass der Mensch unzulänglich ist! Ja, unzulänglich, schlecht gerüstet! Einem Handelsschiffskapitän mochten Skorbut und Krankheit an Bord verziehen werden – für den Chef einer Expedition gab es eine solche Verzeihung nicht!

Denn der Skorbut ließ sich bekämpfen; ihm war vorzubeugen! Nur weil die Mannschaft durch Skorbut geschwächt war, wütete die Seuche des gelben Fiebers so entsetzlich unter ihr. Jawohl, dem Skorbut ließ sich vorbeugen – mochten auch die Neunmalklugen, die »alten Praktiker« das Gegenteil behaupten und sagen, Skorbut sei bei langen Seereisen so selbstverständlich wie das Amen am Schluss des Gebets. Überlieferungen von Ärzten, Seeleuten, Jägern und Naturvölkern sprachen deutlich genug von der Möglichkeit, dem Skorbut beizukommen. Jetzt, wo es zu spät war, fielen sie ihm ein! Man musste den Mut haben zu neuen Gedanken, zu neuen Versuchen. Und dieser Mut hatte ihm gefehlt, als er seine Expedition vorbereitete. Er hatte sich allzu selbstsicher auf seine Tüchtigkeit, allzu genügsam auf die Ansichten anderer verlassen.

Diese Fehler warf er sich selbst immer wieder vor. Er hatte im entscheidenden Punkt der Expedition – bei der sorgfältigen Vorbereitung – versagt, mochte sie auch sonst mit reicherem Ertrag gesegnet sein als jede andere zuvor.

Ja, sie war gesegnet: Er dachte an die klaren, genauen Karten aller berührten Gebiete von Feuerland bis Neuguinea, die seine Mappen bargen; er sah die großen Bände der Herbarien des Sir Joseph Banks und die Kisten seiner andern Naturaliensammlungen; er sah die Bildermappen, die Dr. Solander zusammen mit dem Maler Buchan von Menschen, Tieren, Pflanzen, Häusern, Waffen, Schiffen und Landschaften der fernen Südseeländer angefertigt hatte. Und er dachte an seine eigenen Aufzeichnungen über Ebbe und Flut in der Südsee, an sein eigenes Logbuch und das Tagebuch des Sir Joseph Banks: Was in all diesen Sammlungen und Schriften als Ernte der Fahrt geborgen war, durfte sich auch vor kritischen Augen sehen lassen und der Ertrag würde nicht gering anzuschlagen sein.

Und dennoch fühlte er sich besiegt und vom Schicksal gedemütigt und dieses Gefühl verdunkelte ihm das Ende der Reise, bis am 12. Juni 1771 der Anker vor Deal in heimatliche Gewässer sank.

In der Admiralität in London kam ihm Sir Hugh Palliser mit Gruß und Glückwunsch im Auftrag des Seelords entgegen. »Sie haben sich selbst und alle unsere Erwartungen übertroffen«, antwortete er auf Cooks ersten knappen Bericht. »Wir sind stolz auf Sie und Ihren Erfolg.«

Cook starrte dem Freund befremdet ins Gesicht. »Erfolg?«, fragte er zögernd. »Erfolg? Doch, ja, es war wohl ein Erfolg. Aber er wurde teuer bezahlt – zu teuer, hören Sie, Sir, zu teuer! Fünfunddreißig Tote sind ein zu hoher Preis für das, was ich heimbringe! Nie wieder darf ein solcher Preis gezahlt werden, nie wieder!«

»Fünfunddreißig Tote«, wiederholte er leise, »fünfunddreißig Tote auf einem kleinen Schiff, mehr als ein Drittel der Mannschaft! Sir, jetzt, wo es zu spät ist, weiß ich den Weg, den man gehen muss, um solchen Preis zu vermeiden. Zu spät, Sir: Nun weinen Mütter, Frauen und Kinder von fünfunddreißig Menschen, weil einer zu spät nachdachte!«

»Man lernt aus seinen Niederlagen meistens mehr als aus seinen Siegen«, warf Sir Hugh nachdenklich ein.

»Ja, man lernt immer – auch wenn man sich für einen Meister hält«, antwortete der Kapitän bitter. »Dann nämlich nimmt das Schicksal uns in seine Schule. Und das ist richtig so, denn sonst taugten wir nach einigen Lebensjahren alle nichts mehr.«

Nach einer Pause fuhr er ruhig fort: »Eine Frage erlauben Sie mir, Sir: Wollen Sie – obwohl ich mir ein hartes Urteil sprechen muss – dennoch versuchen den neuen Weg durchzusetzen, der mir vorschwebt?«

»Ich werde an Ihrer Seite sein, wo Sie mich brauchen, Freund«, antwortete Palliser herzlich. »Seine Niederlagen offen eingestehen, heißt schon, die Kräfte herbeirufen, die man zu einem neuen Kampf braucht. Ich werde Sie unterstützen, James, wie ich bisher stets zu Ihnen gehalten habe.«

Das Südland

Das Traumbild

Einige Wochen nach Cooks Heimkehr von seiner ersten Südseefahrt legte das Seekarten-Kollegium der Admiralität als das wichtigste Ergebnis der »Endeavour«-Expedition die vergrößerten Kopien der Karten vor. Die Prüfung und Besichtigung dieser Kopien wurde auf Wunsch des Seelords Graf Sandwich mit einer kleinen Feier verbunden, zu der Freunde Cooks sowie Sachkenner und Fachgelehrte der Royal Society, der Regierung und der Admiralität eingeladen waren. Die Gegenwart dieser Männer, deren Gedanken und Pläne in jenen Jahren die Geschicke Englands maßgeblich beeinflussten, zeigte dem Kapitän, wie sehr er durch seine erste Expedition die Aufmerksamkeit und das Vertrauen der Sachkundigen gewonnen hatte.

Mit dieser Absicht hatte der Seelord diese Feier auch inszeniert. Vor allem aber ging es ihm darum, den Vertretern der Krone und der Royal Society deutlich zu machen, dass Cook der Mann war, in dessen Hände man den neuen großen Plan – die »Suche nach dem Südland« – legen durfte. Und endlich ging es Graf Sandwich darum, sich selbst durch diese Schaustellung seines besten Kapitäns allseits in ein vorteilhaftes Licht zu setzen.

Der Graf erreichte denn auch mit dieser Kartenschau das Beabsichtigte: Die Gäste nahmen den Eindruck mit, der König habe mit diesem Seelord einen vortrefflichen Griff getan und England besitze in Kapitän Cook einen hervorragenden Seemann, dem man alles Vertrauen schenken dürfe. Cook aber fühlte sich durch diese übersichtliche Zusammenfassung seiner Leistung gestärkt. Zum ersten Mal seit jenen unseligen Januarwochen im Indischen Ozean fühlte er sich von dem quälenden Gefühl der Unzulänglichkeit und des Versagens befreit und sah ungetrübt auf das Geleistete.

Dies gestand er den Freunden Palliser und Dr. Douglas froh ein, als er mit ihnen am Abend vor dem Kaminfeuer saß. Der Admiral, der die Krise im Leben des Freundes schon ganz überwunden glaubte, fragte daraufhin, ob Cook nun wohl bereit sei, das Kommando über eine Expedition zu übernehmen, die das sagenhafte Südland suchen sollte. »Sie werden sich und England damit neuen Ruhm gewinnen«, schloss er lebhaft.

»Ruhm? Ruhm?«, rief Cook aus. »Bin ich etwa einer der ehrgeizigen Militärs, die bedenkenlos ihre Truppe aufopfern, um einen Orden oder das Lob ihres Fürsten oder Heerführers zu verdienen? Phantasievolle Pläne zu machen und Träumen nachzujagen ist ein angenehmes Spiel für große Herren; für die aber, die solche Pläne verwirklichen sollen, eine blutige, schmutzige, schweiß- und tränenfeuchte Arbeit. Und der Lohn? Ein paar Silberstücke in der Hand, wenn's gut ausgeht, und bestenfalls ein paar bunte Erinnerungen; und wenn's schlecht ausgeht, ein Brett mit einer Kanonenkugel beschwert und ein Gebet über einem Seemannsgrab!«

Er sprang auf und ging erregt hinter den Stühlen der betreten schweigenden Freunde auf und ab. »Ich bin bereit mein Leben für mein Vaterland und für jede Arbeit, deren Sinn und Notwendigkeit mir einleuchtet, in die Schanze zu schlagen und dies auch von denen zu verlangen, die sich meinem Befehl unterstellen. Aber schweigt mir vom Ruhm, vom Abenteuer und von Träumen! Hinter diesen Worten verbirgt sich zumeist nichts anderes als Eitelkeit und Habgier. Und mit diesen beiden will ich nichts zu tun haben.«

»Und doch: Was wären wir alle, was wäre die Welt, gäbe es nicht Männer, die sich von Träumen begeistern lassen?«, warf Dr. Douglas nachdenklich ein. »Die Wurzel aller Taten ist der Traum. Schaut euch doch um in der Geschichte: Ob ihr Alexander von Mazedonien nehmt oder Julius Caesar oder – um auf dem Gebiet der Seefahrt zu bleiben – Kolumbus oder Magellan: Gepeinigt, beflügelt und getröstet von ihren Träumen geht ihr Leben hin, bis sie sie in die Tat umsetzen, die immer neue Träume erzeugt, und durch diese Kraft die Welt verwandeln. Einer der großen Träume der abendländischen Menschheit heißt ›Südland‹. Wir kennen seinen Ursprung nicht, wissen aber, dass sowohl Salomons Ophir wie die Südfahrten ägyptischer Seeleute mit diesem Traumbild eng zusammenhängen.«

»Ganz nüchterne und boshafte Menschen wie unser Freund Stephens behaupten freilich, das Südland sei nur dadurch auf Ptolemäus' Weltkarte gelangt, dass dieser antike Geograf von der Furcht vor dem leeren Raum erfüllt gewesen sei und deshalb die Südhalbkugel der Erde freigebig mit Landmassen gefüllt habe«, ergänzte Sir Hugh Dr. Douglas' Bericht mit amüsiertem Lachen und auch die beiden andern mussten bei der Erinnerung an Stephens' ihnen so wohlbekannte trockene Spöttereien lächeln.

»In späteren Jahren verschmilzt der Südland-Traum mit dem Indien- und Zipangu-Traumbild, bis Vasco da Gama den Seeweg nach Indien findet und Kolumbus den Atlantik überquert und sein Indien-Amerika entdeckt«, fuhr Dr. Douglas fort. »Jetzt, wo fast jedes Jahr eine neue Entdeckung gemacht wird, glaubt man erst recht fest an die Existenz des Südlands: Da soll Südamerika seine nördliche Küste darstellen, der südliche Indische Ozean seine Küsten umspülen und jeder Kartograf gibt ihm andere Gestalt und verführt damit die Abenteurer zu neuen Träumen.

Und diese Abenteuer gehen im Sturmschritt auf ihr Traumziel los: Cabral stößt an der Brasil-Küste entlang nach Süden vor; Vasco Nuñez de Balboa übersteigt den Isthmus von Darien und erblickt als erster Europäer den Großen Ozean; Pizarro erstürmt das Inka-Reich; Magellan umsegelt Südamerika und überquert den Großen Ozean; Francis Drake durchstöbert die Feuerland-See; Jeder glaubt die Terra australis incognita, das sagenhafte Südland, das Ophir Salomos gesehen zu haben, aber wie ein Gespenst weicht dieses Land vor jeder Berührung zurück. Ist es überhaupt vorhanden und nicht nur ein Hirngespinst geografischer Tüftler? Noch zweifelt niemand an seinem Dasein, denn Mendana findet die ›Inseln des Salomo‹, entdeckt die Marquesas; sein Steuermann Quiros stößt auf Australia del Espiritu Santo und nährt durch seine Berichte vom Reichtum der von ihm entdeckten Länder aufs Neue den Südlandtraum. Das lässt die Holländer nicht schlafen: Van Schouten und Lemaire tasten sich an die Küsten Neu-hollands und Neuguineas heran und nicht lange danach findet Abel Tasman Vandiemensland und Neuseeland und Fidschi. Und während die einen daraufhin das Südland in eine Wolke von Inseln aufgelöst sehen, klammern sich dank dieser Entdeckungen die andern umso inbrünstiger an dieses Wunschbild, und auch die Fahrten eines Rogge-veen und Bouvet vermögen sie in diesem Glauben nicht zu erschüttern.

Das ist in aller Kürze die Geschichte des Traums vom Südland.«

»Eine hinreißende, eine begeisternde Geschichte«, warf Sir Hugh ein, »und wer diese Frage ›Südland‹ löst, dem Traumbild Wirklichkeit verleiht, darf sich mit Stolz diesen großen Vorgängern anreihen.«

»Eine Geschichte voll Glanz, ja . . .«, sagte Cook nachdenklich, »aber auch voll Elend, Blut und Tod. Seuchen unter der Mannschaft, Hunger, Durst, Meuterei, Raubzüge und Massaker unter den Eingeborenen, Schiffbrüchige . . . Und wozu das alles? Was treibt dazu? Ihr sagt: Der Traum von Südland? War es nicht vielmehr Habgier, Gier nach Gold, nach Gewinn? War es nicht Plünderung? Jede Schiffsladung mit Blut bezahlt, unter Flüchen geladen, unter unsäglichen Strapazen und Opfern erworben und heimgeschafft! Blind fahren diese ›Helden‹ aus, blind kehren sie zurück – befriedigt, wenn nur ihre Taschen gefüllt sind. Was habe ich mit diesen Raubrittern der See zu schaffen? Einmal habe freilich auch ich ihren Preis für den Ruhm gezahlt und dessen schäme ich mich sehr. Ein zweites Mal werde ich solchen Preis nicht zahlen und deshalb, glaube ich, habe ich mit jenen Helden der Entdeckungszeit nichts gemeinsam. Zugegeben: Sie sind Helden – tapfer, standhaft, besessen von ihren Gedanken und Plänen, dem Abenteuer, dem blinden Griff ins Dunkle zugeschworen. Was aber bin ich? Was erlaubt euch meinen Namen mit jenen großen in einem Atemzug zu nennen?«

»Sind Sie nicht standhaft und tapfer wie jene, James?«, fragte Sir Hugh. »Tragen nicht auch Sie eine Fackel ins Dunkel hinein?«

»Das ist, glaube ich, das Entscheidende«, sagte Dr. Douglas bestimmt. »Wo jene wie die Raubritter mit der Brandfackel in fremde Meere und Länder eindrangen, tragen die Entdecker unserer Zeit das Licht der Wissenschaft in die unbekannten Gebiete der Erde. Wo früher Goldgier herrschte, wirkt heuer der Wissensdrang des Forschers. Wo früher schonungslos Gesundheit und Leben der eigenen Leute wie der Eingeborenen für den Preis einer Gewürzladung aufgeopfert wurden, strebt man heute danach, zu bewahren und Freundschaft zu pflegen. Kurzum – Menschlichkeit siegt allmählich über Gewinnsucht. Diesen Sieg durch Ihr Beispiel zu festigen ist Ihre Aufgabe, lieber Freund«, wandte sich Dr. Douglas herzlich an Cook. »Und wenn ich Sie recht kenne, ist dies auch Ihr Traum: mit klarer Vernunft der Seefahrt wie der Wissenschaft zugleich zu dienen.«

»Und was Ihre Freunde Ihnen dabei helfen können, soll und wird geschehen. Dessen dürfen Sie sicher sein, James, wie ich Ihnen schon einmal versicherte«, fügte Sir Hugh warm hinzu.

Cook sah nachdenklich von einem zum andern. »Sie meinen es gut«, sagte er schließlich, »und fast will's mir undankbar erscheinen, dass ich Ihnen Ihr Vertrauen nicht mit einem klaren Ja vergelten kann. Ich muss selbst erst wissen und begreifen, was meine Bestimmung ist und an welchem Ort ich stehe.«

Die Freunde verabschiedeten sich; ihr Wagen rollte nach London davon und tiefe nächtliche Ruhe senkte sich auf das Haus. Cook verharrte noch grübelnd vor dem Kamin, in dem das Feuer langsam verglomm. Als er die Hand über die Augen deckte, stiegen die Gesichter der Toten wieder vor ihm auf, die er in die Wellen des Indischen Ozeans hatte senken müssen: Wie ein Schattenzug zogen sie quälend langsam und schweigend an ihm vorüber. Aber eine Stimme hörte er sprechen, die ihn seltsam an die leise, beherrschte Stimme von Dr. Douglas erinnerte; sie sprach aus dem Dunkel heraus den Zug der Toten an: »Ihr Toten der ›Endeavour‹, warum beschuldigt ihr euren Kapitän?«

Und eine andere Stimme – Cook meinte den Schiffsarzt Dr. Monkhouse zu hören – antwortete: »Ich klage ihn an, dass er seine Mannschaft ausnützte und der Krankheit gegenüber widerstandslos machte, weil er die Fahrt unnötig ausdehnte. Ich klage ihn an der Ruhmsucht, der Unbarmherzigkeit und der Selbstsucht.«

Und eine dritte Stimme – war es nicht die des trunksüchtigen Segelmachers Gort? – fiel ein: »Ich klage an, weil er, dem wir unser Leben anvertrauten, mit diesem Schatz unachtsam umging, ihn gering achtete, ihn vergeudete. Ihm gebrach es an der Kameradschaft – dessen klage ich ihn an.« Und alle die starren gelben Gesichter nickten bei diesen Worten. »Findet sich denn niemand, der für ihn spricht?«, fragte die erste Stimme voll Angst weiter. Da erhob sich eine andere Stimme aus dem Dunkel – Cook erkannte erstaunt die Stimme Tupias, des Priesters aus Tahiti. Ruhig sagte sie: »Mit Unrecht scheltet ihr meinen weißen Bruder Cook. ›Wer die Meerfahrt will, muss auch das Opfer wollen‹, spricht Maui. Du kannst nicht Fische fangen, ohne den Köder zu spießen, nicht in die Sonne blicken, ohne geblendet zu werden. War er nicht mit euch in gleicher Gefahr? Hat er nicht gehungert, gewacht und gefiebert wie ihr? Kam er etwa lebend davon, weil er euch opferte, wie es die Eri meines Volkes taten, solange die Maori die große Meerfahrt wagten? Nein, dem Tode entging er, weil der Atua ihn schützte und sein Leben noch braucht.«

»Und weshalb braucht der Gott sein Leben noch?«, forschte Dr. Douglas' Stimme. Tupias Stimme erwiderte: »Zeiten kommen herauf, da sich das Bild der Erde ganz entschleiert. Kluger Männer bedarf es dazu, die viel wagen, aber viel auch bedenken, ehe sie sich dem Wagnis unterziehen. Einer lernt vom andern, einer bedarf des andern. Mein weißer Bruder Cook steht am Anfang der Reihe: Nicht rückwärts soll er schauen – sondern vorwärts.«

»Gott verdamme ihn, er hat uns verachtet – uns, seine Brüder auf See«, begehrte Gorts Stimme heiser und leidenschaftlich auf. »Solange er lebt, soll er an uns denken.«

»Gort, Gort! So höre doch . . .« Cook fuhr auf und blickte

verwirrt empor, denn eine Hand legte sich leicht auf seine Schulter und die Stimme seiner Frau sagte voll Sorge: »Du hast geträumt, James. Waren deine Toten von der ›Endeavour‹ wieder bei dir?«

Der Kapitän sank in sich zusammen und nickte. »Ja, ich habe von ihnen geträumt – immer wieder diese quälend schweren Träume. Aber diesmal war doch eine Stimme dabei, die mir zurief: ›Nicht rückwärts sollst du schauen, sondern vorwärts‹ – und eine Stimme, die mich freisprach von Schuld. Nein, frei von Schuld bin ich nicht und deshalb werde ich diese Toten nie vergessen können. Aber ich glaube, sie werden mir nun den Blick vorwärts nicht mehr verstellen. Wer hat mir doch gesagt: ›Wo wir wandeln, treten wir auf Gräber‹?«

Er stand auf und legte den Arm um die Schulter seiner Frau: »Deine Liebe und die See – wie arm wäre ich ohne euch beide! Wir wollen es halten wie seit Beginn unserer Ehe, Elisabeth: Ich werde hier bei dir einige Monate ausruhen und mich sammeln und dann wieder hinausgehen und zur See fahren. Und meinetwegen soll der neue Auftrag ›Suche nach dem Südland‹ heißen. Mir gilt jeder Auftrag gleich viel, wenn es nur eine anständige Aufgabe von vollem Maß ist. Ist es recht so?«

Sie sah an seinen Augen, dass er sich entschieden hatte und dass der Weg wieder hell und von Schatten befreit vor ihm lag. Wie hätte sie ihn zurückhalten können von dem, was ihm Glück und Erfüllung bedeutete? Tränen stiegen ihr in die Augen, als sie an den baldigen Abschied dachte, aber sie nickte ihm zu.

Der Auftrag

*T*rotz aller Verschwiegenheit der Eingeweihten waren Gerüchte von dem neuen Plan der Admiralität in die Öffentlichkeit gedrungen und »Südland« wurde das Stichwort für vielfältige Gespräche und Vermutungen, Erinnerungen und Träume – in den Hafenkneipen wie in den Kaffeehäusern, in den Kontoren der Kaufleute wie in den Salons der Damen.

In London von 1770 war Exotik die große neue Mode. In den Theatern spielte man die rührende Geschichte von Inkle und seiner Indianerin Yariko mit Musik und Ballett und die Herzen unter den farbigen Atlasfräcken der Herren und unter den nicht minder paradiesvogelbunten Seidengewändern der Damen schmolzen dabei ebenso in gefühligem Mitleid mit dem betrogenen Naturkind wie die des schlichter gewandeten Volkes der Hafenstraßen bei der Lektüre der Penny-Hefte, die das gleiche Thema in schwungvollen Versen und pathetischen Kupferstichen behandelten und in denen der »Wilde« als der bessere Mensch galt. So war es in Paris wie in Berlin, in Wien wie in Petersburg und natürlich auch in London, wo das exotische Parfüm am ehesten einen echten Hauch hatte, denn hier im Hafen stapelten sich die Ernten beider Hemisphären und würzten mit ihren Düften die Luft. Hier waren Virginia und Surinam, Jamaika und China, Indien und Java schon den Kindern vertraute Wirklichkeit, hier spazierten Schwarze und Inder auf den Straßen, krächzten bunte Papageien von den Schultern kauziger Matrosen.

Diese Atmosphäre war geeignet dem geografischen Phantom Südland seine spukhafte Blässe zu nehmen. War nicht in der bunten, geheimnisreichen Welt der Tropen eine Fülle von Schätzen verborgen, die noch des Entdeckers harrten? Sagte man diesem Kapitän Cook nicht nach, dass er Wagemut und Kenntnisse genug besaß, der südlichen Halbkugel das letzte große Geheimnis zu entreißen? War es etwa ein Zufall, dass er sowohl wie die Admiralität sich über die Ergebnisse seiner ersten Südseefahrt beharrlich ausschwiegen? Mochte der Kapitän auch von Natur so zugeknöpft sein – die Admiralität wusste jedenfalls, was sie tat, wenn sie durch ihren Sprecher immer wieder betonte, Cooks erste Reise habe nur Ergebnisse von wissenschaftlicher Bedeutung gebracht.

Sie lachten und tuschelten in den Kontoren – die Spekulanten wie die ehrbaren Kaufleute: »Der König will sich die Beute vorbehalten! Seid wachsam! Vielleicht wird da ein neuer Schwindel ausgebrütet, vielleicht aber auch eine große Gelegenheit! Haltet Augen und Ohren offen, dass euch kein Geschäft entgeht!«

Im Stillen bedauert mancher von ihnen, dass die Zeit vorüber ist, wo Expeditionen Kaufleuten goldene Berge einbrachten. Jetzt sind solche Entdeckungsunternehmungen fast ein Privileg der Wissenschaft und der Krone geworden, eine Sache für Schiffskapitäne, die nichts als Seeleute sind und vom Handel weder etwas verstehen noch verstehen wollen, und für Gelehrte, die nur ihre Gedanken von Humanität im Kopf haben.

Dennoch belauern die Herren der Kontore achtsam die Vorbereitungen, Pläne und Gerüchte um James Cooks Suche nach dem Südland. Sie wollen auf jeden Fall darauf vorbereitet sein. Noch immer ist das Goldland Ophir des Königs Salomo nicht gefunden. Wäre es ein Wunder, wenn dieser Fund doch noch gelänge? Nein, ein Wunder nicht in den Augen der Händler, aber eine Gnade Gottes, eine Zuwendung des Schicksals – wie eben Händler sich die Gnade Gottes und das Schicksal denken.

Die Damen von London aber, die Frauen und Töchter der Gentry sowohl wie die der Kaufleute und Makler finden den Gedanken, nach dem sagenhaften Südland zu suchen, einfach reizend und wären gern mit von der Partie. Denn was die Herrn Offiziere der »Endeavour«, was Sir Joseph Banks und seine Begleiter von Tahiti zu erzählen wissen, das ist so entzückend! Oh, die Herren hüten sich den schwärmerischen, hinter Seide verborgenen, wohlbehüteten Schönen Londons von Kannibalen und Dämonenglauben, von den Läusen im Schopf der leicht geschürzten Damen Tahitis und deren unbedenklichen Sitten und lasziven Tänzen zu erzählen: Das wäre unpassend und könnte den Erzähler in den Geruch eines frivolen Spötters bringen.

Dieser Einsicht entsprechend verfährt übrigens auch der Seelord Graf Sandwich seinem König gegenüber – dem dritten Georg aus dem Hause Hannover, der seit 1760 in St. James residiert. Dieser König nämlich steht an Empfindlichkeit den Damen nur wenig nach. Vor allem beunruhigt ihn die Vorstellung, das englische Volk misstraue ihm, dem König aus deutschem Blut, und verdächtige ihn, er richte nicht sein ganzes Tun und Trachten auf den Ruhm Englands.

Diese Beunruhigung des königlichen Gemüts wissen die Höflinge recht gut zu nutzen – vor allem der Graf Sandwich, der sich von Seiner Majestät zum Ersten Lord der Admiralität hat ernennen lassen, obwohl der Graf von Flotte und Seefahrt gar nichts versteht. Aber Sandwich hat erkannt, dass die Flotte immer mehr zur tragenden Basis britischer Politik wird. Die Flotte fördern, ihren Ruhm, ihre Kraft vergrößern heißt also für ihn, den eigenen Einfluss am Hof und damit den – eigenen – Kredit fördern. Und Kredit braucht Sandwich sehr nötig, denn er ist ein Spieler und Verschwender, der sich seine Launen viel kosten lässt. Deshalb spielt Graf Sandwich vor den Augen der Majestät den Urheber von großen Unternehmungen und Verbesserungen der Flotte – von Unternehmungen, deren Pläne zumeist im Schoß der Royal Society geboren werden und deren ausführende Organe umsichtige, erfahrene Kapitäne wie zum Beispiel James Cook sind; von Verbesserungen, als deren eigentliche Urheber der Admiral Sir Hugh Palliser und der Marine-Sekretär Stephens zu gelten haben. Warum treten alle diese Männer hinter dem eitlen Grafen zurück, lassen ihn mit ihren Gedanken, ihren Leistungen prahlen? Weil von der Zustimmung des Königs die Bewilligung der außerordentlichen Geldmittel abhängt, die man für Entdeckungsfahrten und Verbesserungen im Flottendienst braucht!

Niemand aber besitzt so sehr des Königs Ohr wie Graf Sandwich. Deswegen behandeln ihn auch diejenigen, welche ihn durchschauen und verachten, mit höflichem Respekt und der Graf ist klug genug, darüber hinaus weder Unterwürfigkeit zu verlangen noch selbst die Höflichkeit gegen die Männer, die das Ansehen der Flotte verkörpern, außer Acht zu lassen.

Graf Sandwich setzte alles daran, James Cook für die Suche nach dem Südland, für dieses letzte große Problem des Entdeckungszeitalters zu gewinnen. Dank der Großzügigkeit des Königs, der tief in seine Privatschatulle griff, konnte der Seelord dem Kapitän Cook die geforderten zwei Schiffe für die Expedition und die Menge von Nahrungsmitteln bewilligen, die dieser teils für notwendig erachtete, teils auszuprobieren wünschte. Er gestattete ihm außerdem, Offiziere und Mannschaften für seine Expedition selbst auszuwählen. Nur in einem Punkt erfüllte er Cooks Wünsche nicht. Der Kapitän glaubte, dass er auf die Beihilfe von Gelehrten auf dieser Fahrt recht gut verzichten könne. Sie würden enttäuscht werden, meinte er, denn die Reise würde wohl viele neue Gewässer, aber wenig neues Land berühren. Aber aus Rücksicht auf die Royal Society musste man einen Stab von Gelehrten mit aufnehmen. Die Royal Society wählte Johann Reinhold Forster als »Schiffsphilosoph«, Edward Wales als Astronom und Blandey Hodges als Landschaftsmaler für die Expedition, zu denen sich später in Kapstadt noch der Botaniker Sparman hinzugesellte.

Obwohl Cook die Herren vor übertriebenen Erwartungen warnte, ließen sie sich nicht abschrecken, denn wenn sie sich auch laut ihrer wissenschaftlichen Kühle und Sachlichkeit rühmten, fühlten sie sich doch wie Kolumbus, als sie mit Mikroskop und Schmetterlingsnetz, Spiritusballons und Botanisiertrommeln, mit Dienern, Kisten und Koffern in Plymouth an Bord gingen – gerüstet große Taten zu tun und die Welt um neue Erkenntnisse zu bereichern.

Die Seeleute bespöttelten die gelehrten Herren zwar als Wolkengucker, doch auch sie träumten ihren Südland-Traum. Weder Heuerbaase noch Werbekommissionen hatte Cook bemühen müssen, um Besatzungen für seine Schiffe zu finden. Seine besten Werber waren trotz Tod und Tränen der Heimfahrt die Seeleute seiner ersten Südsee-Expedition.

In den Kneipen streuten sie seinen Ruhm aus wie eine Saat: »Jimmy Cook – oh, Kerls, ich sage euch, das ist ein scharfer Hund! Aber er hat ein Herz für den Seemann. Er weiß, was Janmaat fürs Herz und die Gurgel und den Bauch braucht. Und die Südsee, Kinder und Leute . . . « Mit genießerischem Lächeln unterbricht Janmaat seine Erzählung, stärkt sich mit einem Schluck rum. »Also ein Paradies, sage ich euch: Immer Sommer und wenig Arbeit und genug zu essen und Weiber, Weiber, sage ich euch . . .!«

Ein nachkostendes Lächeln glänzt auf Janmaats Gesicht: Er spürt den honigsüßen Geschmack der Südsee bei diesen Worten wieder auf der Zunge. Und dann geht er zu eingehenderen Schilderungen über, und wo seine Erlebnisse nicht Farbe genug hergeben, hilft die Phantasie nach. Am Ende läuft allen seinen Zuhörern das Wasser im Mund zusammen. Was Wunder also, dass das Rekrutierungsbüro in Wapping Zulauf hat wie nie zuvor, sobald sich herumspricht, dass der Kapitän James Cook Matrosen und Handwerker für seine Expedition zum Südland anwirbt. Aber es ist nicht so einfach, eine Heuer bei Jimmy zu bekommen: Jeder muss sich als gesund und seeerfahren ausweisen, ehe er angenommen wird. Als die Schiffe dann in See gehen, ist schließlich eine Mannschaft an Bord, wie sie derzeit selten auf des Königs Schiffen zu finden ist.

Endlich war auch die letzte der Vorbereitungsarbeiten geleistet, nachdem die Marinewerft von Deptford die Takelung der »Resolution« einer nochmaligen Verbesserung unterzogen hatte, und das Schiff lag seeklar in der Themse – bereit mit der nächsten Ebbe in See zu gehen und dem Schwesterschiff »Adventure« nach Plymouth zu folgen. Kapitän und Mannschaft befanden sich bereits an Bord, die Wachen waren eingeteilt, die Rollen nach lange vorbereitetem Plan ausgegeben, alle Vorratsräume gefüllt: Die große Fahrt konnte beginnen.

Als die »Resolution« an diesem blanken Frühsommertag in der Themse lag, unterschied sie sich durch nichts von den Frachtschiffen auf dem Fluss. Nichts verriet, dass sie zu großen Dingen berufen war und den Mann an Bord hatte, dem man den größten seemännischen Auftrag seit Magellans Zeiten übertrug. Der Kenner hätte sie sofort als ein Schwesterschiff der braven alten »Endeavour« angesprochen. Genau wie jene war sie auf der Werft von Harwood Brothers in Whitby gezimmert und dort mit allen Tugenden versehen worden, die einem Frachtschiff wohl anstanden: Ausdauer, Zuverlässigkeit, Festigkeit und Kraft. Die »Adventure« glich ihr fast aufs Haar, nur war sie um ein Geringes kleiner. Beide Schiffe waren vor sechzehn Monaten vom Stapel gelaufen und ihr bisheriger Eigner ließ sich ihre Jugend wie ihre Tugend mit Gold aufwiegen. Das Schiffbau-Kollegium der Admiralität zahlte den hohen Preis mit sauren Mienen, aber es zahlte, denn dieser Kapitän Cook schien seit Beendigung seiner ersten Südseefahrt Liebkind bei allen einflussreichen Männern Londons zu sein und es war wohl nicht ratsam, sich mit ihm anzulegen.

Nach der allgemeinen Wertschätzung zu urteilen, musste dieser Kapitän so etwas wie ein seemännischer Wunderknabe sein. Ja, dieser Feuerkopf Palliser, der Admiral ohne Sinn für Würde, sollte sich kürzlich zu der Behauptung verstiegen haben, James Cook beweise, dass sich das englische Volk nun endgültig dem Meer zugewandt habe, und er vollende, was Sir Walther Raleigh und Francis Drake vordem begonnen hatten. Als ob nicht auch in der Admiralität Männer säßen, die etwas von christliche Seefahrt verstanden! Aber freilich, wenn die hohen Herren an solch einem Seebären erst einmal einen Narren gefressen hatten, dann wurde mit Lob und Schmeichelei nicht gespart. Und diesen Seebären stieg so viel Weihrauch in die Krone und sie wurden sofort unbescheiden!

Überhaupt dieser Cook! Nicht nur die Herren vom Schiffsbau-Kollegium, auch die vom Proviant-Kollegium wussten ein Lied von ihm zu singen. Kühl, unnahbar und bestimmt wie ein Prinz legte er den Herren seine Proviant-listen auf den Tisch. Der Leiter des Proviant-Kollegiums fiel fast in Ohnmacht, als er diese Liste durchlas. Er hatte sich ja auf allerlei Ansprüche gefasst gemacht; aber dies war denn doch unerhört und nie da gewesen.

Sauerkraut und Malz, Marmelade und Rosinen, eingezuckerter Orangen- und Zitronensaft, getrocknete Möhren und eingedickte Fleischbrühe, getrocknetes Fleisch und gedörrtes Obst, Weizen- und Hafergrütze – all diese guten und sündhaft teuren Dinge standen obenan, gefolgt von den herkömmlichen Erbsen, Bohnen, Linsen, Zwieback und Salzfleisch. Der Leiter des Proviant-Kollegiums – die Amtsbrüder nannten ihn hinter seinem Rücken gern den Mandarin – blickte Cook prüfend an: Wollte sich dieser Kapitän am Ende mit der Admiralität einen Witz erlauben? Aber das Gesicht des Mannes war so gesammelt und ernst, dass der Mandarin diesen Gedanken verwarf und sich innerlich für eine harte Auseinandersetzung mit diesem sonderbaren Kapitän sammelte. Denn das glaubte er der Admiralität doch schuldig zu sein, dass er von diesen Wünschen so viel als möglich abhandelte. Sollte er etwa diesem spleenigen Seemann jede Marotte durchgehen lassen? War es etwa keine Marotte, Seeleute mit solchen Köstlichkeiten zu ernähren? Man bedenke doch: Seeleute, die an Hartbrot, Salzfleisch und Erbsen gewöhnt waren und sich seit Olims Zeiten dabei wohl befanden wie der Esel bei den Disteln! Die Folgen waren gar nicht abzusehen, wenn man erst einmal mit solcher Verwöhnung anfing.

Der Mandarin begann vorsichtig: »Und was, mein lieber Kapitän, soll an Stelle etwa nicht zu beschaffender Dinge gekauft werden?« Eine harmlose und unverfängliche Frage, doch sie konnte bei zustimmender Antwort die schönsten Möglichkeiten eröffnen. Cook lächelte leise. »Wir haben jetzt November«, sagte er freundlich. »Bis zum Mai nächsten Jahres haben Sie Zeit genug, das Verlangte zu beschaffen. Ich verlasse mich ganz auf Ihre Geschicklichkeit und Findigkeit, die mir Admiral Palliser sehr gepriesen hat. Guten Morgen, mein Herr!«

Diese Antwort war Honig und Wermut zugleich für den Mandarin, doch der Wermut überwog. Er rächte sich, indem er mit dem empörten Schrei »Zu teuer, viel zu teuer!« Vorstellungen bei Stephens, dem Sekretär der Admiralität, ja beim Seelord selbst erhob. Wie stolz er war, als er Cook auf diese Weise von dem Pemmikan, das nach Indianerart an der Luft getrocknete Fleisch, von den Rosinen und dem Dörrobst abgebracht hatte! Welche Genugtuung erfüllte seine Brust, dass er auf diese Weise der Flotte einige Pfund Sterling ersparte!

Cook ließ ihm lächelnd und kopfschüttelnd diesen Triumph: Es war ja doch gelungen, seiner Expedition alle die Nahrungsmittel zu sichern, die nach den Meinungen und Erfahrungen seiner seemännischen Freunde Palliser und Campbell, des Arztes Sir John Pringle und auf Grund seiner eigenen Beobachtungen unter bretonischen Neufundlandfischern, Labrador-Jägern und indianischen Fallenstellern geeignet waren den fürchterlichsten Feind der Seeleute – den Skorbut – zu bekämpfen. Diese Expedition sollte auch auf dem Gebiet der Ernährung neue Versuche machen und neue Aufschlüsse bringen. Der Mandarin mochte stolz darauf sein, der Admiralität jetzt ein paar Pfund Sterling zu ersparen. Er aber, Kapitän Cook, würde der englischen Flotte nicht nur Pfunde, sondern kostbare Menschenleben sparen – nicht nur jetzt, sondern für viele Jahrzehnte!

Er rang den anderen Kollegien zäh und unbeirrbar ab, was er für seine Schiffe brauchte: Steinkohlen, damit man in der Antarktis ohne riesige Brennholzvorräte doch Wärme hätte; einen kupfernen Backofen, damit man frisches Brot backen konnte; Sonnensegel, um die Tropenglut abzuwehren; Ölzeug und Kleidung aus dichtem, dickem Wollstoff, damit den Unbilden des Polarmeeres begegnet würde.

Cook ließ von den Lieferungen der Händler kein Auge und hielt seine Offiziere und Mastermen zur gleichen Aufmerksamkeit an. Sie saßen mit ihm im Rekrutierungsbüro zu Wapping und heuerten die Besatzung an. Dies stieß bei dem Rekrutierungsbüro auf heftigen Widerstand, da es sich in seinen Befugnissen bedroht glaubte. Aber Cook setzte sich durch und erreichte so, dass er eine gesunde und seebefahrene Mannschaft erhielt. Auch seine Offiziere wählte er sich selbst aus und griff dabei vor allem auf die Gefährten der ersten Südseefahrt zurück. Obwohl die neue Fahrt länger dauern würde als die erste, verringerte er doch die Zahl der Offiziere: Er wusste, warum. Viele Köpfe, viele Meinungen: Er hatte die Wahrheit des Sprichworts erfahren.

Der Wunsch, seinen Freund Kapitän Campbell – sie hatten beide unter Pallisers Kommando zur Neufundland-Station gehört – als Führer des zweiten Schiffes zu erhalten, erfüllte sich allerdings nicht. Für diesen Posten hatte Graf Sandwich aus persönlichen Gründen den Kapitän Tobias Furneaux ausgewählt. Cook – auf das Wohlwollen des Seelords nun einmal angewiesen – fügte sich dieser Wahl stillschweigend und begegnete Furneaux zu Anfang vollkommen kameradschaftlich. Bald jedoch stellten sich Spannungen zwischen den beiden Männern ein, denn Furneaux beteiligte sich an den Vorbereitungsarbeiten nur oberflächlich: Er ließ sich weder im Rekrutierungsbüro noch bei den Proviantlieferungen noch auf dem Zimmerplatz zu

Deptford jemals sehen. Am Ende fiel es ihm sogar ein, Cook gegenüber zu betonen, dass er bereits Postkapitän sei und somit über Cook stehe, der ja nur den Rang eines Commanders bekleide. Er wusste recht gut, dass man Cook nur aus bürokratischen Bedenken die Beförderung zum Postkapitän versagt hatte. Der Verdacht lag nahe, Furneaux werde sich draußen auf See auf seinen höheren Rang berufen und Schwierigkeiten machen. Um dem vorzubeugen, erbat sich Cook vom Seelord eine ausdrückliche schriftliche Bestätigung dafür, dass sich seine Befehlsgewalt auch auf die »Adventure« erstrecke.

Es machte Cook noch misstrauischer gegen Furneaux, dass diese Bitte ohne Antwort geblieben war bis zu dem Tag, an dem die »Resolution« seeklar das Dock verließ und in der Themse ankerte. Mit der nächsten Tide sollte das Schiff in See gehen. Am Abend dieses Tages kam noch einmal Sir Hugh Palliser an Bord. Er ließ sich das ganze Schiff zeigen, besichtigte Logis und Vorratsräume, Küche und Segelkammer, lobte und plauderte lebhaft wie eh und je.

Cook aber blieb bei all dem noch spröder und einsilbiger als sonst: Der Verdruss über das ungeklärte Verhältnis zu Furneaux verdarb ihm diese letzten Stunden an der heimatlichen Küste.

»Hol's der Geier, James«, brach Palliser schließlich aufgebracht los, »ich habe Sie nie so beneidet wie heute. Was für ein Auftrag! Ich glaube, Sie wissen gar nicht, wie bedeutend er ist, denn sonst gingen Sie nicht mit einem solchen Stockfischgesicht durch dieses schöne, ganz nach Ihren Wünschen ausgerüstete Schiff!«

Cook zuckte die Achseln und gab dem Freund endlich zögernd zu wissen, welcher Wurm den schönen Apfel nach seiner Meinung verdarb. Palliser lachte: »Das habe ich mir bis zuletzt aufgehoben!« Er zog einen Brief aus der

Tasche. »Die Bestätigung, dass Furneaux sich Ihnen in jeder Hinsicht zu fügen hat! Und die Reise-Instruktion: das Südland suchen und die Entdeckungen in der Südsee vermehren und vollenden! Was für ein Auftrag! Die Suche nach dem Südland! Sie werden ein uraltes Rätsel der Menschheit lösen! Wie ich Sie darum beneide!«

Die beiden Freunde standen am Fallreep und blickten sich an: Sie wussten, es war ein Abschied für viele Jahre, vielleicht für immer. Einen Augenblick zögerte der Admiral, dann umarmte er Cook schnell und eilte darauf rasch das Fallreep hinab.

Die Pinasse des Admirals legte ab und tauchte ins Dunkel der Nacht ein. Ruderschläge. Und nach einer Weile kam aus dem Dunkel die Stimme Sir Hugh Pallisers und rief dem Freund den alten Seemannsgruß zu: »Fahr wohl und kehr wieder!«

In der Nacht segelte die »Resolution« mit der Ebbe themseabwärts und in der Morgenfrühe des 13. Juni 1772 lichteten die beiden Schiffe im Hafen von Plymouth die Anker.

Die Eisgrenze

*B*is zum Kap der Guten Hoffnung war die Reise nur eine beinahe spielerische Probe für Schiffe und Mannschaften. Kaum aber hatten sie Kapstadt mit südlichem Kurs verlassen, da begann das Wagnis und aus einer beliebigen Seereise wurde die zweite Expedition des Kapitän James Cook: die Suche nach dem Südland.

Vor allem fiel die Kälte des Polargebiets die Schiffe viel früher an, als man nach den Erfahrungen in den Grönlandgewässern hatte annehmen können. Schon hier bewährte sich, dass der Kapitän darauf bestanden hatte, einen guten Vorrat an Steinkohle mitzunehmen. Sie beanspruchten nicht nur weniger Platz als das übliche Brennholz, sondern spendeten auch doppelt so viel anhaltende Wärme in der großen Küche, in der sich die Freiwache aufhalten durfte. Und schon jetzt bewies der große Vorrat an wärmender Kleidung, den er der Admiralität mit Mühe abgerungen hatte, seinen Wert. Mit Hilfe seiner Labrador- und Neufundland-Erfahrung war er in der Lage, allen Wetterschwankungen und Temperaturstürzen, dem Nebel wie der Vereisung von Takelung und Steuer, dem Sturm wie dem Treibeis rechtzeitig und ohne Zögern zu begegnen.

Vom Einfall der Kälte an hielt sich nur noch an Deck auf, wer dort zum Dienst nötig war; alle anderen suchten sich unter Deck einen leidlich warmen Platz zu sichern. Nur Cook blieb außer den Stunden des Schlafs ununterbrochen auf der Brücke. Hatte ihm etwa die Kälte nichts an? Oh doch, auch er trug erfrorene Zehen und Finger davon wie seine Rudergänger und Matrosen. Sein Schlafraum war genauso wenig erwärmt wie das Mannschaftslogis und von wärmenden Grogs machte er jedenfalls weniger Gebrauch als irgendein anderer auf beiden Schiffen.

Die Kälte setzte ihm zu wie jedem anderen, aber er ließ sie nicht Herr über sich werden und übertrug ein gut Teil seiner gleichmäßigen Ruhe und Kraft auf alle, die mit ihm und unter seinem Befehl arbeiteten – und zwar mehr durch sein Beispiel als durch harten Befehl.

Die Expedition war innerlich und äußerlich gut vorbereitet, als die Antarktis mit Sturm und Hagel, Eis und Nebel über die Schiffe herfiel und mehr als zwei Wochen unaufhörlich in Atem hielt. Dann löste strenger Frost den Sturm ab und Schnee die Hagel- und Regenböen. Treibeisschollen kamen immer häufiger in Sicht und der erste, einsame Eisberg zeigte sich. Nun begann der Kampf mit dem Eis, mit der Gefahr erst richtig. So also sah der Sommer der Antarktis aus.

In donnernden Brechern schäumte die See an der Luvseite der Eisberge, die bald in ganzen Flotten nordwärts trieben. Grau und grün schimmerten die Flanken der Riesen im gebrochenen Licht des Eismeeres; die von der See ausgewaschenen Höhlungen vertiefte ein schattendunkles Blau. Pinguine, Robben und Sturmvögel umschwärmten diese treibenden Inseln und Rudel von fontäneblasenden Walen gaben ihnen häufig das Geleit. An klaren Tagen erregte der Anblick der Eisberge eher Staunen als Furcht; an Nebeltagen jedoch wirkte ihre Nähe unheimlich drohend, denn das Schicksal eines Schiffs, das auf einen solchen Riesen auflief, war besiegelt.

In solchen Nebeltagen verließ der Kapitän die Kommandobrücke kaum. Mit gespannten Sinnen stand er neben dem Rudergänger. Sein Ohr prüfte jeden Ton, den Wind und Welle ihm zutrug; seine Blicke bohrten sich angestrengt in die milchigen Nebelschwaden, die träge über den Meeresspiegel trieben, bald das ganze Schiff einhüllten, bald den Augen einen eng begrenzten Ausblick öffneten. Gleich dem Kapitän strengten der wachhabende Offizier und die Ausguckleute im Vortopp und Vorschiff alle ihre Sinne an. Schwere Stille drückte auf das Schiff wie ein Gewicht. Klamme Kälte durchfeuchtete langsam und unerbittlich selbst die dicken Tuchanzüge, machte die Hände steif und das Gesicht hölzern wie eine Maske. Jede halbe Stunde löste sich dumpf und gespenstisch verhallend der Signalschuss der »Resolution«, um dem nachfolgenden, vom Nebel verschluckten Schwesterschiff den Kurs anzuzeigen. Cook atmete jedes Mal erleichtert auf, wenn der Antwortschuss anzeigte, dass die »Adventure« folgte.

Nach einer oftmals ermüdend langen Wartezeit kam vom Vorschiff der Alarmruf »Eisberg voraus«. Das Donnern und Zischen der Brandung an seinen Flanken verriet zuerst sein Nahen. Leise gab der Kapitän dem Rudergänger seine Anweisungen. An den Brassen standen die Seeleute der Wache – bereit zum Segelmanöver. Der Riese tauchte schäumend aus dem Nebel hervor, unheimlich nahe und böse. Langsam glitt das Schiff an ihm vorüber. Das Rauschen und Tosen der Brandung wurde allmählich schwächer und verging endlich ganz. Dann lag wieder schwere Stille des Nebeltages über dem Schiff und das Lauern und Lauschen begann aufs Neue.

Immer weiter südwärts segelten die beiden Schiffe; vermieden bald kreuzend Treibeisfelder, bald durchschritten sie sie in kühnem Anlauf. Oft drohte Frost das Packeisgeschiebe ringsum zur Fessel werden zu lassen; häufig erschütterten Treibeisblöcke das Schiff bis in den Topp hinauf. In solchen Augenblicken empfand jeder die Nähe des Schwesterschiffs als recht tröstlich. Am 17. Januar 1773 überquerte James Cook mit seinen Schiffen »Resolution«

und »Adventure« als erster Europäer den Südpolarkreis und drang bis 67 Grad Süd vor. Hier setzte eine undurchdringliche Eisbarriere weiterem Vordringen eine Grenze.

Dies jedenfalls war durch den ersten Vorstoß Cooks nach Süden bereits geklärt: zwischen der Südspitze Afrikas und dem Polarkreis bestand kein zusammenhängendes Land. Weder Meeresdriften noch Windverhältnisse, weder Meerestiefe noch Eisbeschaffenheit widersprachen diesem Befund. Es stand ferner fest, dass man die Erfahrungen und Erkenntnisse aus den Gröndlandmeeren und der Hudsonbai nicht kritiklos auf die Antarktis übertragen durfte.

Im Norden galt, dass Robben und Vögel die Nähe von Land anzeigten. Hier im Süden aber war jeder Eisberg, jedes Packeisfeld von Pinguinen, Robben und Sturmvögeln begleitet, Land aber fand man nirgends.

Gegen dessen Existenz sprach auch die lange und hohe Dünung dieses Meeres, die gleichmäßige Kraft und Richtung seiner Westwind-Drift und endlich auch der Zustand des Eises. Eisberge und Eisfelder befanden sich sämtlich im Zustand starker Zerstörung: ein sicheres Zeichen dafür, dass sie bereits lange in einem Meer mit gleichmäßig kräftigem Seegang trieben. Wenn also das Südland hier überhaupt vorhanden war, so ließ es sich nur jenseits des Polarkreises vermuten.

Nach kurzem Ausweichen nach Norden unternahm Cook noch einen zweiten Vorstoß zum Polarkreis. Noch einmal drangen Nebel, Frost und Eis auf Schiff und Mannschaft ein; abermals verschlangen Frostdunst und Schneewolken Sonne und Mond für Wochen. Einsamkeit, Kälte und Lichtarmut lagen wie ein lähmender Bann über der Mannschaft. Deshalb atmete jedermann an Bord auf, als der Kapitän an der Eisgrenze aufgab, den Befehl zum Wenden gab und es hieß: »Das Schiff nimmt Kurs auf Vandiemensland!«

Johann Reinhold Forster

Nur einer gebärdete sich so, als sei er nicht damit einverstanden, dass Cook nach zweimaligem Anlauf vom Südland abließ: Herr Johann Reinhold Forster, der »Schiffsphilosoph«. Es bedurfte einer harten Auseinandersetzung,
ehe er sich fügte.

»Wir sind abermals auf eine dichte, unübersehbare Eisbarriere gestoßen und ich halte es nicht für ratsam, auf
weiterem Vordringen nach Süden zu bestehen, zumal der
antarktische Sommer zur Hälfte vorbei ist. Ich habe deshalb wenden lassen.«

Mit diesen knappen Worten hatte Cook den Gelehrten
seinen Entschluss mitgeteilt. Niemand erhob Widerspruch
oder Zustimmung: Die Worte des Kapitäns sprachen das
Notwendige klar genug aus und machten jedes weitere
Wort überflüssig. Nur Herr Forster wie gesagt war nicht
einverstanden oder benahm sich so.

»Aber, mein lieber Kapitän«, rief der dem bereits zur Tür
schreitenden Cook zu, »mir scheint, dazu wäre doch wohl
noch einiges zu sagen.«

Cook hielt ein und auch die anderen wandten sich neugierig Forster zu. »Jawohl«, fuhr dieser fort, »dazu wäre allerdings noch etwas zu sagen. Wozu gibt es eigentlich Gelehrte an Bord, wenn man sie niemals um Rat fragt? Es ließen sich immerhin wissenschaftliche Einwände dagegen
erheben, dass man jetzt schon die Suche nach dem Südland aufgibt.«

Cook runzelte die Stirn. »Mein Entschluss entspringt
nautischen Erwägungen, mein Herr, und dafür brauche ich
keinen wissenschaftlichen Rat. Im Übrigen«, deutliche Ver-

achtung sprach aus seiner Stimme, »hält meine Entscheidung auch wissenschaftlicher Kritik stand, denn in diesen Breiten besteht kein Land.«

»Darüber lässt sich streiten.« Herr Forster rückte sich kampfbereit den Stuhl zurecht. »Es gibt Beweise, dass in diesen Breiten Land vorhanden sein muss – muss, hören Sie –, damit sich die Land- und Wassermassen des Erdballs im Gleichgewicht halten.«

»Das ist keine Gewissheit, sondern eine Theorie«, entgegnete Cook ärgerlich.

»Aber nein, mein lieber Kapitän«, belehrte Herr Forster gönnerhaft den reinen Praktiker Cook. »Keine Theorie, sondern eine auf sicheren Berechnungen des Volumens von Erde und Wasser gegründete Überzeugung, die übrigens auch Sir Alexander Darymple teilt – ein Gelehrter also, der als Seemann und Engländer Ihnen sicherlich ein glaubwürdiger Kronzeuge ist.«

»Engländer oder nicht, Sir Alexander ist genauso wie Sie, Herr Forster, ein Mann des Schreibtisches«, wehrte Cook ungehalten ab. »Meine Beobachtungen hier im antarktischen Meer widerlegen diese Theorie. Ich habe Sie ja oft genug auf Meeresdrift, Dünung und Eisverhältnisse hingewiesen. Leider haben Sie meine Hinweise nur in der Kabine zur Kenntnis genommen.«

»Lieber Kapitän, Sie werden mich nicht belehren wollen, was wissenschaftliche Arbeit heißt«, antwortete Forster, noch immer liebenswürdig. »Im Namen der Wissenschaft fordere ich, dass die Suche nach dem Südland hier unverzüglich fortgesetzt wird. Ich für mein Teil denke nicht daran, mich dem Wagnis der Fahrt ins Eis später noch mal auszusetzen. Jetzt sind wir einmal darin, jetzt muss Klarheit über das Südseeland geschaffen werden. Das sind Sie uns, der Royal Society, Ihrer Mannschaft und der Admiralität schuldig, mein lieber Cook. Nicht wahr, Sie ändern Ihren Befehl demgemäß ab?«

»Den Teufel werde ich tun, mein Herr«, fuhr Cook auf. »Ich pflege meine Befehle vorher genau zu durchdenken. Nehmen Sie dies, bitte, ein für alle Mal zur Kenntnis.«

Cook hatte in der Messe nie zuvor so scharf und heftig gesprochen. Alle spürten, dass man seinen empfindlichsten Punkt berührt hatte. Nur Herr Forster merkte es nicht. er stand auf. »Aber, mein lieber Kapitän«, sagte er und klopfte Cook beschwichtigend auf die Schulter, »ich verstehe Ihre Gereiztheit nicht. Warum halten Sie eigentlich an Weisungen fest, die der Forschung zum Nachteil sind?«

Cook war vor Forsters Hand wie vor einem Schlangenbiss zurückgewichen und senkte den Kopf wie ein Stier, der sich anschickt einen Feind auf die Hörner zu nehmen. »Mein Herr«, sagte er mit einer leisen, bösen Stimme, »Sie wollen auf das Recht der Forschung pochen? Lassen Sie sich sagen, dass in diesen Wochen jeder Matrose mehr für die Wissenschaft getan hat als Sie! Die Seeleute taten trotz Kälte und Gefahr unbeirrt ihre Pflicht. Wo aber waren Sie, als es zu beobachten galt? Für Sie ist die Forschung doch nur ein Spielplatz für Phantastereien und unbegründete Geltungsansprüche. Von Ihnen nehme ich keinen Rat an. Guten Morgen.«

Durch das Spalier der Offiziere und Gelehrten, die teils schadenfroh, teils betreten auf Herrn Forster blickten, verließ Cook raschen Schritts die Messe. Er hörte kaum noch Forsters empörte Entgegnung, der von unerhörter Behandlung sprach.

Hätte er sich während der voraufgegangenen Wochen öfters an Deck sehen lassen, so wäre ihm wohl aufgegangen, dass Cook nicht als ein beliebiger Seebär alten Schlages anzusehen war, den man herablassend mit »Mein lieber Kapitän« anredete und auf die Schulter klopfte. Denn mochte Cook auch bescheiden sein, er wusste doch seinen Wert einzuschätzen und durfte verlangen, dass man seine Leistungen würdigte.

Forster aber hatte bisher nichts getan, das Vertrauen des Kapitäns zu gewinnen. Er hatte beharrlich über die Unbequemlichkeiten der Seefahrt gejammert und in seiner Kabine gehockt, solange Nebel, Kälte und Einöde der Antarktis das Schiff umgaben. Mochte er auch ein hochgelehrter Mann sein, der Theologie, Natur- und Sprachwissenschaft, Geologie, Botanik und Völkerkunde beherrschte – in Cooks Augen wog all das wenig, solange sich der Träger solch umfänglichen Wissens vor ihm nicht als tätiger Mann Achtung verschaffte.

Unwillkürlich verglich Cook Forster mit Sir Joseph Banks, dem Gefährten der ersten Südseefahrt: Der hatte sich dank seiner geistigen Wendigkeit und Offenheit dem Gesetz der Expedition geschickt angepasst. Herr Forster aber wollte beachtet und umworben sein. Anscheinend war er überzeugt, dass die Suche nach dem Südland recht eigentlich seine Sache sei und Cooks Rolle dabei nur die eines bloßen Werkzeugs.

Von dieser Illusion befreite ihn wohl der Zusammenstoß in der Messe jäh und endgültig, aber es dauerte lange, bis er sich damit abfand – ganz überwand er diese Demütigung nie.

Sein Wesen war dem James Cooks durchaus entgegengesetzt: dieser dem Messen und Wägen, dem langsamen Reifen und der nüchternen Erfahrung zugeschworen; jener erlag der ruhelos schweifenden Phantasie immer wieder und trieb dadurch sein Leben in heftigen Sprüngen voran, manchmal auf glückliche Straßen, meistens aber in Sackgassen. Forster verärgerte ohne Absicht, lediglich durch seine Torheiten auch die, die ihm wohl wollten; Cook fand zur rechten Stunde dank seiner Bestimmtheit stets den rechten Freund und Helfer.

Nur in einem glichen sie sich: Beide vergaßen Fehler und Streitereien rasch – freilich jeder aus anderen Gründen. Cook, weil es seinem Gerechtigkeitssinn widersprach, lange nachzutragen; Forster, weil sein sprunghaftes Wesen keine Stetigkeit des Gefühls und Verhaltens aufkommen ließ.

So hatte er sich auch wenige Stunden nach jenem Zusammenstoß mit Cook schon auf den neuen Kurs des Schiffs eingestellt, ja, am ersten frühlingshaften Tag ohne Nebel und Eisschollen äußerte er lebhafter als jeder andere seine Freude, der Antarktis entronnen und dem Leben wiedergeschenkt zu sein. So lag der Verdacht nahe, jener Widerspruch gegen Cooks Anordnungen sei von ihm mehr gespielt als ernstlich bedacht gewesen.

Widrige Winde und Stürme – in denen man übrigens die »Adventure« außer Sicht verlor – ließen die »Resolution« nicht nach Vandiemensland gelangen. Stattdessen steuerte Cook direkt Neuseeland an. Nach 117 Tagen ununterbrochener Seefahrt, nach 3 600 Seemeilen stetigen Segelns fiel an einem kühlen, hellen Märztag der Anker in den Grund der Dusky-Bai. Nach Eis, Schnee und Nebel endlich wieder Erde, Fels und grünendes Gehölz!

Befriedigt trug Cook an diesem Tage in sein Logbuch ein: »An Bord alles wohl. Sauberkeit und richtige Ernährung und Kleidung haben Krankheiten nicht aufkommen lassen.«

Die beiden Kapitäne

Seit den Vorbereitungen zu der Expedition stand Cook dem Kommandanten des Schwesterschiffs »Adventure« mit einem gewissen Misstrauen gegenüber. Er bemühte sich zwar lange um ein gutes kameradschaftliches Verhältnis, doch trug der Verlauf der Fahrt wenig dazu bei, die Spannungen zu mildern. Es erwies sich nämlich, dass Furneaux – mochte er als Seemann ohne Tadel sein – als Führer seiner Mannschaft versagte. Und gerade ein solches Versagen durfte bei Cook nicht auf Nachsicht hoffen.

Das Verhältnis der beiden Schiffsführer verschlechterte sich spürbar, als Furneaux im Eismeer übertrieben vorsichtig, ja ängstlich operierte und dadurch Cook und seine »Resolution« eher belastete als unterstützte. Dann verlor die »Adventure« bei böigem Wetter östlich der Kerguelen-Inseln die Fühlung mit dem Schwesterschiff und fand sie trotz der sorgfältigen, schon vorher für einen solchen Fall gegebenen Anweisungen und trotz dem geduldigen Warten und Kreuzen Cooks seltsamerweise nicht wieder, obwohl weder Sturm noch Nebel ihr Suchen behinderten.

Damals begannen die Matrosen der »Resolution« zuerst über die »Adventure« zu lästern: »Sie hat sich gedrückt, Jungens! Sie ist uns davongelaufen, weil sie sich vor dem Eis fürchtet, die ehrenwerte ›Adventure‹!« Wie die Mannschaft war auch Cook seit diesem Ereignis davon überzeugt, dass der Versuch, die Sicherheit der Expedition durch die Verwendung von zwei Schiffen zu erhöhen, infolge des Versagens von Kapitän Furneaux misslungen war.

Aber auch in geografischen Dingen erwies sich Furneaux

als nicht ganz zuverlässig. Jedenfalls bezweifelte Cook, dass Furneaux die Untersuchung Vandiemensland sorgfältig genug durchgeführt habe, um mit Sicherheit die Frage zu beantworten, ob dieses Land mit Neuholland verbunden sei. Als die Schiffe sich im Königin-Charlotte-Sund Neuseelands wieder vereinigten, glaubte Furneaux darauf überzeugt mit Ja antworten zu können. Aber seine Beweisführung mutete so oberflächlich an, dass Cook gewisse Zweifel nicht unterdrücken konnte. Spätere Jahre sollten diesem Misstrauen Recht geben: Vandiemensland war eine Insel; Furneaux hatte sich durch eine dichte Kette kleiner Inseln an der Nordspitze des Landes täuschen lassen und die Mühe gescheut, diese Inselkette genau zu untersuchen. Ein Vierteljahrhundert später stellte Kapitän Bass diesen Fehler richtig.

Aber dies alles hätte wohl nicht genügt Cooks Vertrauen zu Furneaux endgültig zu erschüttern. Dazu bedurfte es erst jener Ereignisse, die sich im Juli 1773 zutrugen, als die Schiffe Neuseeland nach einem zweimonatigen Aufenthalt verlassen hatten und in der See östlich von Neuseeland operierten, um dort nach Spuren des sagenhaften Südlands zu suchen.

Man erlebte mühselige Wochen in diesem Teil der Südsee: Tagelange Flauten hielten die Schiffe in der glühenden Hitze dieser Breiten fest. Dann wieder zwangen unstete Winde zu häufigen Segelmanövern. Die Luft stand heiß und schwer von muffigen Holz-, Teer- und Werggerüchen in allen Räumen. Gereiztheit durchtränkte jedes Gespräch mit Gift. Geschwüre und Hautausschläge peinigten viele und der Anhauch einer Seuche schien wie ein Dämon unsichtbar, doch spürbar nah durchs Schiff zu gehen. Strenger noch als sonst überwachte Cook in diesen Tagen auf der »Resolution« die Sauberkeit der Mannschaft, der

Logis und der Küche. Tag für Tag prüfte er sehr zum Ärger des Doktors die Krankenliste und suchte die Krankenkabine auf. Immer wieder kontrollierte der Kapitän das Essen, ordnete die Ausgabe von Möhrenmus und Zitronensaft an alle an, als sich bei einigen wenigen erste Spuren beginnenden Skorbuts zeigten. Ihn selbst schien die Hitze ebenso wenig zu berühren wie die Kälte der Polaris. Einmal in seinem Leben hatte der Dämon einer Seuche ihn überlistet und nie würde er jene qualvollen Tage in Batavia und zwischen Java und Kapstadt vergessen können. Jetzt aber fand ihn der Dämon gewappnet und er trat ihm so ruhig wie jeder andern Gefahr entgegen.

Auf der »Adventure«, die fast auf Rufweite entfernt war, ging zur gleichen Zeit die Seuche um. Natürlich schämte sich Tobias Furneaux, dieses Unheil einzugestehen. Allein bemühte er sich das Übel zu bekämpfen, statt Cooks Hilfe anzurufen. Vermutlich ließ sein Offiziersstolz ein solches Eingeständnis nicht zu. Dass seine Mannschaft elend war – das freilich ertrug er, ohne dass es ihn allzu sehr schmerzte. Irgendwie erhielt Cook dann aber doch Wind von den Zuständen auf der »Adventure« – vermutlich durch einen Matrosen seiner Wache, denn die Leute standen mit dem Schwesterschiff ständig in Zeichen und Rufverbindung, während Cook und die Offiziere nur die offiziellen Berichte Furneaux' erhielten, die zwar nicht gerade logen, aber allzu viel verschwiegen.

Cook ließ sich sofort zur »Adventure« hinüberrudern. Als er mit steinernem Gesicht das Fallreep hinaufkam und keine Hand zur Begrüßung erhob, war Furneaux sofort klar, dass Cook Bescheid wusste. Mit belegter Stimme meldete er zweiundzwanzig Kranke an Bord seines Schiffes. In Cooks Gesicht verzog sich bei dieser Zahl keine Miene. »Ich möchte die Krankenräume und Logis sehen«, antwortete er und schritt an Furneaux vorbei, als sehe er ihn überhaupt nicht.

Entsetzlich dicke, stinkende Luft schlug Cook aus den Krankenräumen entgegen. Da lagen die zweiundzwanzig Mann in ihren Hängematten – gelbhäutig, mit aufgedunsenem Gesicht, bei jeder Bewegung von ihren schmerzenden Gelenken gepeinigt, von Schweißdunst und dem eigenen, übel riechenden Atem gequält. Dies waren die Skorbutkranken; daneben aber im Mannschaftslogis befanden sich noch fast ebenso viel fiebernde Ruhrkranke und hier sah es nicht sauberer aus und roch es nicht besser als in den Krankenräumen.

Langsam ging Cook von Hängematte zu Hängematte, sprach mit jedem Kranken, tröstete, versprach Hilfe, konnte sogar jeden noch mit seinem Namen anreden, obwohl er die Männer seit ihrer Anmusterung nicht mehr gesehen hatte. Als er die Räume verließ, fühlte sich jeder Kranke ein wenig hoffnungsvoller: Jimmy hatte sie nicht vergessen, er war gekommen, hatte Hilfe versprochen; nun musste es doch besser werden, denn Jimmy hielt Wort.

Cook winkte Furneaux und dem Schiffsarzt ihm in die Kajüte zu folgen. Offiziere und Matrosen spitzten die Ohren: Nun musste ja das Gewitter losbrechen. Aber kein lautes Wort kam aus der Kajüte herauf; gleichmäßig wie ein Murmeln hörten sie Cooks Stimme eine Weile sprechen, dann eine kurze, leise Antwort von Furneaux. Endlich stieg Cook den Niedergang wieder herauf, überquerte mit der gleichen steinernen Miene wie bei der Ankunft das Deck und stieg in sein Boot.

Von diesem Tage an zählten Kapitän Furneaux und seine »Adventure« für Cook nicht mehr mit; sie liefen noch eine Weile nebenher – nicht gerade ein Hindernis, aber auch keine Ergänzung und Hilfe für seine Aufgabe.

Niemals hat jemand erfahren, was der Kapitän in jener Stunde zu Furneaux und seinem Schiffsarzt sagte, aber man kann es sich wohl denken. Auf der »Resolution« gab es zur gleichen Zeit nur drei Kranke und nur ganz geringe Spuren von Skorbut, weil der Kapitän auf Neuseeland unnachgiebig darauf achtete, dass es reichlich Wildgemüse zum täglichen Essen und aus einem Absud von jungen Trieben der Sprossentanne und Malz ein wohlschmeckendes und gesundes Getränk herstellen ließ, das an Stelle des täglichen Rums ausgeteilt wurde. Es gab auch keine Ruhrkranken an Bord der »Resolution«, weil Cook, solange die starke Hitze dauerte, streng auf peinlichste Sauberkeit in allen Räumen, vor allem aber in der Küche hielt.

Auf der »Adventure« aber hatte Furneaux es dem guten Willen seiner Offiziere und Matrosen überlassen, ob sie Sauerkraut und Wildgemüse essen wollten. Ordnung und Sauberkeit waren an Bord der »Adventure« vernachlässigt worden; die antiskorbutischen Nahrungsmittel hatte man nicht angewendet. Das Resultat: überfüllte Krankenräume; eine nicht voll leistungsfähige Mannschaft; ein Schiff, auf das Cook auf Wochen hinaus bei jeder Unternehmung Rücksicht nehmen musste!

Von diesem Tage an hörte der Widerstand auf, den Janmaat den Neuerungen Cooks bisher entgegengesetzt hatte. Jeder sah nun ein, welchen Unterschied es für ein Schiff bedeutete, ob es von einem Cook oder einem Furneaux befehligt wurde und was Löffelkraut und Sauerkraut, Lüften und Schrubben nützten – zumal, als der Schiffskoch der »Adventure« starb und vor ihren Augen den Wellen übergeben wurde.

»Der könnte noch leben, Kerls, wenn Furneaux sich nach unserm Jimmy gerichtet hätte«, sagte Woodcock, der Segelmacher der »Resolution«, nachdenklich bei diesem Begräbnis und alle Umstehenden nickten zustimmend. In diesem Augenblick waren sie fest davon überzeugt, dass sie den besten Kapitän auf der Brücke und das beste Schiff unter den Füßen hatten. Und dass sie weit und breit die beste Besatzung darstellten, das stand ebenso für sie fest, denn des Kapitäns Verdienst rechnet sich die ganze Mannschaft als Tugend an: So war es von jeher auf See.

Traumbild und Wirklichkeit

Als sich in der Morgenfrühe des 16. August 1773 die Berge der Insel Tahiti vor den Schiffen aus der See hoben, glaubten vor allem die gelehrten Herren, dass man nun ein Paradies auf Erden betreten würde. Denn sie alle träumten von der Rückkehr zur Natur. Aber sie dachten nicht daran, dass diese mit einem Spaten in der Hand und der Aufrichtigkeit gegen sich selbst beginnen muss, wenn der Traum vom Paradies mehr sein soll als ein schillerndes Spinngewebe, das von der nächstbesten Windbö zerrissen wird.

Seltsamerweise hatte sich dieser sentimentale Traum Europas seit einigen Jahren an die Insel Tahiti geheftet: Hier sollte ein Land ohne Schuld und Schicksal, ein dem Ursprung der Menschheit nahes Volk zu finden sein.

Wenn schon gereifte Männer diesem Traum nachhingen, so musste ein junger Mann wie Johann Reinhold Forsters Sohn George vom Zauber des Namens Tahiti natürlich besonders ergriffen sein. Nur zu gern glaubt er, dass es ein Land gibt, in dem das Leben ohne Zweideutigkeit, Erniedrigung, Unfreiheit und Angst ist. Ein solches Land sollte Tahiti sein.

Dieser Traum vom Paradies hatte ihn alle Strapazen der Antarktisfahrt ohne Klage ertragen lassen. Nun sah er seine Standhaftigkeit endlich belohnt: Tahiti lag vom rosigen Morgenlicht übergossen, grün leuchtend wie ein Smaragd im Licht seiner Haine und Waldberge vor ihm; die Adams und Evas dieses Garten Eden paddelten fast nackt heran, schwangen sich geschmeidig über die Reling und drängten sich neugierig und lachend um die weißen Männer, die Glasperlen und Medaillen klimpern ließen. Naiv und zutraulich wie Kinder griffen sie nach allem Glitzernden.

Ein bunter Wirbel von Farben, Stimmen und Gerüchen ergoss sich über die Decks der beiden Schiffe und trug George Forsters Seele wie im Rausch durch diese ersten Inseltage. Er glaubte Glück und Seligkeit des Paradieses in Farbe, Geschmack und Aroma der Früchte zu spüren, die sich auf dem Deck zu duftenden Hügeln häuften, und sah in den unverhohlenen Blicken der Frauen nichts als arglose Freundlichkeit gegen die Gäste aus der Fremde.

Fast verdross es ihn, dass der Kapitän mit unbewegter Miene auf der Brücke über dem lachenden Gewirr stand; dass er dort oben eine ständige Wache mit scharf geladenen Gewehren postiert hielt und bei Sonnenuntergang unnachsichtig und wenn nötig mit Gewalt die Decks von den Besuchern räumen ließ. Befürchtete der ewig Wachsame denn etwa selbst angesichts dieses harmlosen Völkchens Überfälle? War so viel Vorsicht nicht geradezu kränkend?

Die Augen des jungen George Forster sahen in diesen ersten Tagen alles von seinem Traumbild beglänzt, das nun Wirklichkeit zu werden schien. Er lebte noch in der Unschuld des Herzens – also waren ihm alle Menschen gut und voll Unschuld.

Alle andern an Bord – des Rausches wie der nachfolgenden Ernüchterung längst gewohnt – fanden sich rasch zu ihren europäischen Vorurteilen und Wertmaßstäben zurück. Sie waren bald im Stande, Natur und Brauchtum auf der Insel Tahiti in Rubriken und Statistiken säuberlich einzufangen und einzuordnen, wie sie ja auch im Stande waren, den farbenprächtigsten Schmetterling aufzuspießen und in eine Sammlung einzusargen.

Sie sahen die Schatten im lichten Alltag des Inselvolks: Menschenopfer und Dämonenregiment, Sklavendasein und Kastengeist, Grausamkeit und Gedankenlosigkeit gegen Mensch und Tier. Sie rückten ihre Brillen zurecht, spitzten die Federn und sagten: »Wie interessant!« Sie stellten sachlich fest, dass seit Cooks Besuch im Jahre 1769 Krieg und Königsmord die Insel erschüttert hatte und dass gerade in diesen Wochen aufs Neue Krieg den Frieden der Insel bedrohte, und sie wunderten sich nicht einmal darüber. »Genau wie in Europa«, argumentierten sie kopfnickend – befriedigt, dass die Menschheit hier wie dort die gleichen Fehler beging und dass das Paradies auf Erden sich wieder einmal nur als eine Sage erwies.

George Forster aber hielt lange an seinem Traum fest und wies jeden Angriff darauf energisch ab. Der Krieg auf der Insel – war er nicht die Angelegenheit einiger weniger Krieger? Und Menschenopfer und Kastengeist, Sklaventum der Unfreien – war das nicht am Ende ein Missverständnis, das unzureichender sprachlicher Verständigung entsprang?

Ach, längst entzaubert war auch vor seinem Herzen das Geheimnis dieses Paradieses! Dennoch klammerte er sich angstvoll an die Illusion, wie man beim Erwachen den schwindenden Traum noch festzuhalten und fortzuspinnen versucht. Während sich ringsum alle dem bunten Abenteuer der Inselwelt überließen, fand sich George einsam und enttäuscht und versank in Grübeleien.

Cook hatte den jungen Mann, den er gern um sich sah, in diesen Tagen mit Sorge beobachtet. Als er ihn verdüstert und ratlos herumschleichen sah, beschloss er den Jungen wieder aufzurichten.

Eines Morgens ging er allein an Land und forderte George knapp, aber freundlich auf mitzukommen. Zögernd gehorchte George und war anfangs enttäuscht. Der Kapitän schien kein Ziel zu haben, sondern nichts als einen erholsamen Spaziergang zu suchen. Schließlich machte er unvermittelt vor einer halb verfallenen Hütte Halt, vor der eine Frau verdrossen Tapabast klopfte, während aus dem dunklen Innern der Behausung gewaltige Schnarchtöne hervororgelten.

Cook wies die Frau an, ihren Hausherrn hervorzurufen. Sie verschwand in der Hütte, das Schnarchen brach mit einem krächzenden Misston ab und stattdessen polterte eine Kaskade von spanischen Flüchen aus dem dunklen Raum, der dann die von Schmutz, Trunk und Krankheit verwüstete Gestalt eines zerlumpten spanischen Matrosen ans Tageslicht entließ. Dieser Seemann war vor etwa drei Jahren von einem peruanischen Schiff desertiert und spielte zur Zeit für die europäischen Gäste den »Fremdenführer« – das heißt: Er brachte den Matrosen für ein Schnapsentgelt so viele Frauen, wie sie wünschten.

Der halb betrunkene Kerl wagte Cook kaum anzublicken, als dieser ihn in einem Seemannsslang von Englisch und Spanisch anredete. George Forster verstand von den Worten kaum eines, aber am eisigen Ton der Stimme spürte er, dass Cook dem Mann ein Ultimatum stellte. Wahrscheinlich wollte der Kapitän ihn aus der Bucht vertreiben, damit die Mannschaft sich nicht mehr so häufig, wie es geschehen war, zu verbotenen nächtlichen Landausflügen verleiten ließ. Wenn Cook in diesem Ton sprach, gab es keinen Widerspruch – das wusste George vom Schiff her recht gut. Während Cook nachlässig nach der Uhr sah, sich mit seinem Gefährten im Schatten eines Gesträuchs niederließ und seine geliebte Tonpfeife anzündete, hörten sie Mann und Frau in der Hütte murmeln und kramen. Eine Viertelstunde war kaum vergangen, da traten die beiden aus dem Haus, grüßten scheu zu Cook hinüber und schlugen einen Pfad waldeinwärts ein.

»Das ist Europa in der Südsee«, sagte der Kapitän hart und zeigte mit dem Pfeifenrohr auf den Spanier. »Das glaubt erst, hier das Paradies zu finden, desertiert, wird von Häuptlingen und Frauen eine Weile verwöhnt, versinkt in Trägheit und Dreck, büßt endlich jeden Respekt bei den Eingeborenen ein. Dieser Kerl war mal ein Matrose und galt vielleicht auf der Rah und am Steuer etwas vor sich selbst und seinen Kameraden. Was hat das Paradies Tahiti nun aus ihm gemacht? Einen dreckigen Lumpen, fürs Schiff ebenso verdorben wie für die Gemeinschaft der Tahitianer – einen Mann ohne Heimat und Selbstachtung. Ich wollte, dass Sie das sehen sollten, George – sehen und darüber nachdenken!«

Cook stand auf. Er schien keine Antwort zu erwarten und ging schweigend weiter. Der junge Mann ging wie betäubt neben ihm her: Das Bild des betrunkenen, verkommenen Spaniers wirkte wie Keulenschläge auf ihn, vor denen sein letzter Widerstand gegen die Ernüchterung zerbrach. Er glaubte auf einmal zu begreifen, dass Europäertum sich nicht in besseren Tischsitten, vollständiger Bekleidung und den Künsten des Lesens und Schreibens allein ausdrückte, sondern vor allem in jener strengen Zucht des Handelns und Denkens, wie sie so unantastbar und phrasenlos an Bord nur ein Mann – nur James Cook vorlebte. Ihm war, als sehe er die Welt der Inseln jetzt zum ersten Mal in all ihrer Farbigkeit, Fülle und Wärme, süß, verlockend und doch für den Europäer unerreichbar fremd.

Die Mittagsstunde war unterdes herangekommen. Als sie an einem Haus vorübergingen, sprach dessen Besitzer sie freundlich an. Nicht gut sei es, sagte er, zu dieser Stunde draußen zu wandern; sie möchten sich in den Schatten seines Hauses setzen und ausruhen. Das war so schlicht und herzlich gesagt, dass eine Ablehnung den Sprecher unnötig gekränkt hätte.

Der Gastgeber rückte Cook einen Sitz in den Schatten und bereitete für George Forster ein Lager aus Pisangblättern. Dann ging er ins Haus und erschien nach einer Weile mit einem Mattenkorb voll gebackener Brotfrucht und tahitischen Äpfeln. Auch einige Kokosnüsse holte er herbei und öffnete sie, damit sich die Gäste an dem milden, kühlen Saft erfrischen könnten. Aufmerksam saß er bei ihnen und reichte ihnen bald die Frucht auf einem breiten Blatt sauber angerichtet, bald die Nüsse zum Trinken.

Diese schlichte Gastfreundschaft erfrischte die beiden Gäste nicht weniger als das einfache Mahl und der Schatten von Busch und Haus. In dieser Stunde des Ausruhens lebte das wirkliche Tahiti: nach mühsamer Arbeit im Garten oder im Fischerboot Rast in der heißen Mittagsstunde – schlichte, ohne Zudringlichkeit gewährte Bewirtung. Über dem luftigen Haus wiegten sich schläfrig die Brotfruchtbäume; von der Küste her klang gedämpft das Rauschen der Brandung; manchmal zuckte ein silberner Lichtblitz von Welle und Himmel herüber. Hier war Stille, Genüge, Frieden nach getaner Arbeit; hier war die Welt einfach wie eh und je.

Es wurde kaum gesprochen in dieser Stunde, denn auch der Gastgeber hielt seine Neugier ganz im Gegensatz zu seinen Landsleuten an der Bucht im Zaum. Man vergalt ihm seine Gastfreundlichkeit mit allen Glasperlen, die man bei sich trug, und in ehrlicher Freude leuchteten seine Augen auf, als sich der glitzernde Schatz in seinen Händen häufte: Nun konnte er sich und seine Wahina schmücken, wie keiner seiner Nachbarn es vermochte.

Wenn George Forster später an die Südseetage dachte, standen immer zuerst diese beiden Bilder vor seinen Augen wie die beiden Seiten einer Medaille: die Rast im

Schatten der Brotfruchtbäume und jenes wüste Gesicht des verkommenen Spaniers. Dies waren die äußeren Pole, zwischen denen das Dasein der Inseln in vielfachen Stufungen pulste. Später, viel später, als er in Europa in Verstrickungen des Geistes und Gefühls bitter und mühselig und endlich vergeblich um Atem und Ausweg rang, da erinnerte er sich noch manchmal der Worte des Kapitäns Cook, die jener ihm mitgab, als sie das Meer und die Schiffe wieder vor Augen hatten: »Nie die Augen verschließen, George! Vor dem scharfen, mutigen Blick schrumpfen die Gefahren wie trügerische Nebel zusammen. Es ist gut und recht, dass ein junges Herz seine Träume hat, aber sie dürfen sich nicht wie Schleier vor die Augen legen, sondern müssen wie ein leises Feuer in den Adern fließen.«

Sturmfahrt

Nach zwei Monaten der Rast auf Tahiti und Huaheine waren »Resolution« und »Adventure« wieder einträchtig auf dem Marsch nach Süden. Die freundliche Welt der Inseln sank unter dem Horizont zurück. Wind und Welle gaben dem Tag wieder ein härteres Gesetz.

Als schon Neuseelands Berge dunkel über der Kimmung sichtbar wurden, legte sich plötzlich der Wind, der bisher die Segel prall gefüllt hatte. Der Himmel verdunkelte sich. Ein Sturm schien mit schwarzem Gewölk drohend heraufzuziehen. Eilig wurden alle Segel gerefft und die Schiffe rollten und stampften in einer schweren Dünung. Aber noch lag die Luft unbeweglich zwischen den Wolken und dem erblindeten Spiegel der See. Mehr noch als in Sturm und Gewitter schien in dieser unheimlichen Stille ein drohendes Unheil zu lauern, vor dem das Meer sich duckte und der Wind den Atem anhielt.

Und dann – gleichsam als sauge die finstere Wolke die See in sich hinein – erhoben sich plötzlich sechs Wasserhosen in der Nähe der Schiffe, quirlten in Spiralen aus dem trotz der Windstille immer heftiger brüllenden und tobenden Meer empor und stampften wie Säulenbeine eines Ungeheuers schäumend heran. Von allen Seiten strömten Lüfte zu und schüttelten in stoßartigen Böen die Schiffe, die mit klappernden, knirschenden Rahen ächzend im Wogenprall stampften.

Zwischen der »Resolution« und der »Adventure« hindurch marschierte das aus Wasser und Luft geborene Ungetüm, richtete bald hierhin, bald dorthin seinen gewundenen Lauf und schmolz vor den gebannt folgenden Blicken in seine Elemente zurück, als eine steife Brise aus West heranjagte und die Wolken zerstreute.

Die Bootsmannpfeifen trillerten zum Segelmanöver; die Wachen enterten die Wanten hinauf; der angstvoll drückende Bann, der alle fesselte, war gebrochen. In den hereinbrechenden Abend, in den immer mehr zum Sturm sich versteifenden Westwind hinein segelten die Schiffe und die Küste Neuseelands tauchte wieder unter den Horizont hinab. Es sollten Tage vergehen, ehe man sie wieder sichtete, und als dies geschah, war die »Resolution« allein.

In diesen Tagen regierte allein der Sturm. Vor Sturmsegeln lenzend wurden die Schiffe durch die Weite der freien See östlich von Neuseeland gejagt. Mächtige Wellenberge umbrüllten zischend die Bordwände, schlugen wie mit Schmiedehämmern auf sie ein und überspülten krachend das Deck. Immer wieder schüttelte die zähe, tapfere »Resolution« den Feind von ihrem Rücken ab, richtete sich auf und bot ihre Masten dem Sturm. Ein Sturmsegel nach dem andern riss knallend in Fetzen, flatterte wie eine bleiche Flamme vom Sturm gepeitscht hinweg; doch unermüdlich wurde ein neues gesetzt, beschlagen und den Böen geboten. Bei all dem war der Himmel von einer spiegelnden Klarheit, hoch und strahlend blau. Sein mächtiges Licht gab selbst dem sturmzerwühlten Meer eine wunderbar erregende Helligkeit, die dem Wüten des Orkans viel von seiner wilden Drohung nahm.

Vor allem erlaubte die weite Sicht, dass sich die Schiffe im Auge behielten. Die »Adventure« kämpfte ihren Kampf mit Sturm und Wellen nicht weniger zäh und unverdrossen als die »Resolution«. In diesen wilden Sturmtagen erst sahen die Männer der Expedition, welch gute Wahl Cook mit diesen beiden Schiffen getroffen hatte. Ein Schiffsleib, wie ihn die Kriegsschiffe der Flotte zumeist besaßen, hätte nach all den zermürbenden Strapazen der bisherigen Fahrt durch Eismeer und Tropenglut einem solchen Unwetter wahrscheinlich nicht so unerschütterlich die Stirn geboten. Wenn die Sturmböen die »Resolution« besonders böse gebeutelt hatten, hielt man an Bord besorgt Ausschau nach der »Adventure«. Aber auch sie war dann jedes Mal noch da; man sah sie im Fernglas mit nackten Masten schlingernd vor der Kimmung auf und nieder tanzen.

Doch gerade als man nach fast einer Woche wahnwitziger Sturmfahrt die ersten Zeichen vom Abflauen des Orkans bemerkte, geschah's, dass man die »Adventure« gegen Mitternacht aus der Sicht verlor und auch im Tageslicht nicht wieder finden konnte. Im Laufe dieses Tages flaute der Sturm ganz ab. Kreuzend durchsuchte Cook den ganzen Raum, in dem sich die Schiffe bewegt hatten, und näherte sich der Küste wieder: Die See war leer, kein Segel, kein treibendes Boot oder Brett gab einen Hinweis auf das Schicksal der Gefährten. In der Nacht zeigte sich voraus Neuseelands Küste; die Feuer der Eingeborenen leuchteten wie Sternenbilder durch das Dunkel. Cook hielt darauf zu, segelte die Buchten des Landes tagsüber ab und ließ in regelmäßigen Abständen mit den Kanonen Signal schießen: Er erhielt keine Antwort.

Noch einmal lief die »Resolution« mit Ostkurs in die offene See hinaus und suchte dort einen ganzen Tag lang, doch kein noch so hartnäckiges Starren durchs Fernglas rief die »Adventure« wieder herbei. Man musste sich damit abfinden, dass man für den Rest der Fahrt allein bleiben würde.

Das war nun nicht gerade ermutigend, denn man stand vor dem zweiten Vorstoß in die Antarktis: ohne die Rückendeckung eines Begleitschiffs ein tollkühnes Wagnis. Würde Cook sich darauf einlassen, den Ertrag der Reise durch ein solches Abenteuer aufs Spiel zu setzen? Vor allem den gelehrten Fahrtgenossen war angesichts dieser Situation recht unbehaglich zu Mute. Sie hätten Cook gern zur Heimkehr überredet, aber nach den gemachten Erfahrungen trauten sie sich nicht dies zu verlangen. Der Kapitän hüllte sich in Schweigen, verlor auch über das Verschwinden der »Adventure« nicht viel Worte.

Erst als die »Resolution« in den Königin-Charlotte-Sund einlief und der Kapitän Befehl gab, Zimmerleute und Segelmacher sollten mit einer genügenden Zahl von Hilfskräften die durch den Sturm verursachten Schäden so rasch als möglich beheben, wurde es klar, dass Cook sich längst entschieden hatte. Er wollte auch allein mit der »Resolution« in die Antarktis segeln und mit der Suche nach der »Adventure« keinen Tag mehr verlieren, damit man sich beim Aufbrechen des Packeises in der Antarktis an Ort und Stelle befand. Für ihn bedurfte es keines Schiffsrats zu dieser Entscheidung. Ein einziges Gespräch mit einem seiner Matrosen hatte ihm gesagt, was er wagen durfte.

In jener Nacht, als nach den Sturmtagen die Feuer der Neuseeland-Küste wieder in Sicht kamen, stand Cook lange schweigend neben Edvards, dem Rudergänger seiner Wache, auf der Brücke.

»Die ›Adventure‹ scheint für uns verloren, Edvards, und wir sind jetzt allein. Was hältst du davon?«, fragte er plötzlich, ohne den Matrosen anzusehen, den Blick unverwandt auf die schattenhaften Umrisse der Küste gerichtet. So sah er nicht, dass Edvards lächelte, ehe er antwortete: »Von der ›Adventure‹ war sowieso nicht viel zu erwarten, Sir. Wir schaffen's auch ohne sie.«

Das klang so heiter und unbekümmert, dass Cook sich nun doch dem Matrosen zuwandte und ihm prüfend ins Gesicht sah. Edvards wurde unter diesem Blick ein wenig rot; er schaute bemüht auf den Kompass und zu den Segeln hinauf, denn wenn er sich auch des Wohlwollens seines Kapitäns sicher fühlte, so fürchtete er doch mit seiner offenen Antwort zu vorlaut gewesen zu sein.

»Jetzt, wo die See wieder ruhig ist und wir Land in Sicht haben, traut ihr euch schon etwas zu«, fuhr Cook fort. »Aber im Polarmeer, wenn Eisberge und Nebel das Schiff bedrohen, da seht ihr euch dann doch nach dem Schwesterschiff um wie das Kind nach der Schürze der Mutter.«

»Ganz bestimmt nicht, Sir«, entgegnete Edvards gekränkt. »Wir fürchten uns nicht vor Eisbergen, auch wenn die ›Resolution‹ dort allein ist. Auf die ›Adventure‹ können wir verzichten, solange Sie bei uns sind, Sir. Wenn Sie das Schiff führen, gehen wir, wohin Sie wollen, und uns ist's gleich, ob die ›Adventure‹ dabei ist oder eine ganze Flotte von Schiffen oder gar keins. So denken alle im Logis, Sir!«

Er wurde dunkelrot bis in seinen hellblonden Schopf hinein bei seinen Worten, als ob er ein Liebesgeständnis ausgesprochen habe. Und es war ja auch wohl so etwas Ähnliches. Cook antwortete nicht darauf – wahrscheinlich hatten ihn die Worte des Matrosen ein wenig verlegen gemacht. Dennoch stimmte ihn das Bekenntnis seines Rudergängers froh. Es vertrieb alle Befürchtungen, die sich mit dem Verschwinden der »Adventure« verbanden. Sicherlich dachten nicht alle Männer seiner Besatzung so wie Edvards, denn sie waren nicht alle wie dieses Schifferkind vom Tyne aus Freude Seemann. Aber er wusste aus seiner eigenen Matrosenzeit, dass in der Stunde der Gefahr diese Männer allein zählten und die anderen mitrissen, die aus Not und Zwang auf die Schiffe gekommen waren.

Und mit einer solchen Mannschaft, mit einem Schiff, das die Bewährungsprobe eines tagelangen schweren Sturms ohne nennenswerte Schäden überstanden hatte und nach anderthalb Jahren harter Fahrt noch keinen Tropfen Wasser machte, sollte er den zweiten Vorstoß nach Süden nicht wagen dürfen? Was sich voraus bedenken ließ, hatte er sorgfältig überdacht. Wozu da noch einmal die Bedenklichen und Ängstlichen in einem Schiffsrat mobilisieren? Gewiss, auch er war ein Mann der Vorsicht, des Rechnens. Aber, bei allen Meergöttern, noch war er nicht nur geografischer Tüftler und Rechner! Noch war er auch Seemann und wusste, dass das Unwägbare seine Rolle bei jeder Expedition spielte. Und als Seemann traute er sich den Wagemut und die Geschicklichkeit zu, die nötig waren, dem Phantom Südland ein zweites Mal und diesmal allein die Stirn zu bieten. Er wollte diese Fahrt nicht zu Ende bringen, ohne Klarheit über diese letzte große Frage der Erforschung des Erdballs geschaffen zu haben.

Das Südlicht

*E*s war, als wolle Cook bei diesem zweiten Vorstoß ins Polarmeer das Südland herbeizwingen. Obwohl die Wetter- und Eisverhältnisse in diesem Jahr besonders ungünstig waren, verlängerte er den Aufenthalt in der Antarktis immer wieder. In immer neuen Anläufen versuchte er den Packeisgürtel zu durchstoßen, der das im Polgebiet vermutete Land schützte. Mochten Offiziere und Mann, Gelehrte und Ungelehrte auch lange Gesichter machen, wenn sich der Bug des Schiffes nach kurzem Abdrehen stets aufs Neue südwärts wandte, mochten sie leise murren und laut über seine Starrköpfigkeit fluchen, mochten die einen mit wissenschaftlichen Argumenten, die anderen mit Hinweisen auf die gefährdete Lage von Schiff und Mannschaft offen gegen die Fortsetzung des Kampfes mit dem Eis und gegen Cooks Überzeugung, dass der Südkontinent bestehe, angehen: Er überhörte jeden Widerspruch und hielt an seinem Vorhaben fest.

Er war in diesen Wochen schwer zu verstehen. Schien es sonst seine größte Pflicht, die Mannschaft gesund, das Schiff ungefährdet durch die Anforderungen der Expedition hindurchzubringen jetzt ließ er diese Richtschnur ganz außer Acht. War sonst die Loyalität gegen die Reiseorder der Admiralität oberster Leitsatz für ihn, so ging er jetzt achtlos über alle Einwände und Gelehrten hinweg, die ihm von der Royal Society als Berater beigegeben waren.

»Wenn den Herren der Aufenthalt an Deck zu kalt ist, sollten sie in den Kabinen bleiben; ist ihnen die Fahrt im Polarmeer zu gefährlich, so sollten sie sich vor Augen halten, dass auch wir Seeleute in der gleichen Gefahr schweben«, hieß es kühl.

»Aber die Herren sind überzeugt, dass in diesen hohen Breiten kein nutzbares Land besteht«, war die Antwort der Gelehrten.

»Aus zahlreichen Zeichen, die man freilich unter Deck nicht beobachten kann, geht mit Sicherheit hervor, dass im Süden vor uns Land besteht; dafür spricht Stärke, Menge und Beschaffenheit des Eises; dafür spricht Meeresdrift und Dünung; dafür spricht die Gegenwart von Robben und zahlreichen Vögeln, die nur in Landnähe zu finden sind. Land also existiert im Süden. Ob seine Entdeckung von Nutzen sein würde, das zu entscheiden, sind die Suchenden nicht berufen; vielleicht die Findenden; ganz gewiss aber die Auftraggeber der Entdecker.«

So beantwortete Cook diesen Einwand und ließ mit offenem Hohn den Satz folgen: »Ich bin erstaunt, dass sich die Herren jetzt auf einmal auf den Nutzen der Forschung berufen. Vorher wurde mir stets entgegengehalten, sie dürfe nicht mit profanen Absichten und Nutzerwägungen befleckt werden.«

Es schien dem Kapitän geradezu eine grimmige Freude zu bereiten, jetzt für all den Gelehrtenhochmut Rache zu nehmen, den die Begleiter ihm so oft zu schmecken gegeben hatten. Die Kälte konnte ihm ebenso wenig anhaben wie die Hitze der Südsee. Wie beim ersten Vorstoß in die Antarktis lief der Schiffsalltag auch diesmal lautlos und geordnet ab wie ein gut geöltes Uhrwerk. Cook strahlte so viel Ruhe aus, dass man an Bord kaum noch an die »Adventure« dachte.

Dennoch verlief dieser zweite Vorstoß in die antarktischen Gewässer noch abenteuerlicher als der erste im Jahr zuvor. Als die »Resolution« auf 62 Grad Süd auf die ersten

Eisberge stieß, begann wieder der Kampf mit der Gefahr. Packeis schloss das Schiff ein, erschütterte es mit schweren Stößen und kaum war man dieser toddrohenden Umarmung entronnen, nahte eine noch größere Gefahr: Einschlafendem Wind folgte der dicke Nebel des Südpolarmeers und machte das Schiff zum hilflosen Gefangenen. In dieser grauen, weglosen Öde trieb man in ein Eisfeld hinein, und als die Nebelwand riss und Wind wieder die Segel füllte, fand man sich mitten zwischen einer Herde von Eisriesen. Der Tod stand in diesen Stunden hinter dem Rudergänger der »Resolution«. Nebelbänke trieben über die See, entzogen die Eisberge dem spähenden Blick und nur das Toben der Brandung an deren Flanken gab dem Kapitän die Wegzeichen, die das Schiff vor dem Auflaufen und Zerschellen bewahrten. In diesen Stunden wich Cook nicht vom Ruder, und wenn auch seine Stimme niemals schwankte, so verriet doch der harte Ausdruck seiner Augen, dass er die ganze Kraft seines Willens gegen den Tod im Eis aufbieten musste. Bald mit beschlagenen Segeln hart am Wind segelnd, bald mit vollem Zeug jeden Lufthauch ausnützend wie eine Jacht, wich die »Resolution« den Eisbergen aus und entkam ihnen wie ein gehetztes Wild den lauernden Jägern.

Ein paar Grad wich der Kapitän nun nach Norden zurück. Doch kurz darauf hieß es wieder: »Wenden! Kurs Süd!« Und von neuem begann der höllische Tanz: Treibeis, Eisberge, Schnee, Hagel, Regen, Sturm, Nebel. Das Tauwerk vereiste, jedes Segelmanöver wurde zur qualvollen Mühe. Schnee füllte die Segel, dass sie sich wie dicke weiße Säcke ausbeulten.

So paschte man sich wie ein Schmuggler durch die Sperrketten der Eisberge hindurch und unverändert zeigte der Kompass »Kurs Süd«, bis man endlich am 20. De-

zember 1773 abermals den Südlichen Polarkreis überquerte. Über Nacht fiel das Thermometer auf 35 Grad unter null. Schnee und Raureif froren am Tauwerk und an
den Segeln fest, verwandelten sie in Drähte und Metall-
platten. Das Schiff lag still; es gehorchte dem Steuer nicht
mehr.

Die Kälte hielt an und machte den Himmel klar. In den
Nachtstunden wurde der blasse Schein der Mitternachtssonne überstrahlt von den Flammen des Südlichts, der Au-
rora australis, die in roten, violetten Strahlenbündeln, Bö-
gen und Windungen die ganze Wölbung des Himmels erfüllten – ein leuchtendes, aber unheimliches Wunder. Aus
den Tiefen des Himmels flutete dieses überirdische Leuchten hervor und unter seinem gespenstischen Licht und der
unbarmherzigen Kälte der Luft duckten sich Meer und
Schiff wie unter dem eisigen Anhauch des Todes.

Angesichts dieser gnadenlosen Übermacht der Natur
überfiel einen jeden an Bord das Gefühl des Ausge-
setztseins am Rande der Welt. Es war Weihnachten und aller Gedanken suchten die Heimat, ließen die Öde der Antarktis umso bedrückender erscheinen. Mit Rausch und
Lärm setzte sich die Mannschaft in der Christnacht gegen
den Dämon der Polarlandschaft zur Wehr.

Als sich das Wetter milderte, wich die »Resolution« abermals nach Norden aus; das Südland hatte Cooks Angriff
wiederum abgeschlagen. Doch unverdrossen nahm er den
Kampf noch einmal auf; aufs Neue durchbrach er den Packeisgürtel bis über den Polarkreis hinaus und wieder schlug
ein riesiges Treibeisfeld den Angriff auf das Geheimnis der
hohen südlichen Breiten zurück. Nicht weniger als 97 Eisberge ragten aus der Fläche hervor – Eisberge von einer
Höhe, dass sie sich in den Wolken zu verlieren schienen.
In der Grönlandsee waren solche Riesen nie beobachtet

worden. Diese Barriere erwies sich als unüberwindlich; vor ihr kapitulierte nun endlich auch Cook.

Im Geviert zwischen 172 und 106 Grad West und 71 Grad Süd war kein Land zu finden: Das war das Ergebnis dieses zähen Anrennens gegen die Eissperre im Süden. Es enttäuschte Cook schmerzhaft. Es war, als mache er seine Selbstachtung, sein Ansehen als Seemann und Forscher davon abhängig, dass er auf die Frage nach dem Südland eine abschließende Antwort zu geben vermochte.

Hier am Eisrand aber entpuppte sich das Polargebiet als Sphinx: Das sagenhafte Südland bestand, aber es war für ihn nicht erreichbar; verborgen hinter Wällen von Eis, begraben unter Schnee und Gletschern lag es, einzig für Albatrosse und Pinguine, Sturmvögel und Seeschwalben zugänglich.

So war ihm die Lösung des jahrhundertealten großen Rätsels der Erdkunde und Seefahrt gelungen und doch auch wieder misslungen. Es war Cook geglückt, das Phantom Südland zur Gestalt zu zwingen. Aber diese Gestalt starrte ihm aus eisigen Augen entgegen – aus Augen, hinter denen sich ein weiteres Geheimnis verbarg. Vor diesem letzten Geheimnis des Südlands aber musste Cook zurückstehen und seine Entschleierung den Nachfahren überlassen.

Er hatte alle seine Kräfte und die seiner Mannschaft auf das Wagnis des zweiten Antarktis-Vorstoßes gerichtet. Nun sah er, dass Schiff und Mannschaft erschöpft, in ihrer Festigkeit erschüttert waren. Da gab es nur eins: umkehren, nach Norden segeln, Rast suchen! War dieser Entschluss für ihn bitter? Niemand erfuhr es, niemand sah es ihm an. Nüchtern und ruhig gab er seine Befehle; das Schiff drehte auf Nordkurs: Die Suche nach dem Südland war abgeschlossen, wenn auch nicht entschieden.

Selbst Cooks Kräfte hatte diese aufs Äußerste getriebene Suche nach dem Südkontinent erschöpft. Sobald er sich den Entschluss zur Umkehr abgerungen hatte, schlug die überstraff gespannte Saite zurück: Die seit Wochen mit größter Willensanstrengung ertragenen rheumatischen Schmerzen, die den Kapitän plagten, ergriffen plötzlich den ganzen Körper und zwangen Cook das Bett zu hüten. Und gerade als der Doktor hoffte eine Besserung angebahnt zu haben, wurde Cook von mehreren überaus schmerzhaften Nierenkoliken befallen. Er litt mit zusammengebissenen Zähnen und musste sich nun abermals einer dunklen, übermächtigen Gewalt fügen, gegen die der Wille nur wenig vermochte.

Bewegungslos, mit dunkel umschatteten Augen im wachsfarbenen Gesicht lag er in seiner Kajüte, während das Schiff Tag für Tag weiter nach Norden segelte – milderen Breiten und ersehnter Rast entgegen. Es bedeutete eine neue, seltsame Erfahrung für ihn, mit dem Schiff nur noch durch sein stets aufmerksam lauschendes Ohr verbunden zu sein. Das Kommando war für die Dauer seiner Krankheit auf Leutnant Cooper, den Ersten Offizier, übergegangen und Cook hütete sich ihm vom Bett aus in seine Anordnungen hineinzureden.

Zu gleicher Zeit erhoben sich besonders unter den Gelehrten Stimmen, es sei Zeit, an die Heimkehr zu denken, denn dem Auftrag sei nun Genüge getan. Der Kapitän aber war, wie er beim Verlassen der Antarktis deutlich erklärt hatte, noch nicht gesonnen, schon jetzt nach Kapstadt zu segeln. Das hätte in seinen Augen nicht nur einen Mangel an Tatkrat, sondern vor allem an Urteilsfähigkeit bedeutet, denn das hieß ja voraussetzen, im Südpazifik sei keine Entdeckung mehr zu machen und alle Arbeit geleistet.

Drei Wochen trieb die »Resolution« so ohne sein Kommando dahin, bis unweit der Osterinsel eines Morgens der Kapitän wieder auf der Brücke stand. Noch stützte er sich auf einen Stock, noch waren Gesicht und Glieder erschreckend abgezehrt, doch in seinen Augen leuchtete schon wieder der gewohnte kühle Glanz. Er sprach kaum ein Wort in dieser ersten knappen Stunde auf der Brücke und auch das nur leise. Doch nun flogen die Matrosen wieder an ihre Arbeit, die Seesoldaten hielten sich auf ihren Posten straff. Beim nächsten Reinschiff-Befehl schwammen die Decks unter Wasserfluten, offene Türe und Fenster gaben der frischen Luft wieder Zutritt zu allen Räumen. Und das alles allein dank der Tatsache, dass »Er« für eine Stunde wieder auf der Brücke erschienen war und mit scharfen Augen über das Deck schaute – mit einem Blick, dessen durchdringende Schärfe jeder kannte und fürchtete, der Grund zur Furcht hatte.

Bei der Osterinsel ließ der Kapitän beidrehen: Er hoffte dort Süßwasser, frisches Fleisch und Obst zu erhalten, damit sich diejenigen an Bord, denen der Skorbut zusetzte, erholen könnten. Die kleine Insel gab gerade so viel Süßkartoffeln, Zuckerrohr und Geflügel her, wie die Kranken zur Pflege brauchten. Der Doktor bat, Cook möge diesmal auf den anstrengenden Landbesuch verzichten. Aber als er im Fernglas die seltsamen Kolossal-Statuen erblickte, die die Osterinsel bemerkenswert machten, hielt es ihn doch nicht an Bord: Diese Merkwürdigkeit musste er selbst in Augenschein nehmen. Das Geheimnis der Riesenfiguren aber vermochte Cook ebenso wenig wie sein Vorgänger Roggeveen aufzuhellen, zumal die jetzigen Bewohner über deren Ursprung nichts wussten oder sagen wollten.

Eine Perlschnur von Inseln

Werft nur einen Blick auf die Karte und ihr werdet erkennen, dass sich die Besiedlung der Inselgruppen, die sich von der Osterinsel im Osten bis nach Neuholland im Westen erstrecken, nicht durch Zufälle erklären lässt – wie etwa dadurch, dass Stürme Boote von einer Insel aufs offene Meer hinaustreiben und die schiffbrüchigen Insassen dann auf einen unbesiedelten Strand werfen. Denkt euch in das Bild der Karte des Stillen Ozeans hinein: Es wird euch dann leicht fallen, den Völkerwanderungen von Asiens Festland her über eine Reihe von Inseln nachzuspüren, von denen selten zwei mehr als hundert Seemeilen voneinander entfernt sind. Solche Entfernungen aber vermochten die asiatischen Seenomaden, die wir als Ahnen der Inselvölker des Stillen Ozeans annehmen dürfen, mit ihren seetüchtigen Auslegerbooten und ihren nautischen Fähigkeiten ohne Schwierigkeiten zu überbrücken. Die Karte zeigt ganz deutlich zwei Inselreihen, die vom Kontinent Asien nach Osten in die Südsee hinausschwingen: Die eine reicht von China über die Philippinen, die Diebsinseln, Tonga, Tahiti bis zu den Marquesas, ja bis zur Osterinsel, die andere von Siam über Java, Neuguinea, Isle des Lépreux nach Neuseeland.«

Johann Reinhold Forster fuhr mit mächtig ausladenden Armbewegungen über die Fläche der großen Südseekarte, die an der Stirnseite der Messe hing. Er war ganz in seinem Element: Eine zufällige Beobachtung hatte seine große Einbildungskraft in Bewegung gesetzt und wuchs vor seinen Zuhörern in der Messe aus dem winzigen Keim das ausladende Gebilde einer phantasievollen Theorie auf.

»Die Wanderung ist ja noch heute nicht beendet«, fuhr er fort, »wie Neuseeland zeigt, wo die Stämme und Sippen noch immer miteinander kämpfend nach Süden wandern. So wie auf dieser Insel ging es einst auf allen anderen zu: Krieg, Kannibalismus, ständige Wachsamkeit und Bereitschaft zu Kampf und Meerfahrt hat überall auf den Inseln der Südsee geherrscht.«

Noch lange schwelgte Herr Forster in anregenden Vermutungen, die seine Phantasie ihm zutrug. Es war vergnüglich, ihm zuzuhören, wenn man selbst gern Vermutungen nachhing. Cooks Gedanken gingen jedoch bald eigene Wege. Auf ihnen begegneten sie unversehens der Gestalt des schwedischen Botanikers Dr. Solander, der auf der ersten Südseefahrt den Kapitän begleitet hatte und diesem wegen seiner Unbestechlichkeit lieb geworden war. Auf einmal klang Cook wieder die kühle Stimme des Schweden im Ohr: »Das europäische Denken, die Lebensformen des weißen Mannes wirken auf die Primitiven wie der Lab auf die Milch«, hatte Dr. Solander einmal gesagt. »Ich fürchte nur, der aus dieser Verbindung entstehende Käse – wenn man mir dieses Bild hier gestatten will – wird ein recht ungenießbares Produkt sein.«

An dieses Wort musste Cook denken, als Forster die Herkunft der polynesischen Kultur in kühnen Strichen zeichnete. Und wie damals im Gespräch mit Solander berührte ihn der Gedanke, dass man die Schuld am Verfall der Südseekultur auch ihm aufbürden werde. Denn so nüchtern er dachte, so gerecht er zwischen Verschulden und schicksalhafter Notwendigkeit abzuwägen im Stande war – den Eingeborenen dieser Inseln gegenüber bewegten doch Zuneigung und Mitleid sein Herz. Vielleicht aber irrte sich Dr. Solander? Vielleicht war die Lebenskraft dieser Gesellschaft stark genug auch mit diesem Angriff des

Fremden fertig zu werden? Im tiefsten Innern wusste Cook nur zu genau, dass der Schwede sich nicht irrte. Es gibt jedoch Wahrheiten, denen man sich nicht in jeder Stunde hingeben darf, weil sie, zu anderen Zeiten heilsam, dann als lähmende Gifte wirken. Er riss sich fast gewaltsam von diesem Gedanken los und zwang sich dem nach wie vor dozierenden Forster zu lauschen. Dessen volle Stimme durchtönte immer noch in gewichtigen Sätzen den Messeraum.

»Dass wir die Südsee als eine Kultureinheit auffassen dürfen, hat uns diese Fahrt gezeigt. Wir berührten bisher 37 Inseln; auf allen glichen sich die Einwohner in Körperbau, Gesichtsschnitt und Sprache und es entsprachen sich die Formen von Schiff- und Hausbau, Werkzeugen und Verzierungen an Gegenständen und Körpern. Die Schönheit der Inseln wie das Wesen ihrer Einwohner war überall gleich freundlich und sanft – dem milden Schimmer und der sanften Rundung einer schönen Perle vergleichbar. Wie eine Perlschnur, an der als massives Schmuckstück die Insel Neuseeland hängt, reihen sich die Inseln über diesen Ozean von Tonga bis zur Osterinsel. Vor dieser Fahrt ist die Einheit der Südseekultur niemandem so deutlich sichtbar geworden.«

Aber schon die Entdeckungen der nächsten Wochen sollten Forsters Annahme, die Südsee stelle ethnologisch wie kulturell eine Einheit dar, erheblich erschüttern. Unversehens traf man auf Inseln mit anderen Völkern und anderen Kulturen.

Und nicht alle Inseln der Südsee boten das Bild einer sanft und schön gerundeten Perle: Dies erfuhr die Expedition, als sie von Tonga westwärts segelnd die Länder erreichte, die Quiros und de Bougainville vor ihr bereits entdeckt hatten. Hier fand man ein Volk, dessen Aussehen,

Wesen und Sprache in vollkommenem Gegensatz zu dem der östlichen Inseln stand.

Heller Lichtschein, der von den Höhen ins Dunkel hinausleuchtete, geleitete das Schiff während der ganzen Nacht auf das Land zu. Als man bei Tagesanbruch dicht unter Land beidrehte, sah man, dass dieses Licht von einem Vulkan ausging, der gewaltige Massen von Rauch und Feuer unter polterndem Getöse auswarf. Die Eingeborenen begannen sich am Ufer zu versammeln und die Fremden durch Winken und Rufen zum Landen aufzufordern. Cook war nach seiner Gewohnheit der Erste, der vom Boot auf den Strand sprang und den Eingeborenen entgegenging. Er beschenkte sie mit Glasperlen und Medaillen, deren Glitzern anscheinend ihren Beifall fand. Jedenfalls erboten sie sich freiwillig sofort die Boote an einer anderen Stelle des Ufers durch die Brandung auf den flachen Strand zu schleppen. Cook nahm dieses Angebot erst nach einigem Zögern an, denn die Brandung schnitt die Boote von der Möglichkeit zu raschem Rückzug ab; seine Vorsicht hatte trotz des bisher so friedlichen Verlaufs aller Landungen nicht nachgelassen.

Auf dem flachen Strand hatte sich inzwischen eine große Menge Eingeborener versammelt. Mit nur einem Begleiter schritt Cook auf sie zu, nach Südsee-Sitte einen grünen Zweig als Zeichen seiner friedlichen Gesinnung schwenkend. Ein Häuptling bemühte sich seine Landsleute zurückzuhalten und erwiderte Cooks Begrüßung sehr höflich mit feierlichen Gebärden. Die Freundschaft schien sich leicht anzubahnen. Immerhin blieb Wachsamkeit geraten, denn verdächtigerweise war jeder der Eingeborenen bewaffnet, was auf den östlichen Inseln der Südsee nicht Brauch war. Zudem begann der Häuptling seine Leute immer mehr im Halbkreis um die Landungsstelle zusammenzuziehen.

Cook kam der Verdacht, hier sei alles auf eine Überrumpelung der Fremden angelegt, und er beschloss zum Schiff zurückzukehren. Damit aber war nun die Menge keineswegs einverstanden. Als Cook sein Boot bestieg, hängten sich einige an die ausgelegte Laufplanke und an die Riemen der ersten Ruderer und versuchten so die Abfahrt zu verhindern. Selbst als Cook sie mit seiner Büchse und deutlichen Gebärden bedrohte, wichen sie nicht zurück. So sah sich der Kapitän gezwungen seine Sicherheit mit der Waffe zu verteidigen. Das Gewehr versagte jedoch. Daraufhin griffen die Eingeborenen das Boot mit Speeren, Pfeilen und Steinen an. Dies war nun für das zweite Boot das Signal zum Eingreifen und seine Salve scheuchte die Eingeborenen vom Strand fort ins Gebüsch. Von dort aus fuhren sie fort, die Fremden mit Steinen und Pfeilen zu beschießen. Sie ließen zwei Tote auf dem Strand zurück, zwei Verwundete befanden sich in Cooks Boot.

Auf die Gewehrschüsse hin ließ der Geschützmeister der »Resolution« eine der Kanonen abfeuern. Die auf den Strand aufprallende Kugel erschreckte zusammen mit dem Knall die Gegner derart, dass sie das Feld endgültig räumten. Den ganzen Tag hindurch hörte man jedoch von der Insel her das dumpfe Getön der Trommeln, mit dem die Anwohner der Bucht wohl ihre Landsleute in den anderen Distrikten von der Ankunft ungebetener Gäste verständigten und sie zu den Waffen riefen.

Windstille hielt das Schiff vor diesem ungastlichen Ufer fest. Am Nachmittag ging noch einmal eine bewaffnete Abteilung an Land und füllte unbehindert die Wasserfässer. In dem Gehölz um den Süßwasserbereich herum herrschte Totenstille. Dennoch verlor keiner aus dem Kommando dabei das unheimliche Gefühl, dass aus den Gebüschen spähende Augen jede Bewegung verfolgten. In der Nacht ging einer der schweren Tropenregen auf Land und See nieder und der Vulkan spie mit wachsendem Ungestüm Rauch und Feuer. In der Frühe fand man Deck und Segel grau von Asche. Die Windstille hielt an. Der Kapitän entschloss sich daher das Schiff von den Booten aus dem Lee der Insel schleppen zu lassen. Er ließ jedoch davon ab, als Forster ihn mit all seiner Hartnäckigkeit darum bat.

Tags zuvor nämlich, als man zwischen Klippen Ballaststeine lud, hatte sich einer der dabei Beschäftigten die Finger verbrüht, als er einen Stein aus dem Wasser nahm. Bei näherer Prüfung hatte man unterhalb der Flutmarke eine heiße Quelle entdeckt. Diese Naturerscheinung wollte Forster unbedingt untersuchen. Der Kapitän gab diesem verständlichen Wunsch nach und begleitete den Gelehrten sogar. Ja, er ließ sich von Forsters ungestümem Forscherdrang trotz der gemachten üblen Erfahrung dazu hinreißen, mit ihm einen Hügel zu ersteigen, an dessen Abhang aus Spalten und Rissen Dämpfe aufstiegen.

Diese Solfataren schienen mit dem glühenden Kern des Vulkans im Zusammenhang zu stehen, denn bei jeder seiner Eruptionen wuchs auch der schwefelige Dampf aus den Spalten merklich an und die heißen Quellen am Strand pulsten dann lebhafter.

Dieser Gang an Land brachte unbeabsichtigt die Beziehungen zu den Eingeborenen doch noch in Fluss. Als Cook und Forster nämlich den Solfataren-Hügel hinabstiegen, näherte sich ihnen ein sehr alter Eingeborener mit allen Zeichen der Ehrerbietung und Friedlichkeit. Am Waldrand warteten währenddessen scheu mehrere Gruppen von Eingeborenen. Erst als Cook und sein Begleiter mit dem Greis grüne Zweige ausgetauscht hatten, wagten sie sich zögernd näher heran. Bewaffnet waren freilich auch sie;

offenbar bestimmte der Landesbrauch, dass sich kein Mann ohne Waffen zeigen durfte. Als ihr Anführer den Erfolg seines greisen Abgesandten sah, legte er Pfeil und Bogen ab und kam ebenfalls heran. Unter großem Aufwand von Zeichen und Gebärden kam eine Übereinkunft zu Stande, die den Fremden das Holzfällen, Wasserholen und Herumstreifen an Land wie auch den Einkauf von Früchten gestattete. Sie wurde von den Eingeborenen mit bemerkenswerter Gewissenhaftigkeit eingehalten, wie sie denn auch den Tauschhandel mit der größten Ehrlichkeit betrieben.

Die Mitglieder der Expedition empfanden das Aussehen dieser Menschen als nicht besonders schön. Sie waren von sehr dunkler Hautfarbe, kleiner Statur, mit plattem Gesicht und krausem schwarzem Haar über niedrigen Stirnen. Ihr Brauch, sich mit Erdfarben zu bemalen, entstellte diese Menschen noch mehr als die Tätowierung die Maoristämme. Die Männer gingen fast nackt, trugen jedoch stets eine Waffe bei sich. Anscheinend erwarteten sie jederzeit einen feindlichen Überfall. Hierin ähnelten sie den Neuseeländern und genau wie bei diesen gab es auch hier Kannibalismus. Von den Bräuchen des Krieges, des täglichen Lebens und der Religion vermochte man jedoch nicht viel in Erfahrung zu bringen, denn ihre Sprache war schwer zu erraten. Sie gefiel sich in Zischlauten, rollendem R und krächzenden Gaumentönen.

Die Männer schienen der Arbeit nicht allzu viel Geschmack abzugewinnen. Diese war Sache der Frauen, die man in den sorgfältig angelegten Anpflanzungen arbeiten und sich mit Traglasten und zahlreichen Kindern abplagen sah. Im Gegensatz zu Tonga und Tahiti erfreuten sich die Frauen hier keiner Freiheit. Sie flohen scheu vor den weißen Gästen und wurden von den Männern verjagt, sobald ihre Neugier sie einmal näher kommen ließ. Auch schmückten sich die Männer und nicht die Frauen. Gefischt wurde auf dieser Insel mit Angeln, nicht mit Netzen. Ihre Boote waren schwach und lieblos gefertigt, wenn auch mit Auslegern versehen. Soweit sich in Erfahrung bringen ließ, besaßen sie weder die nautischen noch der erdkundlichen Kenntnisse der Maori, noch auch den Wunsch nach solchem Wissen: Ihr Denken wie ihre Erfahrung beschränkte sich ganz auf den engen Horizont ihrer Insel.

Auch ihre Häuser waren primitiv, ohne die schöne, luftige Zweckmäßigkeit der Bauten auf Tahiti und Tonga. Aber ihre Keulen und Speere waren schön geglättet und verziert, ebenso ihre Bogen. Ein aus Fischleber und Pflanzensaft gewonnenes Gift machte nach ihren Angaben ihre Pfeile zu einer bösartigen Waffe; sie hielten ihre Gäste ängstlich davor zurück, die Pfeilspitzen zu berühren.

Ihr Werkzeug war nicht schlechter als das der Maori, doch ohne deren Lust an der Verzierung gemacht. Geschärfte Muschelschalen, Messer aus Obsidian, Hämmer aus dunklem Basalt stellten ihre Schlag- und Schneidgeräte dar; Bindungen wurden auch hier aus Bast hergestellt. Anfangs zogen sie Beilen und Nägeln aus Eisen Perlen und Medaillen als Tauschartikel vor; gegen Ende des Aufenthalts der weißen Gäste entdeckten sie jedoch, dass Eisen brauchbarer ist als Stein, Muschel oder Knochen, und tauschten begierig Nägel gegen Nahrungsmittel ein.

Freilich versorgten diese Inseln der Vulkane das Schiff nur recht dürftig mit frischem Proviant. Wohl waren die Pflanzungen gut bestellt, an einigen Stellen sogar geschickt durch Gräben bewässert. Die Erträge des mageren Bodens konnten sich jedoch nicht mit denen der östlichen Inseln messen. Hier fehlte der Brotfruchtbaum, der durch die Tarowurzel nur notdürftig ersetzt wurde; hier fehlten außer der Banane fast alle Früchte; und was den Gästen besonders unlieb war: Es gab kaum Schweine und Geflügel.

Die Höhen der Insel waren größtenteils so steif, dass die heftigen tropischen Regengüsse jede Krume Erde ins Tal hinabspülten. Diese Erde aber war so karg und von der Sonne versengt, dass außerhalb der Anpflanzungen nur spärliches Gras wuchs und der Baum- und Strauchwuchs sich auf wenige lockere Bestände beschränkte.

Welche Enttäuschung mussten diese Inseln für ihren ersten Entdecker Quiros gewesen sein, der ja hoffte auf ihnen Gold und damit das Ophir Salomons zu finden! Irgendwie fühlten sich die Weißen den Maori näher verwandt als den Einwohnern der Neuen Hebriden und Neukaledoniens. Es schien unmöglich, mit ihnen so vertraut zu werden wie mit den Maori. Cook fand ein Erlebnis, das er kurz vor dem Abschied von Neukaledonien hatte, bezeichnend für die Wesensart dieses Volkes.

Eines Nachmittags brachte der Schiffsschreiber einen Fisch an Bord, den er kurz vorher einem Eingeborenen unmittelbar von der Angel gekauft hatte. Der Fisch gehörte zu einer unbekannten Gattung und deswegen gab Cook Anweisung, er solle erst in die Küche gelangen, wenn ihn Forster, der an Land war, gesehen und beschrieben habe.

Der Gelehrte kam erst spät zurück und dann verging über dem Beschreiben und Abzeichnen des Fisches so viel Zeit, dass Cook dem Koch das Zubereiten des ganzen Tieres der späten Abendstunde wegen nicht mehr zumuten mochte – sehr zum Kummer Forsters, dessen Appetit sich beim Anblick des schönen großen Fisches mächtig regte. Auf seine Klage hin bot sich der Kajütsaufwärter an, aus Leber und Rogen des Fisches rasch noch eine in seiner schottischen Heimat beliebte und schmackhafte Pastete zu bereiten. Diese erwies sich aber als so salzig, dass beide nur wenige Bissen davon genossen.

In der Nacht stellten sich bei beiden seltsame Vergiftungserscheinungen ein; Lähmungen befielen abwechselnd alle Glieder, Sinnestäuschungen traten auf, die bald das Auge, bald das Gehör beeinträchtigten und bewirkten, dass dem Betroffenen ein Glas Wasser genauso leicht in der Hand wog wie eine Feder und ein Gegenstand bald groß, bald klein erschien. Während dem Kapitän diese Sensationen widerwärtig waren, genoss Forster diesen sonderbaren Trugzustand der Sinne mit der Neugier des Forschers und achtete auf die Gefahr für seine Gesundheit gar nicht. Brechmittel und Schwitzbäder befreiten die Vergifteten rasch von der Plage und stellten sie wieder ganz her.

Als anderntags die Eingeborenen und unter ihnen auch der Fischer, der diesen giftigen Fisch verkauft hatte, an Bord kamen und dort das Tier aufgehängt sahen, gaben sie sofort mit allen Zeichen des Abscheus zu verstehen, dies sei keine ratsame Speise. Warum aber hatte keiner von ihnen daran gedacht, als der Schreiber den Fisch von ihnen haben wollte?

Das südliche Thule

Nachdem die Expedition durch die Berührung Neukaledoniens und der Neuen Hebriden den Kreis ihrer Südsee-Erfahrung wesentlich bereichern konnte, blieb noch ein Letztes zu tun, damit die gestellte Aufgabe vollendet wäre: die Durchquerung und Untersuchung jenes Gebiets, das sich südlich der Linie Feuerland – Kapstadt bis zum Polarkreis erstreckt. Nie zuvor hatte ein europäisches Schiff dieses Gebiet durchsegelt. Dort bot sich eine letzte Möglichkeit, nach dem Südland zu suchen.

Mit diesem Ziel ging die »Resolution« im November 1774 von der Küste Neuseelands aus in See und steuerte mit geradem Kurs auf den 55. Breitengrad zu, um diesem dann ostwärts bis zur Westküste Feuerlands zu folgen. Kein Teil der Expedition war so ereignislos verlaufen wie diese Wochen im südlichen Stillen Ozean. Kein Sturm, keine Flaute suchte das Schiff heim; kein Land in Sicht; nur graue, eintönige Weite der See, gleichmäßiges Segeln vor gleichmäßigem Wind in der langen, schweren Dünung dieses Meeres erfüllte Tag für Tag. Die Atemfontäne eines Wals, das Flügelschlagen eines Albatros, ein Stück Treibholz – wie hätte man sie begrüßt! Aber auch sie blieben aus. Das Gefühl, am Rande der Welt entlangzustreifen wie der Fliegende Holländer – schon manchmal während der Vorstöße in die Antarktis hatte es Cook und die Seinen angerührt. Nie aber hatte es so drückend auf ihnen gelastet wie in diesen Wochen, da sie an der Grenze des Südlichen Eismeers dahinsegelten.

Wie ein rettender Port tauchten daher die dunklen Felsen Feuerlands vor ihnen auf. Mochten die Berge sich auch in schroffen Absätzen abweisend dem Meer zukehren: Vogelschwärme umkreisten sie doch; in geschützten Falten nistete Gehölz, von den Gipfeln leuchteten Schneefelder herab.

Mit diesem Antlitz der Erde vor Augen beging man an Bord das Weihnachtsfest dieses Jahres. Gänsebraten – ein Geschenk dieses wilden Klippenrandes Südamerikas – duftete auf den Tischen in Messe und Back, das letzte Fass Madeira opferte der Kapitän. Das Essen wärmte die Seele und taute Heimkehrfreude und Heimweh in allen auf. Am nächsten Weihnachtsfest würde man daheim sein! Daheim – welch ein Trost lag nun nach diesen Jahren des Segelns und Suchens für alle in diesem Wort.

Selbst Herr Forster verhielt sich in diesen Tagen friedlicher als sonst und tat seine Klagelieder über den tatenlosen ozeanischen Verlauf der Fahrt beiseite. Gänsebraten und Madeirawein besänftigten auch seine ruhelose Seele, und als er bei einem Ausflug an Land gar noch allerlei unbekannte Moos- und Pflanzenarten entdeckte, vergaß er für eine Weile alle ihm wirklich und vermeintlich angetane Ungerechtigkeiten. Zufrieden brummelnd, pendelte er zwischen Tafel und Herbarien hin und her und schien bereit alle Welt und womöglich gar den Kapitän zu umarmen. Die Aussicht, dass die Fahrt bald enden und er aus der Haft, als die ihm immer noch der Aufenthalt an Bord eines Schiffes erschien, befreit werde, tat ein Übriges, ihn versöhnlich zu stimmen.

Doch nicht nur die Gelehrten fanden Beschäftigung an dieser Küste. Die Offiziere nahmen die Lotungen und Vermessungen auch in diesen Buchten auf, damit Schifffahrt und Erdkunde endlich ein genaues Bild der südlichen Feuerlandküste erhielten. Und die Mannschaft hatte genügend Arbeit damit, die Brennstoff- und Wasservorräte zu ergänzen und am Strand von Staten Island Vögel und Robben zu erlegen. Mochte deren Fleisch auch tranig schmecken, es war frisch und übertraf an Nährwert die ausgelaugten Pökelfleischbestände des Schiffs bei weitem.

Dergestalt versorgt, nahm die »Resolution« zum letzten Mal Kurs nach Süden auf. Bald begegnete man den ersten Pinguinen und Sturmvögeln, den Vorboten des Eises, und die Treibeisschollen und Eisberge ließen nicht lange auf sich warten. Längst bedeuteten sie der Mannschaft kein Schrecknis mehr; sie waren nur noch eine Warnung, keine Minute unachtsam zu sein. Unaufhaltsam sank die Quecksilbersäule des Thermometers, Kälte biss in Gesicht und Hände, auf Regen und Graupelschauer folgten Raureif, Nebel und Schneewolken. Und doch war Sommer hier in der Antarktis! Und doch blühten Gras und Blumen, grünte Moos an den geschützten Stellen der Inseln, die Schnee- und Eiswällen gleich der See entstiegen! Gletscher flossen funkelnd von den Höhen herab und von Zeit zu Zeit brachen krachend ungeheure Schollen von ihren Rändern ab und stürzten schäumend in die See: Ein neuer Eisberg war geboren und trieb rollend in der Strömung davon.

Auf 60 Grad südlicher Breite überfiel Nebel und Windstille das Schiff. Graue, auswegslose Stille hielt es gefangen, träg trieben auf kaum bewegter See dunkle Eisschollen vorüber, schrammten ab und an krachend und schurrend die Bordwand. Tagelang war man im Nebel gefangen und abermals fiel die Männer das Gefühl des Verlorenseins am Rande der Welt an – die Angst vor der toten, einzig von Stille gesättigten Leere ringsum.

»Wo das Meer geronnen stockt, die Luft sich in Eis und düstere Nebel verwandelt – dort ist Thule, die Insel am Rande der Erde, ist Marimarusa, das tote Meer, öffnet sich der Abgrund, der die Erde gegen das Totenreich ab-

grenzt und in dessen Tiefe Okeanos strömt, der Grenz-
fluss des irdischen Festlands.« Mit dumpfer Stimme
sprach Forster eines Abends in der Messe diese orakel-
haften Sätze. Fragend und unwillig blickte der Kapitän
den Sprecher an. Der kam unter diesem Blick ein wenig
zu nüchterner Besinnung. »Nun ja«, erklärte er, »so be-
schreibt Pytheas von Massilia, der griechische Seefahrer
im vierten vorchristlichen Jahrhundert, in seinem Buch
›Vom Ozean‹ das Nordmeer bei Thule – mit welchem Namen er wohl eine der Shetland-Inseln oder Island be-
zeichnet haben mag.«

Am anderen Morgen begann der Nebel sich zu lichten
und gab im Süden den Blick auf drei mächtige schneebedeckte, von Sonne beglänzte Berggipfel frei, die sich über
Nebel und Wolken erhoben und in eisiger unnahbarer
Herrlichkeit erstrahlten. Als Forster an Deck kam, fand er
den Kapitän in den Anblick dieses Bildes vertieft. Sobald
Cook den Gelehrten neben sich bemerkte, reichte er ihm
das Fernglas: »Dort sehen Sie Thule, Forster, das südliche
Thule. Die dunkle Beschreibung Ihres alten Pytheas gibt
gar kein schlechtes Bild vom Polarmeer, wenn ich's recht
bedenke. Wollen ihm zu Ehren jenes Bergland dort vor
uns Thule nennen und dann handeln wie er: umkehren
und freundlicheren Breiten zusteuern.«

Forster nickte, durch Cooks Worte schon halb versöhnt.
Wie oft hatte er das auf dieser langen Fahrt erlebt, dass er
sich an der Seemannsnüchternheit des Kapitäns stieß, um
dann doch wieder zu erfahren, dass Cook Verständnis und
Einsicht zeigte.

Der Nebel lichtete sich mehr und mehr, die Sonne brach
durch. Sie enthüllte das bergige Land im Süden als eine Insel, deren Küste man an diesem Tag abtastete, ehe das
Schiff endgültig auf Nordkurs ging, der an mehreren ande-

ren Inseln vorüber wieder ins freie Meer führte. Eisberge und Treibeis gaben der »Resolution« bis fast zum 50. Breitengrad das Geleit. Wie eine gespenstische Flotte entmasteter Schiffsriesen blieben sie endlich im Dämmergrau der Mitternachtssonne bleich und geisterhaft zurück.

Boten und Zeugen des Polarlandes nannte Cook diese eisigen Riesen. Denn nach seiner Meinung vermochten die wenigen kleinen Inseln, die er in diesen Wochen entdeckt hatte, nicht die ungeheuren Mengen treibenden Eises zu sammeln und abzustoßen, denen man im Südlichen Eismeer begegnet war. Südlich von Feuerland und dem Indischen Ozean entgegen schien sich nach Cooks Schlüssen dieses Festland um den Südpol am weitesten nordwärts auszudehnen, denn dort schob sich die Treibeisgrenze, die er sonst beim 60. Breitengrad feststellte, bis zum 50. Grad vor. So war er sich nun endgültig sicher, dass das Südland jenseits des Polarkreises lag – begraben unter Eis- und Schneemassen, für keinerlei menschliche Besiedlung geeignet, Standquartier allein für Pinguine.

Im Februar 1775 hatte man jenen Punkt fast erreicht, an dem die »Resolution« vor mehr als zwei Jahren Ostkurs nahm: Das Polgebiet war umrundet, die Aufgabe gelöst, die Mühe hatte ein Ende. Das Traumbild »Südland« – dieser goldene, lockende Traum zweier Jahrhunderte – hatte sich vor dem Zugriff nüchterner Forschung aufgelöst und war in den eisigen Nebeln des südlichen Thule zergangen. Cook war Sieger geblieben.

Die Seefahrer vergangener Jahrhunderte, denen Gold, Perlen, Gewürze, Sklaven als einzig preiswerte Belohnung für harte Mühe und Abenteuer galten – sie hätten ihn wohl belächelt: Karten brachte er als Beute heim, klare, genaue Karten und eine Fülle in Bildern, Kästen und Büchern aufgespeicherten Wissens. Mochten sie lachen, die alten Raubritter der See: Cook und seine Gefährten waren auch ohne goldene Beute stolz auf ihren Sieg!

So hatte sich Sinn und Aufgabe der Entdeckungsfahrten gewandelt. Ob sie aber Entdeckern wie Entdeckten zum Segen gereichten – diese Frage erhob sich manchmal vor Cook, wenn er den Ablauf seiner beiden Fahrten bedachte. Er wagte, mit Ja zu antworten, durfte und musste es wagen, wenn er vor sich selbst und seinen Taten bestehen wollte. Dass er sich diese Frage überhaupt stellte, unterschied James Cook von allen früheren Entdeckern. Diese Frage und ihre Antwort: Sie standen als Leitwort über dem Tor zu einer neuen Epoche der Erderforschung und niemand würde es durchschreiten dürfen, der nicht wie Cook ihre Last und ihren Stolz ganz begriff und auf sich nahm.

Rechenschaft

Ich habe nunmehr die Umseglung des Südlichen Meeres in hohen Breiten vollendet und es in so vielen Richtungen durchquert, dass ich die Existenz eines großen Kontinents in diesem Gebiet mit Sicherheit verneinen darf. Wenn außer den von mir im letzten Abschnitt der Fahrt entdeckten Inseln in diesen Breiten überhaupt noch Land besteht, so kann es sich nur innerhalb des Polarkreises befinden und muss völlig von Eis bedeckt sein. Ich glaube, die Gefahren, die man beim Erforschen dieses Polargebiets läuft, sind so groß, dass das in Polarnähe gelegene Land für immer unerforscht bleibt.

So schmeichle ich mir denn vielleicht mit einigem Recht, dass ich die mir gestellte Aufgabe erfüllt und der Suche nach dem Südland endgültig ein Ziel gesetzt habe. Mit dieser Reise wurde übrigens die Erdkugel zum ersten Mal in östlicher Richtung umsegelt.

Die ›Resolution‹ hat sich während dieser fast dreijährigen Fahrt ausgezeichnet bewährt; weder ein Leck noch eine Havarie der Masten ist aufgetreten, obwohl das Schiff einige Male auf Grund geriet, im Treibeis häufig hart gerammt und mehrmals von schwerem Sturm heimgesucht wurde. Takelung und Segel sind freilich jetzt verbraucht und mürbe – kein Wunder nach einer Fahrt von 20 000 Seemeilen durch klimatische Schwankungen, die zwischen 40 Grad über null und 35 Grad unter null lagen.

Die Offiziere wie die Mannschaft der ›Resolution‹ haben sich auf dieser langen Reise, deren Meilenzahl fast dem Dreifachen des Äquatorumfangs entspricht, nicht weniger gut als das Schiff gehalten. Der Gesundheitszustand an

Bord war – abgesehen von einer kurzen Periode nach dem zweiten Vorstoß in die Antarktis – jederzeit gut. Wir verloren vier Mann, davon drei durch Unfälle, wie sie auf See leider unvermeidlich sind. Der Geist der Besatzung verdient jedes Lob. Selbst die Trennung von dem Schwesterschiff ›Adventure‹ vermochte nicht Mut und Stimmung der Leute zu beeinträchtigen.

Die vor Beginn der Fahrt erwogenen Maßnahmen zur Gesunderhaltung der Mannschaft haben sich zum größten Teil bewährt und schöne Erfolge gezeigt.

Von den Nahrungsmitteln, die wir zur Vorbeugung und Bekämpfung des Skorbuts mitnahmen, haben sich das von Sir John Pringle angeratene Malz und das von mir auf meiner ersten Reise erprobte Sauerkraut am besten bewährt.

Ungemein gute Dienste tat auch die eingedickte Fleischbrühe, die wir ebenfalls einem Vorschlag Sir Johns zu danken hatten. Wenn sie auch – wie ich glaube – allein genossen gegen den Skorbut nicht unmittelbar wirksam ist, so trug sie doch mittelbar viel zu dessen Bekämpfung bei, indem sie den Gerichten aus Erbsen und Weizengrütze, die wir bei sich bietender Gelegenheit mit Wildgemüsen aller Art durchsetzten, so viel Würze verlieh, dass die Mannschaft diese Gerichte sehr gern aß.

All dies wäre jedoch ohne durchschlagenden Erfolg geblieben, wenn es nicht durch andere Maßnahmen unterstützt wurde, die Schiff und Mannschaft sauber und gesund erhielten. Auf Sauberkeit und Ordnung in allen Räumen wurde deshalb aufs Strengste geachtet. Wo die Einsicht des Einzelnen nicht ausreichte, musste die Befehlsgewalt das Nötigste durchsetzen.

Ein- oder zweimal in der Woche wurden Hängematten, Betten und Kleider gesäubert, auf Deck getrocknet und gelüftet und der gleichen Prozedur wurden ebenso oft die

Decks unterworfen. Auch in der Küche wurde unnachsichtlich auf größte Sauberkeit geachtet, wodurch – wie ich glaube – die Zahl der Darmerkrankungen selbst in den Tropen in normalen Grenzen blieb.

Zur Gesunderhaltung der Besatzung trug ferner sehr viel bei, dass wir die Mühe des Wasserfassens bei keiner noch so kleinen Insel scheuten, ja oft nur deswegen eine Insel anliefen. Wie unentbehrlich frisches Quell- oder Flusswasser für die Gesundheit des Menschen ist, erfährt man erst auf so langen Seereisen. Die Tatsache, dass das Treibeis uns auch in hohen Breiten damit versorge, söhnte uns fast mit seinen Gefahren aus.

Ich muss der Besatzung das ehrende Zeugnis ausstellen, dass sie sich zumeist durch mein und der Offiziere Beispiel bewegen ließ eifrig von den Dingen Gebrauch zu machen, die zu ihrem Vorteil mitgenommen und unterwegs beschafft wurden. Ja, im Laufe der Reise sprang die Heilsamkeit frischer Pflanzenkost, antiskorbutischer Nahrungsmittel und nie verabsäumter Sauberkeit auch dem Letzten in die Augen, dass es meines Beispiels nicht mehr allzu oft, meiner Befehlsgewalt in diesem Punkt nur noch ganz selten bedurfte.«

Cook entwarf diesen Rechenschaftsbericht für die Admiralität im März 1775, nachdem er sich entschlossen hatte, die weitere Suche nach den von Bouvet entdeckten Inseln aufzugeben.

Er plante Kapstadt anzulaufen, Schiff und Mannschaft dort etwas aufzufrischen, St. Helena, Ascension, Fernando Noronha und die Azoren aufzusuchen und – günstige Fahrt vorausgesetzt – im Monat August daheim zu sein.

Das Denken aller an Bord richtete sich auf die Heimat und wie ein Gruß der Heimat erregte es alle, als eines Abends der Ruf des Ausgucks ein Schiff backbord voraus verkündete. Es wurde dunkel, ehe man die Farben seiner Flagge ausmachen konnte. Schon meinten manche bitter enttäuscht um die Begegnung mit jenem Segler betrogen zu sein, da rief, gerade als der Mond trüb leuchtend das Gewölk durchbrach, eine tiefe Stimme durchs Sprachrohr die »Resolution« auf Englisch an: »Halloh, what ship?!«

Man gab Auskunft und ohne jede Überraschung kam es im Ton ruhiger Freundlichkeit zurück: »Wir freuen uns, dass ihr ohne Havarie und Krankheit an Bord seid. Hier ist die Bark ›True Briton‹, Käptn'n Broadly, unterwegs von Kanton nach Liverpool. Können wir was für euch tun?«

Oh ja, er konnte: Einige hundert Wünsche kamen den Männern der »Resolution« bei dieser Frage in den Sinn; zunächst aber waren sie nur glücklich über diese brummende Seebärenstimme dort drüben, die in ihrem westenglischen Seemannsplatt so gelassen zu ihnen sprach, als wenn die »Resolution« ein beliebiges Frachtschiff wäre. Mit dieser Stimme grüßte sie die Heimat.

Ein Boot wurde zur »True Briton« hinübergeschickt. Mit Tee, Arrak, Brot und frischem Fleisch beladen kehrte es zurück und brachte dazu noch ein Paket Zeitungen mit. Sie waren zwar Monate alt, denn die »True Briton« kam ja von Kanton, aber sie berichteten doch etwas Neues aus der Welt, zu der man heimkehrte wie von einem andern Stern. Sie gaben den Männern vor allem die Nachricht, die sie am liebsten hörten: Zu Hause herrscht Frieden!

So fand die »Resolution« heim von ihrer großen Fahrt. Noch manchen Tag lang furchte ihr Kiel unverdrossen die See, aber jeder Tag brachte sie der Heimat näher; noch manche Stunde musste das Heimweh sich gedulden, bis die Anker fielen und die Männer der zweiten Expedition des Kapitäns Cook des Wiedersehens und ihres Sieges endlich, endlich gewiss und froh sein durften!

Der Große Ozean

Der Ruhm

Die Kunde von der Rückkehr der »Resolution« verbreitete sich mit ungewöhnlicher Geschwindigkeit in England und Europa und die Nachricht, das Südland habe sich als Phantom hinter der Eisbarriere des südlichen Polarkreises erwiesen, wurde überall zum Gesprächsstoff. Es war geradezu, als habe man überall in heimlicher Spannung auf Cooks Heimkehr gewartet.

In den Kontoren der Seestädte wie in manchen Ministerien der Länder mit Kolonialehrgeiz war man enttäuscht.

Nur für ein paar Gelehrte auf dem Kontinent bedeutete die Entzauberung des Phantoms Südland keine Enttäuschung. Gespannt verfolgten diese Herren in Göttingen und Florenz, in Paris und Leyden die Nachrichten, die ihnen aus London zuflossen, und vergruben ihre sorgfältig gepuderten Köpfe tief in alten Karten und Atlanten. Sorgfältig vermerkten sie auf ihren Kartenbildern, was sich durch James Cooks Fahrt am Bild der Erde geändert hatte. Ebenso sorgfältig stellten sie die verbesserten Karten in die Reposituren zurück, nahmen eine Prise und nickten befriedigt dazu, dass wieder einmal ein weißer Fleck ausgefüllt war und Gestaltloses Gestalt gewonnen hatte. Kaum einer war unter ihnen, der nicht dem Forscher James Cook in Gedanken den gehörigen Respekt für seine Leistung bezeugt hätte.

Was die Gelehrten still für sich in ihren Stuben dachten, das ließen die Seeleute in den Hafenschänken laut werden, denn sie waren es nicht gewöhnt, leise zu sprechen. Ja, da saßen nun die alten weißbärtigen Kapitäne, die ihre Lebensreise hinter sich hatten und sich an ihren

Erinnerungen und am Grogglas wärmten, kniffen in ihren braun verräucherten Kneipen bei der Nachricht »Cook ist von seiner großen Fahrt zurück« die Augen zusammen und grunzten beifällig. Dass er das Südland nicht hatte finden können, weil es gar nicht existierte, bedeutete ihnen nicht viel. Es gab genug Inseln im weiten Meer; da kam es für den Seemann auf eine mehr oder weniger wirklich nicht an. Aber dass er auf seiner Fahrt nur vier Mann verloren hatte – vier von 120, das wollte in ihren Augen etwas heißen. Sie waren ja alle lang genug Seeleute auf großer Fahrt gewesen und wussten, was Skorbut und Influenza und Ruhr an Bord von Schiffen anrichten können, die lange Reisen in tropischen Gewässern machen müssen.

Aber ein Wunder war es ja wohl eigentlich nicht – jedenfalls nicht in Cooks Augen –, dass diese Südland-Expedition so wenig Opfer gekostet hatte. Es schien seinen Zeitgenossen nur so, weil sie an ganz andere Verlustlisten gewöhnt waren und in ihnen den gerechten Preis für den Gewinn sahen, den man sich in neu entdeckten Ländern und aus der Frachtschifffahrt holte. Nein, wenn man Cooks sorgfältige Vorbereitungen für diese Fahrt kannte, durfte man ihren glücklichen Verlauf kein Wunder nennen. Es hatte sich gezeigt, was eine richtig und sorgfältig durchdachte Expeditionsausrüstung bedeutete.

Cook war mit Recht stolz darauf, dass der von ihm eingeschlagene Weg sich als richtig erwies. Daneben aber schlug er auch die geografischen Erkenntnisse seiner zweiten Fahrt nicht gering an. Dass ihm der König nach beendeter Reise den Rang eines Postkapitäns verlieh, nahm er gelassen als das Mindeste an äußerer Anerkennung hin, was man ihm gewähren musste. Aber dass ihn die Königliche Gesellschaft der Wissenschaften in London zu ihrem Ehrenmitglied ernannte, das erfüllte ihn mit Stolz und Freude.

Doch außer der Ernennung zum Mitglied der Royal Society, die am 6. März 1776 erfolgte, erlebte er keine der Ehrungen, die die Welt ihm bereitete. Er hat es nicht mehr erfahren, dass die Royal Society ihm ihre höchste Auszeichnung, die Copley-Medaille in Gold verlieh, um seine Entdeckungen auf geografischem und schiffshygienischen Gebiet zu ehren. Er hat nicht mehr erfahren, wie sein Ruhm sich über ganz Europa verbreitete und sein Name innerhalb weniger Jahre ein Begriff wurde. Und er hat endlich auch jene schöne Geste nicht mehr erlebt, mit der sich eine ganze Nation ritterlich vor seinem ruhmvollen Namen verneigte: Auf Befehl der französischen Marineleitung wurden bei Ausbruch der Feindseligkeiten zwischen Frankreich und England im Jahre 1778 Cook und seine beiden Schiffe »Resolution« und »Discovery« für neutral erklärt und die französischen Kriegsschiffe erhielten Anweisung, ihnen in Notfällen jede erdenkliche Hilfe zu gewähren. Wie der erste Weltumsegler Fernando Magellan starb Cook, ehe es ihm vergönnt war, den vollen Glanz seines Ruhms zu erleben.

Aber brauchte ein Mann wie Cook überhaupt diese sichtbare Krönung seiner Taten? Das Abenteuer, der Wagemut an sich – sie bedeuteten ihm nichts; sie waren nur Werkzeug, um zum Wesentlichen zu gelangen, nicht mehr. Das Wesentliche aber hieß für Cook: Erfüllung der gestellten Aufgabe – Dienst also, nicht Ruhm!

Er gönnte sich auch nach seiner zweiten großen Reise nicht lange Rast. Nur wenig mehr als ein Jahr war seit seiner Heimkehr aus der Antarktis vergangen, da befand er sich bereits wieder unter Segel mit Kurs auf Kapstadt. Dabei trieb ihn nicht etwa Ehrgeiz. Nein, Cook fand einfach, er sei noch nicht alt genug, um einen ehrenvollen, seiner Erfahrung angemessenen Auftrag abzulehnen.

So nahm er den neuen Auftrag der Admiralität ohne Zögern an, sobald der König seine Zustimmung zu diesem Projekt gegeben hatte. Außer den Ehren waren 20 000 Pfund für die ganze Mannschaft bei diesem neuen Unternehmen zu gewinnen: wahrhaftig eine lockende Vergoldung für jeden Seemann.

Von den Vorbereitungen für diese neue Expedition braucht nichts gesagt zu werden. Sie wurden mit der bei Cook üblichen Sorgfalt und Vielseitigkeit betrieben. Der Mannschaft sollte es an nichts fehlen; die Schiffe waren seetüchtig. Die alte »Resolution« war wieder dabei und dazu kam die »Discovery«, die Leutnant Clerke führen sollte. Diesmal hatte der Kapitän seine Offiziere ganz nach Wunsch auswählen dürfen und so erhielt sein alter Kamerad Clerke das Kommando über das Schwesterschiff, da er sich während der beiden ersten Expeditionen trotz seiner Jugend hervorragend bewährt hatte.

Am 12. Juli 1776 verließen die Schiffe Plymouth und gingen auf Südkurs. Cooks neuer Auftrag hieß: Suche nach der Nord-West-Passage.

Der Viehtransport

*K*urs Süd und Nordnordost in den Segeln: So begann auch diese dritte Reise des Kapitäns Cook und in den ersten Tagen lebte er nur dem Segeln wie eine echte Wasserratte. Kein Haus beengte nun mehr den Blick ins Weite; Arbeit und Schlaf lösten einander im üblichen, bald wieder ehernes Gesetz werdenden Wechsel ab und die Luft des Meeres erschien ihm auch diesmal wieder wie bei Beginn einer jeden Reise so ursprünglich klar und frisch, als habe noch nie ein Mensch Atem daraus geschöpft. Nur ein paar Tage in dieser Atmosphäre, und die Enge, die Betriebsamkeit Londons war tief und gründlich vergessen.

Hier auf See war er ein anderer als an Land. War er dort schweigsam und von einer steifen Höflichkeit, so gab er sich nun an Bord ungezwungen, heiter, ja fast derb – in jedem Zug ein echter Schiffskapitän, dem das Herz aufging angesichts der See, der Salzluft, des Segelknallens und der neuen Fahrt nach langem Aufliegen. Den Forschungsauftrag schien er fast vergessen zu haben; er wurde in den Gesprächen in der Messe mit keinem Wort erwähnt. Es trug sicherlich viel zu diesem Behagen Cooks bei, dass er diesmal keine Gelehrten an Bord hatte und sich nur unter Seeleuten bewegte.

Bis Kapstadt verlief die Fahrt ruhig und ohne besondere Ereignisse. Schiff und Mannschaft bereiteten dem Kapitän keine Sorgen. In Kapstadt erst nahm das Bewusstsein, einer Expedition anzugehören, von den Männern Besitz und ließ alle an Bord auch die Schwierigkeiten und Mühen eines solchen Unternehmens spüren. Hier wurde nämlich eine stattliche Anzahl Vieh an Bord genommen und in Ställen an Deck untergebracht. Der Matrosenwitz, der Cooks erste Reise »Die Sauerkrautfahrt« getauft hatte, sprach von seiner dritten Expedition lange Zeit als vom »Viehtransport«. Und nicht mit Unrecht, denn die Viehherde nahm die Aufmerksamkeit stark in Anspruch. Vor allem nahm der Kapitän die brüllende, blökende, wiehernde, meckernde und gackernde Dreckslast so ernst, als wäre ihm der heilige weiße Apis-Stier anvertraut.

Die ganze Herde stellte ein Geschenk Seiner Majestät des Königs von Großbritannien an die Inseln der Südsee dar, damit die Wilden dort, die gewöhnlich nur Hunde, Schweine und Papageien auf ihre Tafel brachten, doch einige Abwechslung auf ihren Küchenzettel bekämen.

Wie sah aber das sonst so peinlich sauber gehaltene Deck der »Resolution« in diesen Wochen aus! Welch ein Gestank wehte mit jeder Brise von Luv nach Lee! Und welcher gräuliche Spektakel beleidigte von Morgengrauen bis Mitternacht die Seemannsohren! Und dabei saß der Kapitän seinen Leuten wie der Teufel im Nacken und achtete wie ein erfahrener Viehzüchter unnachsichtig darauf, dass die Ställe stets sauber waren und dass rechtzeitig gefüttert und getränkt wurde. Keiner konnte sich das Rätsel lösen, woher er so genaue Kenntnisse der Viehpflege besaß. Aber es war gut, dass er sie damit verblüffen konnte, denn nur so waren die Matrosen vom Wert der ungewohnten Arbeit zu überzeugen. Anfangs hatten sie ausgiebig gemault, bei der Arbeit gepfuscht und Befehle und Drohungen der Offiziere hartnäckig in den Wind geschlagen. Aber da nahm eines Morgens der Kapitän einem der Leute schweigend die Mistforke aus der Hand und zeigte ihm, wie man mit ein paar Handgriffen den Stall rasch und exakt säuberte. Von dieser Stunde an hörte das Maulen und Pfuschen auf. Trotzdem ging fast die Hälfte von ihnen auf der Fahrt zwischen Kapstadt und Neuseeland ein. Die Vierfüßler konnten keine »Seebeine« bekommen, litten unausgesetzt an Seekrankheit, außerdem auch unter der Nässe und Kälte dieser Breitengrade.

Dem Kapitän war eine solche Reisegesellschaft wahrscheinlich noch unwillkommener als seiner Mannschaft, weil er sich für sie besonders verantwortlich fühlte. Schließlich hatte der König sie ihm anvertraut und er setzte alles daran, diese Schützlinge ungekränkt ans Ziel zu bringen. Aber wie gesagt: Die Tiere bewiesen nur wenig Dankbarkeit für die ihnen erwiesene Fürsorge. Darüber freuten sich nun die Matrosen offen und von Herzen; jeder Verlust verminderte ja ihre Arbeit und bedeutete eine Zulage von frischem Fleisch für die Küche, denn man ließ die schwachen Tiere natürlich nicht erst eingehen, sondern schlachtete sie, sobald keine Rettung mehr für sie war. Schließlich wurde auch noch das Futter für diese Decksgäste knapp, denn die Fahrt durch den südlichen Indischen Ozean dauerte widriger Winde wegen länger.

Cook sehnte deshalb den Tag herbei, an dem wieder Land in Sicht kam. Dort begann eine Arbeit, die sich noch oft wiederholen sollte, bis das letzte der mitgenommenen Tiere in Tahiti von Bord ging! Die ganze Herde wurde mit Booten an Land gebracht und dort auf die Weide geschickt. Nur wer weiß, welche Arbeit es macht, Tiere auszubooten, mit welcher panischen Angst sich jeder Vierfüßler gegen das Ein- und Ausladen mittels Talje und Hebebaum wehrt, welche Angst er während der Fahrt im schaukelnden Boot durchmacht und wie er sich mit allen vieren auskeilend, bockend, stoßend, beißend und blökend gegen diese Misshandlungen sträubt – nur wer das weiß, ahnt, welche Plage dieser Viehtransport für die Seeleute der »Resolution« bedeutete.

Cook hatte die Absicht gehabt, die ersten Tiere auf Vandiemensland an Land zu setzen, nahm aber davon Abstand und beschränkte sich darauf, die Schiffe hier mit Heu und Trinkwasser zu versehen.

»Stumpfsinnige Bande – die Eingeborenen dieser Insel«, erläuterte der Schiffsarzt Anderson seinen Kameraden in der Messe Cooks Entschluss. »Verdienen das kostbare Geschenk Seiner Majestät nicht, denn sie wüssten doch nichts damit anzufangen. Nicht einmal unser Brot schmeckt ihnen – und dabei ist es doch wirklich erst ganz, ganz wenig muffig, nicht wahr! Es wäre doch schade, wenn man kulinarisch so ungebildeten Leuten unsere lebenden Beefsteaks und Hammelkoteletts überließe, an denen wir doch alle so viel Freude gehabt haben.«

Anderson hatte an den Eingeborenen Vandiemenslands überhaupt viel auszusetzen. Nach seiner Meinung redeten sie eine ganz unverständliche, zwitschernde Sprache, die auch der tahitische Dolmetscher Omai, den man an Bord hatte, nicht zu übersetzen verstand. Sie besaßen keine festen Behausungen, sondern behalfen sich mit Zweighütten und ausgehöhlten Bäumen. Auch ihre Bewaffnung war äußerst dürftig.

Auf Neuseeland, an dem alten Rastplatz der Expeditionen Cooks im Königin-Charlotte-Sund, begab sich dann wieder das gleiche Spiel mit dem lieben Vieh. Hier aber konnte man doch wenigstens einige Schafe und Ziegen an Land zurücklassen. Und so ging es denn von Hapai nach Tongatabu, von Namuka nach Eua, von Fidschi nach Tahiti: Man bootete das Vieh aus, ließ es weiden, lud es wieder ein. Manchmal musste man auch einige gestohlene Stücke mit List und Tücke den Eingeborenen erst wieder abjagen. Auf jeder Insel blieben zwar einige Tiere zurück, aber erst in Tahiti wurde man die unerwünschte Last endgültig los.

Cook und alle zur Viehpflege kommandierten Seeleute atmeten erleichtert auf, als der letzte Vierbeiner endlich an Land ging. Der »Viehtransport« war beendet. Die Gefährten fragten sich manchmal, warum Cook ihn so ernst nahm. Vermutlich sah er in diesem Auftrag des Königs etwas, das den Inseln großen Nutzen zu bringen vermochte, und es entsprach seinem Wesen, einen Auftrag, von dessen Sinn er überzeugt war, mit allem Eifer durchzuführen. Dieser Eifer setzte freilich voraus, dass der Kapitän sich den Sinn eines Befehls ganz zu Eigen zu machen vermochte. Hier lag die Grenze des Gehorsams bei ihm, und wer mit ihm umging – gleich ob als Vorgesetzter oder als Untergebener – lernte diese Gesetze bald schweigend respektieren.

Heiva

Blauer wurde die See, wolkenloser der Himmel, je mehr die Schiffe sich nordwärts segelnd den Archipelen näherten. Sie liefen Mangaia an und Atiu: Weiß stand die Brandung von dem goldroten Strand und dem stumpfen Grün der Palmenhaine; dunkelhäutige Menschen winkten lachend von der Küste und aus ihren Kanus herüber. Cook schickte kleine Kommandos an Land, doch die Inseln boten nicht, was man brauchte – eine ruhige Reede und genügend Lebensmittel.

Viele an Bord waren mit diesem vorsichtigen Hintasten an den Inseln vorbei gar nicht einverstanden. Der Ungeduld dieser Leute wurden erst Zügel angelegt, als man eines Tages plötzlich zweimal gegen unterseeische Riffe lief und die »Resolution« einmal am hellen Mittag durch eine jählings auffrischende Brise fast auf eine flache Korallenbank gedrückt wurde. Das Glück fügte es, dass in diesem Augenblick gerade alle Hände an Deck waren und sofort die Segel beschlagen und die Anker fallen lassen konnten. Leutnant King, während dessen Wache sich dieser Vorfall ereignete, wurde leichenblass und musste alle Geistesgegenwart aufbieten, um blitzschnell die nötigen Kommandos zu geben. Er zog sich zwar mit Glanz aus der heiklen Lage, doch der Schreck überwog die Freude daran für eine ganze Weile.

Der Kapitän aber sah auch dies Ereignis mit seiner gewohnten Ruhe an. »Auf dergleichen muss man gefasst sein, wenn man sich in unbekannten Meeren und noch dazu inmitten eines Gewirrs von Inseln und Klippen bewegt«, meinte er und lobte King für seine Geistesgegenwart. Freilich – für ihn war diese Situation nicht neu, denn er hatte sich auf jeder seiner Reisen in ähnlicher Gefahr befunden und wie manche alten Seeleute einen besonderen Sinn für solche Lagen entwickelt.

Erst die Insel Namuka im Tonga-Archipel erlaubte eine sichere Landung der schweren europäischen Boote. Hier auf Namuka gesellte sich mit dem Häuptling Finau der Expedition ein geschickter und wohl wollender Führer zu. Schon als Finau sich über die Reling schwang und auf Cook zuschritt, wurde deutlich, dass dieser Mann nicht irgendein gewöhnlicher Eingeborener war, sondern ein Häuptling. Äußerlich freilich unterschied er sich wenig von seinen Stammesgenossen. Sein Haar war voll und schwarz, sein goldbrauner Oberkörper kräftig mit schönen, waagrechten Schultern und wohlgebildeten Armen, sein Gesicht regelmäßig und ernst, solange es unbewegt war. Sein freier, gemessener Gang aber und der ruhige, fast feierliche Anstand der Begrüßung, als er vor Cook stand, zeigte den Rang dieses Mannes und dass er sich dieses Ranges auch vor dem weißen Kapitän voll bewusst war.

Weder Unterwürfigkeit noch übertriebene Freundlichkeit sprach aus seinen Gebärden. Nur manchmal, wenn er mit seinen Begleitern sprach, glitzerte etwas wie Eitelkeit in seinen sanften Augen und schien zu sagen, dass er sich in der Rolle gefiel, die er den Gästen vorspielte: in der Rolle des Oberhauptes der Tonga-Inseln.

Cook nahm Finau so ernst, wie es sich schickte, und behandelte ihn in seinem Gegengruß halb wie einen Wohlwollen genießenden Gast, halb wie einen ranggleichen Würdenträger. Es war seltsam, wie derselbe Mann, der wenige Minuten zuvor noch mit der behaglichen breiten Ruhe des seebefahrenen Kapitäns in der Messe mit den Seinen das Mittagsmahl geteilt hatte, diesem tongaischen

Fürsten gegenüber die gemessene Würde eines Gesandten an den Tag zu legen verstand und damit den Besucher sofort für sich gewann.

Der Eindruck, den der Kapitän in dieser ersten Stunde auf den Häuptling machte, wirkte lange nach und ihm war es zu danken, dass Cook während des ganzen Aufenthalts auf den Tonga-Inseln niemals Unannehmlichkeiten erlebte. Wo er es nur vermochte, ebnete Finau den Gästen den Weg. So gestaltete sich der Aufenthalt auf dieser Inselgruppe für alle zu einer Zeit ungetrübter Freude und selbst Cook, der sonst Tahiti über alle anderen Südseeinseln stellte, ließ Tonga volle Gerechtigkeit widerfahren. Für ihn freilich hörten auch während dieser Wochen Wachsamkeit und Sorgfalt nicht auf und er hatte wohl kaum einen Tag wirklicher Sorglosigkeit für sich.

Finau führte Cook zunächst zu der Insel Hapai: Dort finden sich ein guter Hafen und an Land Schweine, Geflügel und Früchte im Überfluss. Cook hätte lieber Tongatabu angelaufen, das er von der letzten Reise her kannte, doch Finau riet von diesem Plan mit auffallendem Eifer ab. Schließlich gab der Kapitän nach, weil Hapai bisher noch nicht von Europäern besucht worden war. Auf der Insel erwies sich, dass Finau nicht zu viel versprochen hatte: Die Gäste wurden festlich empfangen und die Lebensmittelvorräte der beiden Schiffe ergänzten sich aufs Angenehmste. Gastgeber wie Gäste wetteiferten in diesen Tagen darin, sich gegenseitig in Aufmerksamkeiten und Unterhaltungen zu überbieten.

Einzelgefechte mit Palmblattkeulen, Box- und Ringkämpfe wurden von den Eingeborenen am Strand gezeigt und es war ein wahrhaft schönes Bild, wie die gewandten, gut gewachsenen Gestalten sich in raschen und doch gefälligen Bewegungen vor dem blauen Spiegel der See darstellten. Die Ring- und Boxkämpfe unterschieden sich nicht wesentlich von den Kämpfen gleicher Art in England, arteten jedoch niemals in Roheiten aus. Jeder Kämpfer tat sein Bestes und unterwarf sich schweigend dem Urteil des aus einigen alten Männern bestehenden Kampfgerichts.

Die Gäste revanchierten sich für diese Darbietungen mit einem Schauexerzieren der Seesoldaten. Ganz ohne Hintergedanken zeigte Cook nun freilich diese Schaustellung seiner Waffenüberlegenheit nicht. Er ließ sich deshalb auch nicht anmerken, dass er recht gut einsah, wie wenig das maschinenmäßige Exerzieren an Anmut mit den sportlichen Übungen der Eingeborenen wetteifern konnte.

Die Gastgeber antworteten auf das soldatische Schauspiel sofort mit einem Tanz, der an Anmut und Genauigkeit alles Gebotene weit übertraf, wie die Gäste neidlos zugestanden. Über hundert Männer führten einen kunstvollen Reigen vor, dessen Figuren sich ohne den geringsten Fehler zusammenfanden und auflösten und von einem so sanften, bezwingenden Rhythmus getragen wurden, dass die Gäste des Lobes voll waren. Dieser Tanz übertraf alle Ballettpantomimen daheim in England und hätte jedem europäischen Theater zur Zierde gereicht; darin stimmten alle überein. Die Eingeborenen sahen die Begeisterung ihrer Gäste mit offener Freude und waren stolz auf ihren Sieg.

Aber noch waren Cooks Leute nicht am Ende ihrer Künste; sie stellten ihren Gastgebern für den Abend ein noch großartigeres Schauspiel in Aussicht. Geheimnisvoll gab man dies Finau und den Dorfhäuptlingen zu verstehen und erreichte damit, dass sie dem Abend gespannt und neugierig entgegenwarteten.

Bei Anbruch der Nacht – der Mond war noch nicht aufgegangen; nur eine leise Helligkeit am östlichen Horizont kündigte ihn bereits an – erwartete eine große Menge unter den Palmen am Strand leise plaudernd und lachend das angekündigte Schauspiel. Hinter einigen Gebüschen sah man einen Unteroffizier der Seesoldaten mit etlichen Gehilfen geheimnisvoll an allerlei Stangen und Gerüsten hantieren. Plötzlich unterbrach ein dumpfer Kanonenschlag das Geplauder und sprühend stieg die erste Rakete des Feuerwerks in den silberbestirnten dunkelblauen Nachhimmel, wo sie mit grellem Knall zerplatzte und eine Sternenwolke auf die Bucht herabregnen ließ. Ein Feuerrad wirbelte empor; neue Raketen folgten und regneten bald bunte Leuchtkugeln, bald Sterne herab; bengalische Feuer tauchten den Strand in geisterhaft blaues oder grünes Licht oder ließen das Meer blutrot aufglühen; Wasserschwärmer zischten hüpfend, feurigen Vögeln gleich, über den dunklen Spiegel der Lagune und darauf endete das Schauspiel mit einer letzten Sternenwolke, die auf den in rotem Feuer glühenden Strand herabsprühte. Dann lag wieder Nacht, nun doppelt sanfte dunkle Nacht über Strand und See – stiller und schattendichter als zuvor, bis der Mond heraufstieg und alles mit seinem Licht überflutete.

Die Eingeborenen waren von Staunen überwältigt und gewannen nur langsam ihre sonstige kindliche Lebhaftigkeit zurück. Dann aber sparten sie nicht mit Beifall und Lob und gaben zu verstehen, wie sehr die Gäste sie mit diesem Schauspiel überrascht hatten.

Doch Finau und seine Landsleute gaben sich noch nicht geschlagen. Auch sie hatten für diesen Abend eine Überraschung vorbereitet. Erst wurden Feuer um eine runde Lichtung zwischen den Palmen angezündet und dann begann ein Heiva, wie ihn auch die Südseekundigen unter den weißen Gästen noch nicht erlebt hatten. Sanfte rhythmische Musik von Rohrflöten und Trommeln, getragen und gestützt vom gedämpften, schwingenden Pochen im Takt auf die Erde gestoßener Bambusstäbe leitete das Schauspiel ein; wiegender, leiser, sanft ansteigender Gesang flocht sich ein. Dann traten die blumengeschmückten Tänzerinnen auf. Ihr Tanz war ein fließendes Gleiten und Schwingen blühender Büsche, die sich in leichtem Wind wiegen. Männer lösten nach einer gesangerfüllten Pause die Mädchen ab. Straffer Rhythmus regierte ihren Tanz; aber auch er offenbarte Anmut und Leichtigkeit. Ein würdevoll gemessener Reigen der Inselhäuptlinge, von Finau angeführt, beschloss das Schauspiel.

In diesen Tänzen offenbarte sich das Geheimnis der Südsee selbst für den Nüchternsten. Dies Geheimnis hieß: Einheit von Kreatur und Geist. Die Inselmenschen tanzten es ihren europäischen Gästen in dieser Nacht vor.

So festlich und bunt wie dieser waren die folgenden Tage natürlich nicht. Der Expeditionsalltag forderte wieder sein Recht, und dass er es erhielt, darüber wachte der Kapitän mit unnachsichtiger Strenge. Die Vorräte mussten gründlich gelüftet und ergänzt werden. Das Schiff wurde vom Krähennest bis zur Bilge gesäubert, alles Segel- und Tauwerk auf dem Strand in der Sonne ausgebreitet und dem Wind ausgesetzt, damit es nicht stockig und brüchig werde. Alle Handwerker – Schmied, Zimmermann und Segelmacher – erhielten genug Arbeit und überall im Schiff roch es nach der Farbe, mit der die Eisen- und Holzteile gegen Rost und Fäulnis geschützt werden sollten. Kurzum, weder Offiziere noch Mannschaften hatten Zeit, müßig zu sein, mochte auch die Luft noch so weich und lockend über das Deck streichen.

Das Menschenopfer

*N*ach dem Abschied vom Tonga-Archipel segelten die Schiffe einige Wochen zwischen den Inseln dahin, bis Cook die Bucht von Matavai ansteuerte – jene Bucht der Insel Tahiti also, die er bereits während seiner ersten beiden Südseefahrten besucht hatte. Die alten Freunde vergangener Jahre kamen an Bord, voran König Otu und der Häuptling Tauha. Cook wurde von ihnen wie ein heimkehrender Bruder begrüßt. Es entging ihm jedoch nicht, dass auf der Insel Spannungen bestanden und Unruhe herrschte.

Krieg war ausgebrochen zwischen Matavai und Eimeo, wo sich der Häuptling Maheine gegen die Oberherrschaft von Matavai erhoben hatte. Im Bereich des Königs Otu aber herrschte keine Einigkeit darüber, wie diesem Aufstand zu begegnen sei. Während der alte Raufbold Tauha für ein scharfes Vorgehen stimmte, schien Otu eher zum Verhandeln geneigt.

Bald nach der Ankunft Cooks zog Tauha mit einem Teil der Kriegskanus von Matavai zu Felde und kaum hatten sie die Bucht verlassen, da schien die Bevölkerung Krieg und Kriegsgerede vergessen zu haben und die Anwesenheit der weißen Gäste stand wieder ganz im Mittelpunkt ihres Daseins. Nach wenigen Tagen aber flammte die kriegerische Erregung aufs Neue auf: Tauha nämlich schickte Nachricht, er sei in Bedrängnis, und forderte Verstärkungen an. Otu jedoch zögerte den Rest seiner Kriegskanus auslaufen zu lassen. Ein Kriegsrat wurde einberufen und Cook dazugebeten. Man wollte ihn dazu bringen, mit seinen Waffen Otu zu unterstützen, doch getreu seinem

Grundsatz, sich in das innere Leben der Inseln so wenig als möglich einzumischen, lehnte der Kapitän dieses Ansinnen ab. Der Kriegsrat machte das weitere Handeln von einem Menschenopfer abhängig, das an einem der nächsten Tage dargebracht werden sollte, um den Gott günstig zu stimmen.

Cook glaubte einen Schauer aus fernen Urtagen der Menschheit zu spüren, als er von dem bevorstehenden Menschenopfer hörte. Er war arglos, wenn auch immer wachsam mit den Menschen dieser Inseln umgegangen, hatte Freundschaft geboren und genommen und man war einander so nahe wie möglich gekommen, sodass man meinen durfte, nur Hautfarbe und Sprache scheide den einen vom andern. Nun aber tat sich unversehens ein Abgrund auf und er fühlte schaudernd, wie fremd dieses Volk doch war; es stand dem dunklen Ursprung der Menschheit und seinen Dämonen näher, als er oft hatte glauben wollen. Lange mochten diese Dämonen in ihrer Brust dicht an der Grenze des Vergessens geschlummert haben. Nun aber hatten die Zeichen des Krieges sie wieder geweckt wie Schatten, die Lebensblut trinken durften. Dafür sprachen die vielen frischen Schädel, die Cook am Morgen des Opfertages auf dem Marai sah, der der Schauplatz der Opfer sein sollte. Dies Opfer war also nicht das erste.

In bedrücktem Schweigen schritten Cook und seine Gefährten zu dem Opferplatz – wie Männer, die Zeugen einer Hinrichtung sein sollten. Otu, die Häuptlinge und die Priester warteten bereits am Strand nahe dem Marai. Das Opfer lag in einem kleinen Kanu auf dem Sand, halb noch vom Meer bespült – gleichsam, als habe die Flut den Geopferten ans Land geworfen. Es war eine beklemmende Stille über der ganzen Bucht. Keiner der Anwesenden sprach und selbst der Lärm der Vögel in den Büschen schien verstummt.

Die Priester hoben den Leichnam auf und trugen ihn zum Marai, wo sie ihn zu Füßen des Königs niederlegten. Feierlich langsam und immer noch schweigend umschritten sie darauf mehrmals das Opfer und den König, bannten die beiden auf diese Weise in einen Kreis und sonderten sie von den anderen Menschen ab. Endlich hielt dieser stumm wandelnde Kreis inne und der älteste der Priester erhob seine Stimme zu einem Gebet, in das seine Gefährten von Zeit zu Zeit einstimmten. Alle andern verharrten reglos.

Noch während das Gebet andauerte, beugte sich der Priester zu dem Toten hinab, schnitt mit einer scharfen Muschel ein Büschel Haare von dessen linker Schläfe und nahm das linke Auge aus seiner Höhle. Er wickelte jedes für sich in ein grünes Blatt und führte dies an des Königs Lippen. Dann löste sich der Kreis auf, der König trat zurück und stellte sich neben den Kapitän. Nur das Opfer blieb einsam auf seinem Platz liegen. Zu seinen Füßen hockte sich jetzt der älteste der Priester auf die Erde nieder und barg sein Gesicht in den Händen.

In diesem Augenblick schrie ein Königsfischer in dem Wipfel einer nahen Palme seinen gellenden Schrei aus. »Das ist der Gott«, flüsterte Otu dem Kapitän zu; er schien dies als ein gutes Vorzeichen zu deuten. Auch der Priester bei dem Toten hob bei dem Vogelschrei sein Gesicht aus den bergenden Händen und begann den Toten in singendem Ton anzureden. Bald laut und herrisch, bald leise murmelnd und beschwörend wie die Wellen des Meeres flossen seine Worte über das Opfer hin. Welche Weisung gab der Priester der Seele des Toten auf ihrem Weg zum Atua mit? War es nur die Bitte, den feindlichen Häuptling

mit all seinem Besitz Otu in die Hände zu liefern? War es
ein tieferes Gebet, das die Seele geleiten sollte? Die Weißen verstanden zu wenig von der Landessprache, um es
sich ganz zu deuten. Nur das Heben und Senken der Stimme nahm sie gefangen, die sich mit dem Wogenrauschen
der See seltsam vereinte, und das tiefe Schweigen ringsum. Die Welt schien leer und stumm um das Opfer zu krei-
sen. Auch der Königsfischer erhob seine Stimme nicht wieder. Es war, als versage die Natur der Beschwörung, die
wie ein Bann über Mensch und Land lag, ihre erlösende
Stimme.

Als das Gebet beendet war, umhüllten die Priester den
Leichnam mit Otus Königsmantel aus gelben und roten Papageienfedern und betteten ihn auf einen vorbereiteten
Holzstoß. Tote Vögel und Fische wurden ihm beigegeben
und noch einmal umkreisten die Priester feierlich schrei-
tend den Scheiterhaufen. Dabei murmelten sie Gebete
und wandten sich mit seltsam feierlichen Gebärden bald
dem König, bald dem Opfer zu – gleich als ob sie mit Wort
und Gebärde die Verbindung der beiden immer wieder be-
schwören müssten. Dann wurde der Tote der Königsinsig-
nien wieder entkleidet und der Holzstoß in Brand gesetzt.
Sobald die Flammen aufloderten, entfernten sich außer
den Priestern alle der Opferhandlung Beiwohnenden. Die
Europäer atmeten erlöst auf.

Cook gab nun den Häuptlingen sein Staunen und seine
Empörung über das ihn so nutzlos anmutende Morden eines Menschen im Dienste eines zweifelhaften Orakels zu
verstehen. Die Häuptlinge waren höflich genug nicht zu
widersprechen, da sie sahen, dass es den Gästen mit ihrer
Empörung ernst war; ihren Mienen aber und mehr noch
ihrem Verstummen war anzumerken, dass die Weißen
tauben Ohren predigten.

Dass durch das Menschenopfer das tatkräftige Eingreifen hinausgezögert wurde, entschied aber in Wirklichkeit
den Krieg. Tauha musste vor Maheine die Waffen strecken
und einen Vertrag schließen, der Eimeo die Selbstständig-
keit zurückgab. Und nun zeigte sich, dass Otu klug daran
getan hatte, die restlichen Kriegskanus zurückzuhalten
und Tauha zu misstrauen. Der rauflustige Häuptling ließ
ihn nämlich wissen, er werde sich mit den Leuten von Tie-
rabu und Maheine zusammentun und Otu verjagen – zur
Strafe für sein Zögern, das allein die Niederlage verschul-
det habe. Der König nahm diese Drohung im Hinblick auf
seine Kampfreserven gelassen auf. Die Streitenden einig-
ten sich denn auch, und als Cook die Insel verließ, schienen die Bewohner den Krieg bereits völlig vergessen zu
haben.

Omai

Auf Huaheine – einer der Nachbarinseln von Tahiti – trennte sich Omai, der eingeborene Dolmetscher der Expedition, von ihr und nahm damit Abschied von dem größten Abenteuer seines Lebens. Er hatte drei Jahre unter Europäern zugebracht, war mit der »Adventure« seinerzeit nach England gesegelt, hatte London gesehen und war dort von Herren und Damen als Kuriosität und Einwohner des irdischen Paradieses gebührend bestaunt und verwöhnt worden. Der Expedition hatte er bisher manchen guten Dienst geleistet und war wegen seines freundlichen und offenen Wesens bei allen an Bord beliebt. Omai wurde der Gedanke an den Abschied schwer. Dennoch musste es sein, denn ihn noch weiter mitzunehmen hätte bedeutet ihn für immer zu entwurzeln. Dieses Schicksal wollte Cook ihm ersparen.

Der Kapitän fürchtete ohnehin, der lange Umgang mit Weißen möchte Omai seinen Stammesgenossen mehr entfremdet haben, als sich noch ausgleichen ließ. Es war daher Cooks Wunsch, ihn durch eine geachtete Stellung wieder ganz in das Leben seines Volkes einzugliedern und ihm so seine Dankbarkeit zu zeigen. Omai aber machte es dem Kapitän nicht eben leicht, dies zu erreichen.

Je näher er seiner Heimat kam, umso weniger war er den gut gemeinten Ratschlägen und Plänen Cooks zugänglich. Diesem nämlich erschien es nicht ratsam, Omai auf seiner Heimatinsel Tahiti ansässig zu machen. Er sah voraus, dass sein Gefährte, der nicht der Klasse der Vornehmen entstammte, sich dort nur so lange in Ansehen halten könne, wie Cook hinter ihm stand. Omai freilich sah dies nicht vor

sich; je mehr sich die Schiffe Tahiti näherten, umso genie-
ßerischer schwelgte er in der Vorstellung, wie er seine
Landsleute mit Geschenken und Erzählungen überraschen
und verblüffen würde, und dachte nicht daran, dass Geschenke rasch erschöpft sind und Erzählungen bald bekannt und abgestanden wirken.

Im Übrigen schienen selbst seine nächsten Verwandten
von seiner Rückkehr keineswegs überrascht, ja nicht einmal erfreut zu sein. Er wurde so kühl und flüchtig begrüßt,
als sei er nur eben für einige Tage auf einer Nachbarinsel
gewesen. Und als er von seinen Erlebnissen zu erzählen
begann, wollte ihm niemand zuhören; ja, man gab ihm zu
verstehen, dass man ihn für einen Aufschneider hielt.
Kleinlaut und kläglich schlich der gute Omai an diesem
Tag durch das Schiff und verzichtete sogar darauf, an Land
zu gehen. Auch als er seinen Verwandten am nächsten Tage den Inhalt der Kisten zeigte, die mit Geschenken aus
England gefüllt waren – mit Werkzeugen, Nägeln, Klei-
dungsstücken und Geschirr –, gelang es ihm nicht, ihr
Herz zu rühren.

Erst als er jedem ein paar rote Papageienfedern, die ihm
sein Freund Finau auf Tonga besorgt hatte, schenkte und
zu verstehen gab, er besitze noch viele davon, öffneten
sich ihm alle Herzen, und auf einmal war er lieb Kind und
ein jedes seiner Worte glaubwürdig.

Er selbst vergaß darüber sogleich den schnöden Empfang und hatte nichts anderes mehr im Sinn, als jeden seiner Landsleute glücklich zu machen. Wahllos gab er jedem, der einen Wunsch äußerte oder ihm mit ein paar
freundlichen Worten schmeichelte. In dem Gefühl, von allen geliebt und geachtet zu werden, hatte er für Cooks
Plan, ihn auf einer anderen Insel anzusiedeln, natürlich
kein Gehör mehr. Liebten ihn denn seine Landsleute nicht

herzlich? Konnte irgendein Land, das große Pretani dort im fernen grauen Norden nicht ausgenommen, ihm so viel Freundschaft und Ansehen bieten wie Tahiti? Waren ihm hier nicht bereits ein halbes Dutzend Mädchen zur Ehe angeboten worden?

Mit diesen Fragen überschüttete er den Kapitän, als dieser ihn an den Ansiedlungsplan erinnerte.

Es seien aber alles nur Tautau, also Leute niederer Klasse gewesen, die sich um ihn gedrängt hätten, gab ihm Cook zu bedenken. Von den Eri, den Vornehmen, habe sich noch keiner eingefunden. Wenn Omai auf Tahiti zu bleiben gedenke, müsse er jedoch die Eri für sich zu gewinnen suchen – vor allem den König Otu. Ob er diesem nicht den schönen Mantel aus Vogelfedern schenken wolle, den Leutnant Gore in Hapai für ihn erstanden habe? Und ob er nicht seine Kostbarkeiten lieber für andere Häuptlinge aufsparen wolle?

Omai sah das Zweckmäßige dieses Vorschlags ein, wenn das Sparen auch nicht nach seinem Sinn war. So brachte er es denn am Ende auch nicht fertig, auf seiner Heimatinsel wieder festen Fuß zu fassen, denn er beging Torheit über Torheit. Er trennte sich zwar von dem Federmantel; statt ihn jedoch selbst zu Otu zu bringen, bat er ausgerechnet einen besonders durchtriebenen Dorfhäuptling um diese Gefälligkeit. Dem stach das Prachtstück natürlich viel zu sehr in die Augen, als dass er den Auftrag ehrlich ausgeführt hätte. Zunächst ließ er sich selbst tagelang in dem Mantel sehen und dann erst rang er sich dazu durch, Otu wenigstens einen schmalen, zu einem Gürtel gerade noch ausreichenden Streifen davon zu schicken. Der Inselklatsch aber hatte dem König selbstverständlich inzwischen zugetragen, Omai habe jenen Häuptling mit einem kostbaren Mantel beschenkt. So wirkte der Gürtelstreifen eher noch schlimmer, als wenn Otu völlig übergangen worden wäre.

So brachte sich Omai um die Möglichkeit, dank seinem Reichtum und dem Ruhm der Weitgereistheit in seiner Heimat Tahiti ein angesehener Mann zu werden. Am Ende war er ganz einverstanden damit, dass der Kapitän den Rest seiner Schätze verschloss und versprach ihm auf Huaheine einen Wohnsitz zu schaffen. Dort spielte er dem Kapitän dann freilich beinahe noch einmal einen Streich.

Der Kapitän hatte die Häuptlinge der Insel zu sich eingeladen, um mit ihnen über die Unterbringung Omais zu verhandeln. Die Insel-Granden erschienen zu dieser Unterredung ziemlich bedrückt und legten Cook die ganze Insel als Geschenk zu Füßen. Der konnte sich schon denken, dass dieses übertriebene Entgegenkommen von Angst diktiert sei. Gleichwohl ging er auf den Ton ein, bedankte sich geziemend, schenkte den Häuptlingen die Insel gleich wieder unter Dreingabe einer Anzahl von Beilen und Nägeln und bat sich nur das schon vorher für Omais Wohnstätte ausgewählte Stückchen Erde aus. Die Bedrücktheit der Häuptlinge verwandelte sich daraufhin in Dank und Freude und sie versprachen feierlich Omai in ihre Mitte als Eri aufzunehmen und als Freund Cook stets in Ehren zu halten.

Ein langes Gesicht machte dazu nur Freund Omai; und nun stellte sich heraus, dass er der Verhandlung auf seine Weise vorgearbeitet hatte. »Kanone dreimal paupau«, hatte er den Häuptlingen eröffnet, »dann Omai König von Huaheine!«

Das hatte die Häuptlinge so eingeschüchtert, dass sie bereit waren ihre ganze Insel zu verschenken. Freund Omai hatte darauf spekuliert, Cook werde dies Geschenk annehmen und ihm dann überlassen, was und wie viel er zu nehmen geruhen werde; und dabei gedachte er dann wohl nicht allzu bescheiden zu verfahren.

So wäre es ihm auf Huaheine fast gelungen, sich von vornherein in eine schiefe Stellung zu bringen, denn vermutlich hätten sich die Häuptlinge diesen maskierten Raub nur so lange gefallen lassen, wie die Segel der »Resolution« noch sichtbar waren. Das Wohlwollen der Häuptlinge erkaufte sich Omai auf Cooks Rat damit, dass er all seine Kostbarkeiten unter sie verteilte. Omai bekam Haus und Ackerland und hielt mit Hund, Schwein, Schaf, Kuh, Katze und Kaninchen, Truthahn und Pfau Einzug. Der Kapitän ließ ihn auf seinem Land allerlei europäische Gemüse ansäen und legte ihm die Sorge für die Tiere noch einmal dringlich ans Herz, denn nach seiner Absicht sollte Omai auf diese Weise weiterhin als Dolmetscher zwischen Europa und Polynesien wirken und seine Landsleute in der Behandlung von eingeführten Tieren, Pflanzen und Werkzeugen unterweisen.

Omai war vor seinen Reisen im Grunde ein sehr genügsamer Mensch gewesen. Aber seit er Europäer kennen lernte, brannte eine leichte Beunruhigung in seinem Herzen! Sie hatten ihm gezeigt, wie man schneller und dauerhafter mit besseren, widerstandsfähigeren Werkzeugen arbeitet; durch sie hatte er festere, größere Schiffe und Boote kennen gelernt und allerlei vergänglichen Tand, für den er wie alle seine Stammesgenossen so sehr empfänglich war. Das alles würde er nie vergessen können, würde es, wenn er es nicht hatte, immer wieder herbeiwünschen.

Die Europäer hatten diese Bedürfnisse, die seine Umwelt allmählich veränderten, in ihm geweckt. Nun waren sie auch verpflichtet ihnen Genüge zu tun. Dies jedenfalls war Cooks Meinung und er hegte die Hoffnung gelegentliche Besuche europäischer Schiffe würden genügen, um die Inseln mit all den Dingen zu versorgen, mit denen die Weißen sie bekannt gemacht hatten. Schon damals begannen Steinbeile auf jenen Inseln, vor allem aber in Tahiti und seiner Nachbarschaft, selten zu werden und die Meißel aus Knochen oder Stein wurden mehr und mehr durch lange Nägel verdrängt. Dies galt auch für andere Dinge des täglichen Bedarfs.

Manchmal freilich fürchtete Cook, aus ersten kleinen Bedürfnissen würden bald neue größere erwachsen, nach und nach alle Inseln ergreifen und sie in das Getriebe des europäischen Handels ziehen. Und am Ende würde dies alles Glück und alle schöne, starke Eigentümlichkeit dieser Inseln fressen, denn ein sich ausbreitender Handel würde europäische Niederlassungen nach sich ziehen. »Und« – so vertraute er seinem Tagebuch sorgenvoll an – »solche Niederlassungen unter ihnen, gehandhabt wie die meisten europäischen Niederlassungen unter Eingeborenen, werden ihnen bald Grund genug geben zu beklagen, dass unsere Schiffe sie überhaupt gefunden haben, denn sie würden das Ende ihrer Freiheit bedeuten.«

Mit solchen Gedanken nahm Cook Abschied von dem treuen Gefährten Omai. Er – dessen war Cook sicher – würde an die weißen Männer noch ohne Hass und Furcht, mit Liebe und Achtung denken, wenn seine Gedanken übers Meer hinwanderten.

Die Weite des Ozeans

Aufs Neue tat sich die Weite der See vor den Schiffen der Expedition auf und Segeln! Segeln! wurde die Parole von Tag zu Tag, von Woche zu Woche.

Statt der sanften, tahitischen Rohrflöte das scharfe Trillern der Bootsmannspfeife: Welch ein Sturz aus heiterem Himmel! Es dauerte diesmal lange, bis der Mannschaft der Schiffsalltag wieder schmeckte. Erst als man den Äquator schon lange überquert hatte, fand die Freiwache abends auf der Back wieder Lust zu ihren Lieblingsliedern und »Rolling home« und »Black-eyed Susan« kamen wieder zu Ehren.

Segeln! Segeln! In den ersten Tagen nach dem Abschied von Tahiti freute sich an Bord wohl nur einer daran: der Kapitän! Während der Inseltage war er ganz angespannte Wachsamkeit gewesen. Nun sog er mit tiefem Behagen die salzige Brise der freien, weiten See ein und gab sich heiter und unbeschwert wie selten sonst.

»Wann ist dem Meergeschöpf am wohlsten? Wenn es schwimmen darf! Und was ist der Seemann? Ein Amphibium, ein Meergeschöpf!«, neckte er Leutnant King, seinen Ersten Offizier, der von Tahiti auch nur ungern Abschied genommen hatte. »Guter Wind und volle Segel und ein seetüchtiges Schiff unter den Füßen: Das geht doch noch über alle Heivas und Wahinas!« King wurde rot – wohl wegen der Anspielung auf die Wahinas – und Cook ging lachend über das Brückendeck mit wiegendem Seemannsschritt: der richtige *old fashioned sailor,* der sich an Land immer ein wenig als Fisch auf dem Trockenen fühlt. Diesen Cook gab es nur auf See und keiner der Londoner Herren lernte ihn je so kennen. Breit, derb und fest, in lockerer Haltung saß er in diesen Tagen des freien, unbehinderten Segelns nach dem Essen bei seinen Offizieren am Tisch der Messe, stopfte sich behaglich seine Pfeife und klönte fahrensmannmäßig umständlich und vergnügt von seinen Fahrten und Erfahrungen oder ließ sich von den anderen erzählen.

Er kam ihnen in diesen Wochen auf See so nahe wie nie zuvor. Hier spürten sie, dass seine Strenge nur ein Attribut des außerordentlichen Auftrags war, der ihm bei jeder Reise anvertraut wurde, und dass eben diese Strenge und der Geist der Pflichterfüllung ihn vor der Verlockung des Abenteuerlichen schützten, das so nahe neben dem Auftrag wohnte. Einmal wagten sie es sogar auszusprechen, dass er Pflicht und Alltag der Expedition nach ihrer Meinung allzu sehr vor dem Außerordentlichen betone. »Wir sind doch Seeoffiziere und keine Frachtkutscher!« Da lachte er und sagte gelassen: »Ihr Grünschnäbel, wenn man die dreißig einmal überschritten hat, dann beginnt man zu fühlen, dass das Leben ohne die Begrenzung durch Pflicht und Alltag Gefahr läuft, wie Rauch im Wind zu vergehen. Ohne Maß und Begrenzung gäbe es überhaupt keine Stetigkeit in unserem Dasein und jeder Schritt würde zum Abenteuer. Aber nicht das Abenteuer, sondern stetiges Voranschreiten zu einem Ziel – das ist das Beste, was ein Mensch haben kann. Das Abenteuer führt meist in die Irre und frisst unsere besten Kräfte. Auf See wie überall im Leben taugen auf die Dauer nur die Stetigen, die sich von ihrem Ziel nicht abbringen lassen. Darauf sollte jeder achten, der eine Mannschaft auszuwählen hat.«

»Aber es ist schwer, den Menschen ins Herz zu sehen und selbst von dem Mutigsten im Voraus zu wissen, wie er sich im Augenblick äußerster Gefahr verhält«, wandte Leutnant Gore ein.

»Eben deswegen muss man Vorsorge treffen, dass die äußerste Gefahr nicht eintritt«, antwortete Cook lebhaft und man spürte, er sprach mit diesem Wort ein Bekenntnis aus. »Das Schiff muss seetüchtig, die Mannschaft gesund und gut geübt sein und die Offiziere eines Schiffs müssen zuverlässig zu ihrem Kapitän stehen. Das alles muss schon klar sein, ehe sich der Anker aus dem Grund der heimatlichen Gewässer hebt. Man darf es nicht auf ein Ungefähr ankommen lassen: immer klare Ziele anstreben, deutlich abgrenzen, damit man unbeirrbaren Schritts und ruhigen Blicks den Gefahren entgegentreten kann, die sich immer einstellen werden, wenn man sich ins Unbekannte begibt.«

Wusste er, dass er mit diesen Sätzen das Geheimnis seines Erfolgs enthüllte? Oder doch einen Teil dieses Geheimnisses? Der andere Teil konnte wohl nur heißen: Glück haben und ein gnädiges Schicksal; genauer als mit diesen Rätselworten Glück und Gnade lässt es sich wohl nicht bezeichnen. Die Frage aber mag wohl erlaubt sein, ob nicht gerade Cooks unermüdliches, unbeirrbares Streben, nichts dem Zufall zu überlassen, was Menschengeist und -kraft vorauszuplanen vermochte, am Ende doch die Gnade des Schicksals, das Glück, die Hilfe der Götter herbeizwang.

Es ergab sich wie von selbst, dass in diesen Tagen in der Weite des Pazifiks während der Gespräche in der Messe auch der Name Magellan fiel. Man kreuzte ja, bald nachdem man die Inselwelt der Südsee verlassen hatte, die Route seiner ersten Weltumsegelung, auf der er als erster Europäer den Stillen Ozean überquerte. Leutnant Gore, der Zweite Offizier der »Resolution« war es, der die Frage aufwarf, welchen Rang man wohl Cook neben Magellan zusprechen dürfe. Die anderen Offiziere waren durchaus bereit ihrem Kapitän den Vorrang zuzusprechen.

Cook selbst lehnte es ab, dass man ihn mit Magellan verglich. »Er hatte es in allem schwerer als ich«, sagte er. »Er musste sein Vaterland verlassen, um zu der Aufgabe zu gelangen, die ihm vorschwebte, und fand in der Fremde wohl kluge Leute, die ihn als Werkzeug zu benutzen versuchten, nie aber selbstlose Freunde. Und schließlich: Er hatte keine Mannschaft um sich, wie wir sie verstehen, sondern einen Haufen unbändiger Abenteurer.«

War er nicht zu bescheiden mit dieser Abgrenzung? Gewiss, die Zeiten hatten sich geändert seit Magellan; Nautik, Schiffbauweise, geografische Erfahrungen waren fortgeschritten; das gierige Hineinstürmen der Konquistadoren in unbekannte Bereiche der Erde hatte einem durchdachten, schrittweisen Suchen und Forschen Platz gemacht. Auch hat Magellan sich über tausend Widerstände hinweg seine große Entdeckungsfahrt erkämpfen müssen und Cook wurde von einer fast gleichmäßigen Strömung der Zeit wie der eigenen Entwicklung zu seinen Aufgaben hingetragen. Aber was die Tat selbst, die Fahrt ins Unbekannte anbelangt, darin gab Cook dem Portugiesen wenig nach: Sein Wagemut war nicht geringer, seine Leistung durfte sich mit der des anderen wohl messen.

Seine beiden Schiffe »Resolution« und »Discovery« waren die ersten, die den riesigen Stillen Ozean vom südlichen zum nördlichen Wendekreis durchsegelten. Befanden sie sich auf diesem Kurs nicht auf dem Wanderweg der Maoristämme der Südsee, deren Überlieferung von einem nordöstlichen Lande sprach, von dem sie abstammten und südwärts den Sternen folgend auswanderten und das sie Hawaiiki nannten? War dieser Name ein Anklang an den der Insel Hawaii und diese Insel tatsächlich das Ursprungsland aller Maoristämme? War es ein Zufall, dass Körperform, Sprache und Brauchtum auf Hawaii denen von Tahiti, Tonga und Neuseeland so nahe verwandt sind, obwohl doch Hawaii diesen Inseln so fern liegt?

Cook und seine Gefährten kannten die seetüchtigen Auslegerboote der Maori, wussten genug von ihrer Steuermannskunst, die sich recht gut nach den Sternen zu richten verstand, und von den Überlieferungen der Südseestämme, die erkennen ließen, dass diese nicht immer so beruhigt und sesshaft waren. So bereitete es ihnen Freude, das Rätsel von Ursprung und Wanderung der Maori hin und her zu wenden, ohne freilich seiner Lösung mehr als nur in Vermutungen näher zu kommen.

Diese Vermutungen tauchten auf, als sie die menschenleere, flache Schildkröteninsel, die sie Christmas Island nannten, und die Insel Oahu der Hawaii-Gruppe bereits hinter sich gelassen hatten. Zielstrebig steuerte Cook auf die Lösung seiner Aufgabe zu, die nordwestliche Durchfahrt im Norden Amerikas zu finden, und so blieb Segeln! Segeln! denn weiter die Parole für die beiden Schiffe.

Nie hatte vor ihnen einer erfahren, wie groß und wie weit dieser Ozean war, den die Geografen den »Großen«, den »Stillen« nannten! Seemeile um Seemeile, Breitengrad um Breitengrad legten die Kiele der Schiffe schäumend und rauschend zurück.

Wache auf Wache, Tag und Nacht, und Wind in den Segeln, und Kurs Nordnordwest: Segeln! Segeln! So heißt die Parole und die Durchfahrt das Ziel! Zwanzigtausend Pfund war die Durchfahrt England wert: Daran dachten sie, wenn der weite Horizont sie mit seiner Leere zu quälen begann! Zwanzigtausend Pfund für diejenigen, die diese Durchfahrt finden und damit den Weg nach Ostasien, nach Indien abkürzen! Segeln! Segeln! Und eines Tages wird das Meer, bisher so blau und tief wie Türkis, grün erst und trübe dann; Möwen umkreisen kreischend das Schiff. Und dann ertönt ein Schrei aus dem Krähennest: »Land! Land voraus!« Dunkel stieg das Land aus der See auf. Doch als sie sich kreuzend näher heranschoben, lockerte sich das Dunkel auf; Tannen und Fichten, Ahorn und Lärchen begrünten den grauen Fels. Wie silberne Blitze sprangen die Lachse in den Klippengewässern der Küste. Sie fühlten sich an Schottlands felsige Küste erinnert.

Wohl lagen sie für einige Tage in diesem Fjord und trieben Tauschhandel mit seinen Eingeborenen, aber dann ging es weiter. Wochenlang, monatelang kreuzten sie an der westlichen Küste des nordamerikanischen Kontinents entlang, schnüffelten wie Hunde an einem Kaninchenbau in jede Bucht, jede Flussmündung hinein. Fallböen und Stürme beutelten die Schiffe hin und her; Meeresdriften trieben sie vom Kurs ab; Flaute und Nebel suchten sie heim; das Lot und das Fernglas kamen nicht mehr zur Ruhe und die Mannschaft natürlich auch nicht.

Der Kapitän hatte längst alle Behaglichkeit wieder abgelegt; er gönnte sich kaum Ruhe in diesen Wochen und er durfte es wohl auch nicht, denn Erfahrung hatte ihn gelehrt, dass er sich nur auf die eigenen Augen verlassen konnte. Hinter jedem Kap konnte sich der Eingang zu der gesuchten Durchfahrt verbergen; jede Insel, jede Meeresströmung, Flussmündung musste so gut als möglich vermessen und kartografiert werden – zum Nutzen späterer Seefahrer an dieser Küste.

Aber er wurde nicht reizbar in diesen Wochen beständiger Anspannung – der Kapitän James Cook. Selbst wenn er schlief, schien seine Wachsamkeit doch nicht zu schlummern. Es geschah mehr als einmal, dass er mitten in der Nacht plötzlich auf der Brücke erschien und den Befehl zum Ankern gab. Seinem Befehl wurde widerspruchslos gehorcht, denn er war ja der Kapitän. Der wachhabende

Offizier jedoch fühlte sich blamiert und wütete innerlich gegen die Rücksichtslosigkeit des Kommandanten. Er hatte keinerlei Anzeichen von Gefahr bemerkt und nichts versäumt: Das Lot zeigte fünfundzwanzig Faden Wassertiefe und kein Brandungsgeräusch verriet irgendeine Gefahr. Und da kam der Alte an Deck, gab einen ganz unbegründeten Befehl, der dem Wachhabenden ins Kommando fiel, und kroch wortlos wieder in sein Bett! Hol ihn dieser und jener! Aber als der Tag graute, schämte sich der Offizier noch mehr – sowohl über seine Wut auf den Kapitän wie über seine eigene unbegreifliche Unachtsamkeit –, denn der Anker war auf zwanzig Faden Wassertiefe auf Grund gegangen, kaum sechzig Yards vor einer Felsbarriere! Es gab mehr als einen unter der Mannschaft, der in dieser Zeit kräftig gemault hatte: »Der Alte macht uns noch verrückt mit dem ewigen Loten und Ausguckposten und Segelmanövern bei der Nässe und Kälte!«

Aber nach diesen nächtlichen Ereignissen hörte das Maulen jedes Mal für eine gute Weile auf. Auch die Widerwilligsten fühlten Respekt vor der Wachsamkeit des Kapitäns, die tief bis in seinen Schlaf noch hineinreichte. Er aber verlor nach seiner Art nie auch nur ein Wort darüber.

Die Mannschaft hatte es freilich sehr schwer in dieser Zeit: segeln, beidrehen, backbrassen, loten, Ausguck halten – das wechselte fortgesetzt und dieser beständige Wechsel zerrte an den Nerven und Kräften. Und je mehr man in nördliche Breiten kam, umso kälter und nasser wurde das Wetter und setzte allen zu. Doch das Drei-Wachen-System sparte Kräfte und gewährte genügend Zeit zum Ausruhen; für trockene Kleidung war gesorgt und immer standen eine warme, kräftige Mahlzeit, ein heißes Getränk für die Freiwache bereit.

Nimmt man eine Karte zur Hand und schaut die Stationen der Suche Cooks nach der nordwestlichen Durchfahrt an, so kann man seiner Leistung den Respekt nicht versagen: Die Stationen heißen Nutka-Sund und Prinz-Williams-Bucht, Kodiak-Insel und Unalaschka, Norton-Sund und Bristol-Bai, Kap Prince of Wales und Nebel-Insel, Eiskap und Treibeisbarre auf 71 Grad nördlicher Breite. Er sah die rauchenden Vulkane der Alaskaküste mit ihren Schnee- und Gletscherhauben und die nebelverhangenen Inseln der Beringsee. Und als er alle Kaps und Buchten dieser Küste abgesucht hatte und bis zur Eisbarre im Polarmeer vorgedrungen war, da stand für ihn fest: Es gab keine Wasserstraße zwischen Hudsonbai und Pazifik, die für die Schifffahrt von Nutzen sein konnte. War sie überhaupt vorhanden, dann wurde sie fast das ganze Jahr hindurch von Eis versperrt. Amerika war also ein geschlossener Landblock und die Annahme einiger Geografen, Alaska sei eine Insel, erwies sich als Fehlschluss.

Nein, es war nun nichts mit den zwanzigtausend Pfund, es war auch nichts mit baldiger Heimkehr. Cook dachte auch noch gar nicht daran. Noch einmal wollte er im nächsten Frühjahr in den arktischen Gewässern die Suche nach der Durchfahrt aufnehmen. Und dann gab es an der amerikanischen Küste noch Gebiete, die er in diesem Jahr nicht genau hatte untersuchen können. Arbeit genug also noch und Cook – das wussten seine Leute – war nicht der Mann, eine Arbeit halb getan zu verlassen.

Als er den arktischen Gewässern endlich den Rücken kehrte, suchte er nach einem Winterquartier. Kamtschatka lockte ihn zunächst. Doch dann nahm er Abstand von diesem Plan; Kamtschatka im Winter hätte Brachliegen für viele Monate bedeutet. Er aber wollte auch die Wintermonate mit einer Aufgabe ausfüllen, die die Leistung seiner dritten Expedition abrundete. Japan, das er ebenfalls gern besucht hätte, schied aus, weil europäische Besucher dort sich nicht ungehindert bewegen konnten. So entschied Cook sich für die Gruppe der Hawaii-Inseln. Dort waren noch Entdeckungen zu machen; dort bot sich in einem milden Klima die Aussicht, die Schiffe ausreichend mit frischem Proviant zu versorgen.

Hawaii

Sturm jagte die Schiffe südwärts, nachdem sie die freie Weite des Pazifik wiedergewonnen hatten. Drei Tage lang warf er die »Resolution« und die »Discovery« hin und her, dann lieh ihnen der Passat seine breiten, milden Flügel und trug sie südostwärts. Das war ein anderes, glückhafteres Segeln in der blauen, lichterfüllten Weite des Ozeans als das Kreuzen an den nebelgrauen Küsten der Beringsee. Und es ging südwärts, den glücklichen Inseln zu; das machte alle an Bord froh, vom jüngsten Leichtmatrosen bis zum Kapitän.

Ja, auch Cook war besonders heiter in diesen Tagen, denn er freute sich, dass er Schiffe und Mannschaft heil aus den Breiten jenseits des Polarkreises zurückführte und einen tätigen, sonnigen Winter vor sich hatte. Der Gedanke, an der unter Eis und Schnee begrabenen Küste Kamtschatkas zu überwintern, war ihm ein Gräuel gewesen, mochten auch seemännische Bedenken dagegen sprechen, den Schiffen vor dem geplanten zweiten Vorstoß in die Arktis noch eine monatelange Ozeanfahrt zuzumuten.

Der stetige Passat trug die Schiffe südwärts und eines Morgens tauchten vor ihnen die Inseln der Hawaii-Gruppe auf, leicht und licht wie die rosigen Morgenwolken über dem blauen Spiegel der See. Dieses Bild erschien allen an Bord nach den nebelschweren öden Inseln des Nordens voller Verheißungen. Was tat's, dass bald Gewitterwolken aufstiegen und das freundliche Bild verdunkelten! Hier in diesen Breiten war man der lachenden Wiederkehr der Sonne gewiss!

Und wirklich lächelte die Sonne wieder, als die Schiffe

sich der Insel Maui näherten. Dieses Land hatte Cook nicht besucht, als er vor Monaten nordwärts segelte, und dennoch mutete es vertraut und fast heimatlich an. Es wirkte wie ein Spiegelbild Tahitis: Golden leuchtete der Strand hinter der schaumweißen Linie der Brandung und vor der stumpfgrünen Mauer der Palmenhaine. Auf ihren wendigen Booten schwärmten die Inselleute um die Schiffe und auf allen Decks hob ein buntes Jahrmarktstreiben an.

Mit angebrassten Segeln trieben die Schiffe an der Küste der Insel Maui entlang. Vermessungen wurden vorgenommen, Lotungen angestellt, aber landen ließ Cook nicht; er hoffte bald einen geeigneteren Hafen zu finden, als ihn Maui bot.

Weiter trieben die Schiffe, Maui blieb zurück und am andern Morgen leuchtete vor ihnen silbern das Haupt eines Berges: Die Insel Hawaii erhob sich vor ihnen aus der See, sanft zu einem vulkanisch anmutenden Berghaupt ansteigend, das von Schnee bedeckt schien. Oder war es die Asche eines Vulkanausbruchs, die den Gipfel so weiß färbte? Lauerte unter der stillen grünen Oberfläche dieses Landes ein kaum gebändigtes Feuer? Die Insel schien groß genug, die Schiffe mit Lebensmitteln zu versorgen, und von einer Bevölkerung besiedelt, mit der sich leicht ein gutes Einvernehmen herstellen ließ. Bot sie dazu noch einen guten Hafen, so sollte sie für einige Wochen der Rastplatz der Expedition sein.

Die Boote der Eingeborenen schwärmten auch hier bald heran. Mit Früchten, Fischen und grünen Zweigen winkten die Inselleute den Ankömmlingen zu. Der Kapitän ließ die Pinasse aussetzen und schickte den Steuermann Bligh aus, die Küste nach einem geschützten Ankerplatz abzusuchen. Das bunte, lärmende Treiben der Besucher an Bord begann und währte auch hier den ganzen Tag durch.

Kurz vor Sonnenuntergang kehrte Bligh von seiner Fahrt zurück. Er hatte einen günstigen Ankerplatz gefunden; Quellen waren in dessen Nachbarschaft und ein großes Dorf am Fuße eines Bergmassivs.

Am nächsten Morgen trug eine sanfte Brise die Schiffe in die gefundene Bucht hinein, die sich wie zu einer Umarmung vor ihnen öffnete. In sanften Stufen stieg das Land von der See her auf, grün und frisch, vom weißen Saum der Brandung gegen das blaue, lichtgesättigte Meer hin begrenzt. Wieder wie am Tag zuvor schwärmten die Kanuflottillen der Eingeborenen voll Gesang und Gelächter um die Schiffe herum.

So empfing Hawaii den Kapitän Cook, als er mit seinen Schiffen »Resolution« und »Discovery« in die Bucht von Karakakua einlief.

»Von seinen Menschenbrüdern schied O'Rono, der Sohn der Götter. Zornig war er, denn die Brüder spotteten über ihn und achteten seine göttliche Abkunft gering, weil seine Mutter nicht der Sippe der Eri entstammte. Südwärts fuhr er davon, einsam im leichten Kanu.

›Einmal kehr ich zurück! Weiß blüht die Insel, die schwimmend zu dir mich trägt, Land meiner Mutter, Berg meines Vaters. Dorthin kehr ich zurück, versöhnte Brüder zu finden. Aus der Versöhnung wächst Glück, Tod aus Feindschaft und Zorn.‹

Dies rief O'Rono vom Meer her scheidend der Heimat zu. Einmal kehrt O'Rono zurück, sich mit seinen Brüdern zu versöhnen, die ihn nicht achteten.«

Langsam ließ der Priester Kerikea die ausgebreiteten Arme sinken, die er während seines Gesangs zu Cook hin ausgestreckt hatte. Regungslos standen hinter ihm die Häuptlinge: Teriobu, das Oberhaupt von Karakakua, und Pariha und Kanina, seine beiden Toa-Toa (Krieger). Sie lie-

265

ßen kein Auge von Cook, der von seinen Offizieren umgeben nicht weniger starr und feierlich verharrte.

Nun trat Kerikea mit einigen schnellen Schritten vor:
»Du bist O'Rono«, rief er Cook zu und warf sich vor dem
Kapitän nieder, dessen Füße mit der rechten Hand berüh-
rend – eine Gebärde der Ehrfurcht und Unterwerfung, wie
sie sonst nur dem König erwiesen wurde. Nur einen Lid-
schlag lang duldete der überraschte Kapitän diese seltsame Huldigung, dann bückte er sich und hob den grauhaari-
gen Priester sacht empor: »Nicht als euer Herr, als Gast
und Freund komme ich zu euch«, sagte er, die wenigen
ihm völlig geläufigen Maori-Worte langsam aneinander
reihend. Hatte er überhaupt erfasst, welche Gestalt der
Priester in ihm sah, welche Macht dieser ihm zuspielen
wollte?

Die drei Häuptlinge machten keine Anstalten, Cook
ebenfalls so unterwürfig zu begrüßen wie der Priester.
Gleichwohl war in ihrer Begrüßung nichts Feindseliges:
Umarmung und Namenstausch zwischen Teriobu und
Cook verliehen der Begegnung alle Zeichen der Freundschaft und der kostbare farbige Federmantel, den der
Oberhäuptling dem Kapitän als Geschenk überreichte,
sprach ebenfalls für freundliche Gesinnung. Im Übrigen
machte Teriobu auf die Gäste den Eindruck eines alten
Trottels: Seine rot umränderten Augen und die Weißfle-
ckigkeit seiner Haut ließen darauf schließen, dass er dem
Kawa-Trunk mehr als heilsam zugetan war. Die beiden anderen Häuptlinge waren bedeutend jünger als ihr Anführer und legten eine ziemlich stolze Haltung an den Tag; sie
waren wohl nicht überzeugt, dass die Weißen Abkömmlinge des O'Rono seien. Nur einmal schmolz ihre steife Zurückhaltung: Als man ihnen beim Rundgang durch das
Schiff die Schmiede zeigte und sie sahen, mit welcher Ge-

schwindigkeit die Handwerker ein Stück Eisen in einen schönen langen Dolch verwandelten. Eisen schien ihnen kostbarer zu sein als dem Europäer Gold. Es war für sie wohl auch ebenso selten, denn Cooks Leute waren ja die ersten Europäer, die diese Inseln besuchten, und vorher fanden sie Eisen höchstens gelegentlich einmal an Treibholzstücken. So empfingen die beiden denn geschmeichelt die beiden Dolche, die Cook ihnen schenkte.

Nach dieser ersten Begegnung schienen alle Herzen in Karakakua gewonnen. Vor allem Kerikea war unermüdlich den Gästen Freundesdienste zu erweisen und Teriobu konnte natürlich nicht hinter ihm zurückstehen. Herden von Schweinen wurden den Schiffen zugetrieben, Berge von Früchten und Wurzeln zu den Booten gebracht. Tag für Tag waren die Schiffe von Besuchern überschwemmt, die Tauschhandel betreiben wollten, und wo sich einer von Cooks Leuten an Land sehen ließ, wurde er mit Einladungen und Geschenken überhäuft. Den Holzfällern und Wasserholern wurde das Werkzeug fast eifersüchtig aus der Hand gerissen. Janmaat sah sich plötzlich ins Schlaraffenland versetzt und wünschte sich nur, der Hawaii-Aufenthalt möge recht lange dauern.

Wo immer Cook sich an Land zeigte, wurde er mit außergewöhnlicher Ehrfurcht empfangen: Wer ihm begegnete, warf sich vor ihm in den Staub und erhob sich erst wieder, wenn er vorüber war. Dergleichen hatte man auf anderen Inseln noch nicht erlebt. Hier aber hatte sich durch die Priester sehr rasch überallhin das Gerücht verbreitet, der O'Rono sei zurückgekommen. Das bewirkte diese ehrfürchtige Haltung der Inselleute.

Als Cook sich nach zwölf Tagen zum Aufbruch rüstete, baten Kerikea und Teriobu ihn ernstlich darum, er möge ihnen seinen Ersten Offizier King, den sie für den Sohn des

Kapitäns hielten, zurücklassen – als Zeichen dafür, dass er – der O'Rono – versöhnt von der Insel scheide.

Die Offiziere sahen sich überrascht an und sagten sich heimlich wohl alle, dass dieses Angebot seine Verlockung für jeden habe. »Jetzt kann ich meinen Sohn noch nicht entbehren«, gab Cook behutsam zurück, denn er wollte die Bittsteller durch seine Ablehnung nicht kränken. »Doch wenn ich wieder komme im nächsten Jahr, so wird sich vielleicht eine Lösung für diesen Vorschlag finden.«

Die beiden Alten – König wie Priester – waren damit zufrieden und auch die Mienen Perihas und Kaninas, die sichtlich gespannt auf Cooks Antwort gelauert hatten, erhellten sich befriedigt. Offenbar hatte die Partei der jungen Häuptlinge gefürchtet, es würde das Ansehen der Partei der Priester zu sehr stärken, wenn ein Sohn des O'Rono auf der Insel bleibe, und bei Cooks Ablehnung fiel ihnen ein Stein vom Herzen.

»Werdet ihr wieder fortfahren? Und bald?«, fragte Pariha und blickte den Kapitän gespannt an. Vergeblich versuchte Teriobu den Sprecher zurückzuziehen und Cook zu bedeuten, dass dessen Fragen kein Gewicht zukomme. Da er ja tatsächlich bereits zur Abfahrt entschlossen war, glaubte Cook keinen Grund zu haben, damit hinter dem Berg zu halten, und er sagte, er werde in zwei Tagen segeln.

Pariha nickte Kanina triumphierend zu: Diesen beiden kam der Abschied der weißen Gäste offenbar gelegen; vielleicht, weil deren große Lebensmitteleinkäufe die Vorräte zu erschöpfen drohten, vielleicht aber auch, weil damit der Einfluss der Priesterpartei geschwächt wurde.

Teriobu und Kerikea aber zeigten sich sichtlich bestürzt, dass Cook so bald schon wieder fortging. Noch einmal überhäuften sie ihn mit Geschenken; noch einmal erneuerten sie eindringlich ihre Bitte, Leutnant King auf der Insel zu lassen. Dann nahm Cook Abschied von Hawaii – für immer, wie er dachte.

Als die Schiffe aus der Bucht segelten, gab ihnen fast die ganze Bevölkerung von Karakakua das Geleit: In großen, mit bunten Mattensegeln und bemalten Steven versehenen Pirogen die vornehmen Familien der Dörfer, in ihren kleinen flinken Kanus die Fischer, in langen, lachenden Schwärmen neben ihnen herschwimmend die Männer, Frauen und Kinder der Bucht.

Die Nacht vor Karakakua

So freundlich war der Abschied Cooks von Hawaii. Umso mehr musste es ihn überraschen, als er fünf Tage später beim erneuten Anlaufen der Bucht den Strand öde und leer und weit und breit kein Boot auf dem Wasser fand. Was mochte diese Verwandlung bewirkt haben? Freilich – auch Cook hatte nicht an eine so schnelle Rückkehr nach Karakakua gedacht. Da jedoch ein Sturm bald nach dem Auslaufen aus der Bucht mehrere ernste Schäden an den Schiffen hervorrief – vor allem einen Schaden an der Bramstenge des Fockmastes der »Resolution« –, sah er sich gezwungen noch einmal zurückzukehren.

Man nahm sich an Bord nicht die Zeit, lange über diese Verwandlung nachzudenken. Der Fockmast der »Resolution« wurde abgefiert und zur Ausbesserung an Land gebracht und auch sonst hatten alle Hände genug damit zu tun, die Sturmschäden zu beseitigen. Der Kapitän versuchte vom ersten Augenblick an diese Arbeiten zu beschleunigen und legte eine bei ihm ganz ungewöhnliche Unruhe an den Tag. »Wenn wir nur erst wieder draußen auf See wären«, sagte er mehr als einmal. Seine Offiziere dachten anfangs, er fürchte infolge der Havarien so viel Zeit zu verlieren, dass der rechte Augenblick für einen erneuten Vorstoß in die Arktis verpasst werde. Bald aber bemerkten sie: Er sehnte die Sachlichkeit und Klarheit der See und des Segelns wieder herbei, denn er war der Inselabenteuer und der beständigen angespannten Wachsamkeit, die sie von ihm forderten, herzlich müde.

In den ersten beiden Tagen nach der Rückkehr der Schiffe in die Bucht ließ sich keiner der Eingeborenen an Bord sehen. Cook war dies jedoch ganz lieb, da auf diese Weise die Arbeiten nicht behindert wurden. Außerdem fanden sich bei den an Land arbeitenden Zimmerleuten einige Frauen ein, und so maß man dem Ausbleiben der gewohnten Besuche kein Gewicht bei. Am Tag nach der Ankunft beerdigte man den Segelmacher Bowling seinem letzten Wunsch entsprechend an Land. Er war während des letzten Sturmtages gegen das Schanzkleid geschleudert worden und erlag später den dabei erlittenen inneren Verletzungen. Auch dieses Ereignis erschien Cook in Hinsicht auf das Verhalten der Eingeborenen bedeutungslos. Erst später sollte sich erweisen, dass es nicht so ohne Gewicht war, wie er annahm.

Am dritten Tag nach der Rückkehr fanden sich König Teriobu mit seinen ständigen Begleitern Pariha und Kanina und der Priester Kerikea ein. Sie gaben sich gastfreundlich wie vordem und aus ihrem Benehmen ließ sich kein Grund für die Zurückhaltung der Bevölkerung ablesen. Erst als Cook beiläufig seine Verwunderung darüber ausdrückte, stellte sich heraus, dass Kerikea die Bucht und den Strand, an dem Cook gelandet war, als dem O'Rono gehörig mit dem Tabu belegt hatte und dass deshalb niemand Strand und See betreten durfte. Der Priester versicherte Cook aber sofort, er werde das Tabu noch an diesem Tag wieder aufheben. Das geschah denn auch und damit schien alles Trennende und Beunruhigende beseitigt.

Doch dies schien nur so; die Gäste machten bald die Erfahrung, dass sich in der Bucht viel geändert hatte. Wohl fanden sich Neugierige und auf Tauschhandel Erpichte auch jetzt wieder in großer Menge an Bord ein und der gewohnte bunte Jahrmarkt auf Deck begann aufs Neue. Auffällig aber war, dass das früher bescheidene Völkchen jetzt stahl, was irgend erreichbar war; und nicht lange dauerte es, bis sich herausstellte, dass in diesen Diebstählen System lag. Eisenteile jeder Art, Werkzeuge und Bootsruder waren die begehrtesten Gegenstände für die Langfinger. Diese wussten sich der Gefangennahme geschickt zu entziehen, wenn sie ertappt wurden, denn das Gedränge der Menschen an Deck und das Gewimmel der Boote rings um das Schiff hinderte bei der Verfolgung und verbot den Gebrauch der Schusswaffe. Cook hatte überdies streng verboten auf flüchtende Diebe zu feuern, weil er Unschuldige nicht in Gefahr bringen wollte. Er nahm diese Diebstähle nicht so schwer und glaubte auch der Beobachtung seiner Offiziere nicht, dass System in ihnen lag. Seine Erfahrung mit Eingeborenen ließ ihn eher auf Neugier und Begehrlichkeit als auf Zweckmäßigkeitserwägungen oder gar Vorsorge schließen. Nach seiner Gewohnheit traute er seiner Erfahrung mehr als den Augen anderer.

Erst als am Nachmittag des 13. Februar 1779 die Zimmerleute und Wasserholer ernstlich von Eingeborenen belästigt und mit Waffen bedroht wurden, entschloss sich Cook andere Seiten aufzuziehen. Er befahl die Gewehre nicht mehr mit Schrot, sondern mit Kugeln zu laden und auf jeden Dieb ohne Nachsicht zu feuern. Zugleich nahm er sich vor am kommenden Morgen bei König Teriobu nachdrücklich über das schlechte Betragen seiner Landsleute Beschwerde zu führen. Aber auch jetzt noch wies er jeden Verdacht weit von sich, es könne sich bei diesen Vorgängen um eine geplante Feindseligkeit gegen die Weißen handeln.

»Kapitän«, wendete Leutnant King fast bittend gegen so viel Sorglosigkeit ein, »wir haben durch Kerikea und durch die Aussage einiger Frauen Beweise dafür, dass Pariha und Kanina und deren Gefolgsleute die Bevölkerung gegen uns aufhetzen. Wir seine keine O'Rono, verbreiten sie, sondern sterblich wie andere Menschen auch. Dies habe Tod und Begräbnis unseres Segelmachers gezeigt.«

»Ich habe niemals behauptet ein Gott zu sein«, knurrte Cook ärgerlich. Leutnant King zuckte die Achseln. »Aber wir haben auch nicht widersprochen, als dies behauptet wurde, und Kerikea hat sich diesen Glauben seiner Landsleute zu Nutze gemacht und seinen Einfluss damit zu verstärken versucht. Das Tabu über die Bucht ist doch der beste Beweis dafür.«

»Ja, und wir – das heißt: unsere Zimmerleute – haben Frauen zum Bruch des Tabus verleitet. Deshalb ist Kerikea etwas gekränkt«, warf Leutnant Gore ein.

»Kinder, das sind Hirngespinste«, wies Cook seine Gefährten ein wenig verärgert zurecht. »Ihr dichtet diesen Leutchen politische Intrigen an, die in ihren Köpfen gar keinen Raum haben. Eine offene Aussprache mit Teriobu wird diesen ganzen Spuk verjagen und die ungetrübte Freundschaft wiederherstellen.«

»Lassen Sie sich zur Vorsicht ermahnen, Kapitän«, bat Leutnant King noch einmal. »Diese Kerle um Pariha und Kanina haben sich aus den gestohlenen Eisenstücken in unserer Schmiede so viel lange Dolche schmieden lassen, dass es eine erhebliche Menge gut Bewaffneter an Land geben muss. Nehmen Sie ein Kommando Seesoldaten mit!«

Dieser Bitte gab Cook nach – doch so, dass man deutlich spürte, dass er es nur King zuliebe tat und nicht, weil er selbst an eine Gefahr dachte. Und doch bedrängte auch ihn geheime Unruhe und Sorge, sodass er ganz gegen seine Gewohnheit in dieser Nacht keinen Schlaf fand und außerhalb der Kapitänswache an Bord erschien.

Diese Nacht, die dunkle und unruhige Nacht vor dem 14. Februar 1779 hat sich den Gefährten Cooks tief ins Gedächtnis eingegraben, wie ihre späteren Aufzeichnungen verraten. Dunkel deckte die sanften Konturen der Berge und die schimmernde Strandlinie zu, hüllte die Schiffe »Resolution« und »Discovery« ein, die unweit der Küste vor Anker lagen, von der langsam atmenden Dünung des Pazifiks sacht gewiegt. Mond und Sterne verbarg der wolkenverhangene Himmel; nur ab und an zuckte eine ungewisse Helligkeit über die Berge und die See hin, zart und fließend wie Meeresleuchten. Der Wind, der den ganzen Tag über steif in die Bucht hineingeweht hatte, war mit einbrechender Dunkelheit eingeschlafen. Die Ebbe hatte selbst das Geräusch der Brandung an der Küste zu einem gleichmäßigen Klatschen und Schlürfen verflacht.

Und dennoch war es nicht still in der Bucht von Karakakua, nicht auf den Schiffen und nicht auf dem Land. Auf der »Resolution« war freilich nichts anderes zu hören als das Ächzen und Knarren der Stengen und der gleichmäßige Schritt des wachhabenden Offiziers auf der Brücke und ab und an der leise Ruf des Masterman, der die einzelnen Posten anpurrte, und deren ebenso leises »Aye, aye, Sir«. Sie spürten es alle – die auf der »Resolution« und die auf der »Discovery« –, dass sie es nötig hatten, in dieser Nacht wachsam zu sein, denn auf der Insel raschelte und flüsterte ein verborgenes Leben, das sich ab und an zu einem wilden Schrei oder zu einem Trommeln steigerte und manchmal im Aufflackern eines Holzfeuers oder in einer rasch ins Dunkel untertauchenden Prozession von Fackeln sichtbar wurde. Nicht wie sonst bei Anbruch der Nacht auf den Inseln der Südsee erklang heute der süße Gesang und das Lachen von Frauen und der schwellende Klang von Flöten, der so oft vertraut und verlockend zu den Schiffen herübergerufen hatte. Es war, als läge ein schwerer Bann auf der ganzen Bucht, auf dem Land und seinen Menschen, auf der See und auf den Schiffen. Und dieser Drohung wegen, die unfassbar, aber deutlich spürbar nach den Schiffen griff, war es gut, wenn man wachsam blieb.

Während der Wachhabende – es war Leutnant Gore, der Zweite Offizier – beobachtend an der Reling stand, hörte er plötzlich Schritte die Kajütstreppe heraufkommen und über das Brückendeck auf sich zuschreiten. War schon Zeit zur Wachablösung, dass sein Kamerad King bereits an Deck kam? Aber es war nicht Leutnant King, es war der Kapitän, der nun neben ihn trat.

»Alles klar an Bord, Gore?«, fragte er halblaut. Der fuhr überrascht herum: So selten war es, dass Cook zur Nachtzeit an Deck kam. Sie wussten ja alle, dass er die für den Seemann so wertvolle Eigenschaft besaß, zu jeder Tages- und Nachtzeit tief und traumlos schlafen zu können. Wenn jemand über quälende Träume oder Schlaflosigkeit klagte, pflegte er lachend zu erklären, wenn man wie er zehn Jahre als Matrose vor dem Mast gefahren sei, gewöhne man sich Träume und schlechten Schlaf gründlich und fürs ganze Leben ab. Erschien er nachts außer der Zeit seiner Wache an Deck, so konnte man sicher sein, dass irgendetwas Besonderes geschehen war oder bevorstand.

»Alles klar«, antwortete Gore fast mechanisch auf die Frage des Kapitäns. Cook trat ohne weitere Worte an seine Seite und schaute zur Insel hinüber, über deren dunkle Masse noch immer hin und wieder eine Welle von Unruhe und ungewissem Licht hingeisterte.

»Dort gibt es auch Leute, die keine Ruhe finden können in dieser Nacht«, sagte der Kapitän nach einer Weile und fügte mit einem seltsamen tiefen Atemholen, das wie ein Seufzer klang, hinzu: »Wie Sie und ich, Gore!«

Der Leutnant antwortete nicht und Cook schien wohl auch keine Antwort zu erwarten, sondern fuhr fort: »Haben Sie schon einmal ernstlich darüber nachgedacht, ob wir den Eingeborenen dieser schönen Inseln im Pazifik mit unserem Erscheinen Gutes bringen, Gore?«

Der Offizier zögerte mit der Antwort. Dann meinte er, dass sie ja nur als Gäste zu den Inseln kämen und sich nicht in das Leben ihrer Bewohner hineindrängten. Mehr Zurückhaltung und Freundlichkeit ihnen gegenüber sei doch nie zuvor von Seefahrern und Forschern geübt worden als von Cook und seinen Expeditionen.

»Ich fürchte manchmal«, schloss Gore eifrig, »Sie werden sich durch Ihre Rücksichtnahme gegenüber den Eingeborenen und ihren Eigenarten einmal selbst in schwerste Gefahr bringen, Kapitän. Und Sie wissen, auch Clerke und King teilen diese Meinung.«

»Wer sie so gut kennt wie ich«, antwortete Cook, »der braucht keine Furcht zu haben. Nein, nicht meinetwegen hege ich Befürchtungen; um sie sorge ich mich, für sie fürchte ich die Zukunft. Denn fast alle Europäer sind ihnen gegenüber hochmütig oder arglistig und wollen ihre Gutgläubigkeit ausnützen. Vor allem die Händler! Wenn die erst in die Südsee kommen – und sie werden kommen –, dann wird das Unheil über unsere Freunde hereinbrechen. Und wird man mich dann freisprechen können von der Schuld, dass ich den Händlern die Wege in die Südsee zeigte? Werden die Seelen der aus Gewinngier Gemordeten oder zu Sklaven Erniedrigten nicht Anklage erheben gegen mich? Diese Fragen, Gore, liegen mir manchmal wie Mühlsteine auf der Seele. Und wie habe ich dabei doch mein Werk als Seemann und Forscher geliebt!«

Gore murmelte etwas, das eine Zustimmung ausdrücken mochte. Der Kapitän schwieg; es war nicht zu erkennen, ob ihm überhaupt an einer Antwort lag oder ob es ihn enttäuschte, auch in dieser Stunde mit seiner brennendsten

Frage und Not einsam zu sein. Seine Hände umklammerten die Reling und er starrte zu der im Dunkel liegenden Insel hinüber. Gore – der Untergebene, der Jüngere – stand in respektvollem Schweigen neben seinem Kapitän und fühlte sich halb traurig, halb erlöst, als sich Cook nun mit einem wortlosen Gruß wieder entfernte.

Als er gegangen war, bereute Gore, dass er den Mut nicht gefunden hatte, Cook noch einmal eindringlich auf die Befürchtungen hinzuweisen, die die Offiziere angesichts der Veränderungen im Verhalten der Eingeborenen hegten. Er sah es so klar vor sich, was dort an Land in diesen Tagen vorging. Eine Partei junger Häuptlinge, herrisch, stolz und kriegslustig, setzte alles daran, Nutzen aus diesem Besuch weißer Männer zu ziehen und dabei ihre Macht durch Waffen und Werkzeuge zu stärken, die sie den Gästen stahlen oder von ihnen als Geschenke erhielten. Vielleicht dachten sie zunächst nur daran, sich auf diese Weise in ihrem eigenen Lebensbereich Ansehen zu sichern; vielleicht aber spielten sie auch mit Plänen, diese Macht auf die Nachbarschaft, auf die nächste Insel etwa, auszudehnen. Krieg war ja durchaus nichts Ungewöhnliches auf diesen Inseln und seine Motive unterschieden sich sicherlich nicht allzu viel von denen europäischer Machtkämpfe.

Sie waren gegen die Weißen wahrscheinlich gar nicht feindlich gesinnt, diese jungen Häuptlinge. Aber da gab es die Partei der Priester, die jene für Gottgesandte und unantastbar erklärte und sie mit Geschenken überhäufte, um, einer alten Sage folgend, deren Wohlwollen zu erkaufen. Diese Priester dachten nicht an Nutzen, nicht an Waffen und Werkzeuge, sondern an die Versöhnung, die sie den Weißen schuldig zu sein glaubten, und versuchten ihr Volk von allem fern zu halten, was jene kränken könnte.

So durchkreuzten sie die Pläne der jungen Leute und die dachten nun nur noch daran, wie sie die lästigen Gäste wieder von der Insel vertreiben könnten, nachdem sie ihr Schäfchen geschoren hatten. Deshalb hetzten sie ihre Landsleute gegen die Gäste auf, bestritten, dass jene Nachfahren des O'Rono seien, behaupteten, sie kämen aus einem von Hungersnot heimgesuchten Land und würden die Insel kahl fressen, und versuchten die Eindringlinge durch Provokationen zu hartem, aufreizendem Vorgehen zu zwingen. Oh, sie verfuhren nicht ungeschickt, diese jungen Häuptlinge, sie verstanden sich auf das Diplomatenhandwerk fast so gut wie europäische Ambassadeure. Es erfüllte deshalb die Offiziere mit Sorge, dass Cook für dieses unterirdische Treiben kein Auge hatte.

Grau trat der Morgen nach dieser unruhigen Nacht hervor und keine strahlende Sonne mache das Herz leichter. So zog der 14. Februar 1779 herauf, der Schicksalstag der dritten Expedition des Kapitäns James Cook.

Mit einer Hiobsbotschaft begann dieser Tag: Kapitän Clerke schickte Nachricht, dass in der Nacht die Pinasse der »Discovery« unter dem Heck des Schiffes fortgestohlen sei.

»So haben sie sich nun also zu den geraubten Riemen auch noch das Boot besorgt«, stellte Leutnant King sachlich und fast befriedigt fest. Es zeigte sich immer deutlicher, wie planvoll die Diebe zu Werk gingen und dass hinter ihren Taten ein bestimmtes Ziel stand.

Auch Cook wurde durch diese Nachricht alarmiert. Der Diebstahl des großen Bootes war denn doch zu ernst zu nehmen, als dass er ihn als Lappalie hätte behandeln können. Schließlich stellt die Pinasse für jedes Schiff das Boot dar, das dank seiner Seetüchtigkeit im Fall eines Schiffsbruchs fast die einzige wirkliche Aussicht auf Rettung bietet. Deshalb bedeutete es keine übertriebene Härte, dass

Cook nun befahl alle Eingeborenenkanus am Strand zu beschlagnahmen und die ganze Bucht zu sperren. Außerdem beschloss er König Teriobu an Bord zu holen und dort so lange festzuhalten, bis das Boot zurückgegeben war. Derartige Repressalien hatte er auf anderen Inseln oft ergriffen und sie führten nie dazu, die Eingeborenen zu verärgern – im Gegenteil, sie ließen die Möglichkeit zur Versöhnung offen, weil sie Waffengewalt und Blutvergießen ersparten. Man kann also nicht behaupten – wie es geschehen ist –, Cook habe durch unkluge und überharte Maßnahmen die Eingeborenen von Karakakua gereizt und damit Anlass zu den Ereignissen des 14. Februar gegeben.

Ein dumpfes Vorgefühl drohender Gefahr bewog Leutnant Gore dem Kapitän vorzuschlagen, er wolle an seiner Stelle den König zu einem Besuch an Bord bewegen. Cook runzelte einen Augenblick ärgerlich die Stirn, als sich Gore ihm mit diesem Ansinnen in den Weg stellte. Vielleicht aber verriet ihm die gepresste Stimme des Leutnants, dass jener ehrlich besorgt war. Jedenfalls hielt er an, blickte Gore voll und ruhig an und sagte freundlich: »Danke Ihnen, Gore, aber dies muss ich doch wohl selbst tun. So viel Höflichkeit sind wir Teriobu wohl schuldig, dass sich der Kapitän selbst um ihn bemüht, nicht wahr?« Er nickte dem Offizier zu und stieg das Fallreep hinab in das Boot, wo eine Abteilung Seesoldaten bereits auf ihn wartete. Die Offiziere King und Gore blieben an Bord zurück; Bligh war an Land gegangen, die Zimmerleute zu inspizieren. Es war alles in Ordnung, alles wie sonst. Und doch peinigte Unruhe die beiden und einer von ihnen stand stets auf der Brücke mit dem Fernglas vor den Augen und beobachtete den Strand. Wenn sie ab und an einen Blick zu der »Discovery« hinüberwarfen, sahen sie, dass auch Clerke dort ebenso auf der Brücke stand.

Gegen neun Uhr beobachteten sie, dass die Zimmerleute einen Überfall der Eingeborenen mit Musketenschüssen abwehrten, während gleichzeitig eine der Häuptlingspirogen vom Strand zu fliehen versuchte. Ein Boot der »Discovery« setzte ihr nach, zwang sie mit Schüssen zum Beidrehen und zur Rückkehr an den Strand. Bei diesen Schießereien wurden mehrere Eingeborene getötet, darunter auch der Häuptling Kamehameha, ein naher Verwandter Teriobus. Er hatte mit seiner Piroge zu entfliehen versucht. Wie sich später herausstellte, war es Kamehameha, der für den Diebstahl der Pinasse verantwortlich war.

Von diesen Vorgängen beunruhigt, ließen die Offiziere die Pinasse der »Resolution« mit einem Kommando Seesoldaten unter Leutnant Williamson abgehen, damit der Kapitän notfalls Unterstützung fände. Der Leutnant ließ sich zum Verdruss der Offiziere sehr viel Zeit und kreuzte mit dem Boot erst einige Male hin und her, ehe er auf die Landungsstelle des Kapitäns zuhielt. Der Erfolg dieses Zögerns war, dass er zu spät dort anlangte, um noch wirksam einzugreifen, wie sich denn Williamson bei dieser Gelegenheit denkbar ungeschickt und unentschlossen zeigte – so sehr, dass manche ihm später absichtliche Pflichtversäumnis vorwarfen.

Inzwischen hatten sich an Land die Ereignisse bestürzend schnell zugespitzt.

Als Cook die Küste betrat, begrüßte ihn ein Teil der Eingeborenen – insbesondere ältere Frauen und Männer – mit der gleichen Verehrung wie bisher, während ihm andere und zwar vor allem die jüngeren mit zur Schau gestelltem Trotz aus dem Weg gingen. Ungehindert erreichte er Teriobus Haus. Der König machte zunächst den Versuch, sich verleugnen zu lassen, kam jedoch deutlich verlegen zum Vorschein, als Cook sich nicht abspeisen ließ.

Offenbar wusste er von dem Diebstahl der Pinasse. Der Kapitän machte ihm keinerlei Vorhaltungen wegen des Geschehenen, sondern bat ihn nur, er möge mit seinen beiden Kindern mit ihm an Bord kommen. Sie sollten sich dort noch ein Geschenk auswählen, ehe die Schiffe wieder in See gingen.

Teriobu schwankte; seine Frau bestürmte ihn die Einladung nicht anzunehmen und der allgegenwärtige Pariha redete ebenso auf ihn ein. Dennoch folgte der König dem Kapitän, als sein ältester Sohn sagte: »Warum willst du den O'Rono kränken, Vater? War er bisher nicht immer freundlich zu uns?« Der Junge blickte Cook dabei voll Vertrauen an und nahm seinen jüngeren Bruder an der Hand.

Vor der Hütte hatte sich bereits eine große Volksmenge versammelt, die besorgt und finster Cook, Teriobu und ihre Begleiter umdrängte, als sie den Weg zum Strand einschlugen. Der König trottete mit gesenkten Augen und düsterer Miene wie ein Gefangener neben Cook her, während seine Söhne ihnen vergnügt vorausgingen. Der Kapitän bemerkte wohl die misstrauischen und besorgten Blicke der Eingeborenen und verdoppelte seine Wachsamkeit, litt es aber doch, dass die Menge die Seesoldaten so dicht umschloss, dass diese ihre Gewehre im Fall eines Angriffs nicht hätten brauchen können.

Die Gruppe hatte kaum die Hälfte des Weges zurückgelegt, als ein Mann die Nachricht von dem Gefecht mit den Zimmerleuten brachte. Cook verstand nicht, was der Mann berichtete und was daraufhin zwischen Teriobu und Pariha besprochen wurde; sie sprachen zu schnell, als dass er hätte folgen können. Ihre Mienen verrieten jedoch deutlich genug, dass die eben eingetroffene Nachricht nicht dazu angetan war, besänftigend auf die Eingeborenen einzuwirken. Dennoch ging Teriobu an seiner Seite weiter; Misstrauen und Angst aber waren ihm nur allzu sehr anzumerken. In der immer größer werdenden Menge ringsum wuchs die Erregung nach dieser Nacht noch mehr; Waffen wurden ganz offen gezeigt, zum ersten Mal auf dieser Insel.

So kam der Zug an den Strand. Teriobus Söhne stiegen ganz unbefangen in das Boot und Cook wollte gerade dem König behilflich sein den Fuß über die Bordwand zu heben, da legte Teriobus Frau sich erneut ins Mittel, schlang ihre Arme um des Mannes Hals und zog ihn weinend zur Erde nieder. Cook versuchte den beiden verstörten und ratlosen alten Leuten begütigend zuzureden. Er war in diesem Augenblick noch so darauf bedacht, auszugleichen und niemand wehzutun, wiewohl die Menge ringsum bereits sehr feindliche Mienen aufsetzte, dass er den beiden Söhnen Teriobus erlaubte das Boot wieder zu verlassen, als ihre Mutter darum bat. Angesichts seines Wohlwollens schien sich Teriobu seines Misstrauens zu schämen; er erhob sich und machte Anstalten, freiwillig und ungezwungen mit seinem Freund Cook auf dessen Schiff zu gehen.

In diesem Augenblick schrie jemand über die Köpfe der Menge hinweg: »Teriobu, dein Bruder Kamehameha ist von den Fremden getötet worden – ermordet und seines Bootes beraubt!«

Erregung brandete in der Menge auf, Dolche und Speere wurden hochgereckt und drohend geschüttelt; Unbewaffnete rafften Steine auf. Und da flog auch schon der erste Stein gegen Cook. Drohend drängte die Menge vor, trennte die Seesoldaten und Matrosen von dem Kapitän. Einige von ihnen gaben auf und sprangen ins Wasser, um wenigstens ihr Leben zu retten.

Der Kapitän stand ganz allein. Er hob die Hand, wollte beruhigend zu der Menge sprechen, doch da bemerkte er, dass von der Seite her ein Mann drohend den Speer gegen ihn hob. Er schoss sein Gewehr auf diesen Angreifer ab, doch der deckte sich rasch mit einer Bastmatte, an der der Schrotschuss wirkungslos abprallte. Ein Seesoldat schoss vom Boot her auf den Angreifer und rettete so Cook vor dieser Bedrohung. Inzwischen waren jedoch die Eingeborenen ganz dicht an Cook herangerückt. Vergeblich versuchte Teriobu sie zurückzuhalten; einer der jungen Häuptlinge, Koah genannt, schob den alten Mann grob beiseite und drängte sich zu dem Kapitän vor, während andere das Boot zu entern versuchten und die Matrosen dadurch zwangen vom Land abzustoßen. Die bereits im Meer schwimmenden Seeleute und Seesoldaten ließen sich nun ins Boot ziehen, während Leutnant Williamson mit seinem Boot noch immer nicht nahe genug an die Küste herangerudert war, um Cook durch eine Salve unterstützen zu können.

Noch einmal verschaffte sich der Kapitän mit dem Kolben Luft, noch einmal schreckten die Eingeborenen davor zurück, ihn anzugreifen, und ließen die Waffen sinken, als er ihnen einige beschwichtigende Worte zurief. Glaubte Cook in diesem Augenblick sie besänftigt zu haben? Es scheint so, denn er drehte sich um und rief den Leuten in den Booten zu, das Schießen einzustellen.

Als er dabei seinen Feinden den Rücken zukehrte, drängte sich Koah von hinten an ihn heran und schmetterte seine Keule auf Cooks Kopf. Der sank in die Knie, versuchte instinktiv den Kopf mit den Armen gegen weitere Schläge zu decken, richtete sich wieder auf . . . Da stieß ihm Koah seinen Dolch, diesen in der Schmiede der »Resolution« gefertigten Dolch, in den Rücken. Der tödlich Getroffene sank mit dem Gesicht ins Wasser.

Die Matrosen und Seesoldaten in den beiden nahen

Booten sahen wie erstarrt dem Mord an ihrem Kapitän zu. Als er geschehen war, heulten sie auf wie verwundete Tiere. Ihre Musketen krachten und rissen Lücken in die dichten Reihen der Feinde. Jetzt endlich griffen auch Leutnant Williamsons Leute ein. Es war zu spät. Ihre Schüsse streckten wohl noch zahlreiche Eingeborene nieder, aber diese fielen als schuldlose Opfer. Die Täter hatten Cooks Leichnam bereits mit Triumphgeschrei an sich gerissen und in den nahen Wald hineingeschleppt.

Cooks Gefährten taumelten alle blind vor Trauer durch diesen und die nachfolgenden Tage. Als ob durch den Tod des Kapitäns das Band der Kameradschaft, das alle umschloss und für die große Aufgabe der Expedition einte, zerschnitten und ihnen damit jeder Halt geraubt sei, stand einer gegen den andern anklagend und beschuldigend auf: Die Matrosen bezichtigten die Seesoldaten der Feigheit und Nachlässigkeit, die Seeoffiziere den unglücklichen Leutnant Williamson, die Mannschaft der »Discovery« die der »Resolution«. Einig waren sich alle nur in dem einen Wunsch: Rache, sofortige blutige Rache für den Tod des Kapitäns! Und keiner von ihnen sah, wie weit sie dieser Gedanke von dem Geist, dem Leben des Toten entfernte und entfremdete.

Nur einer zeigte, dass er von Cook gelernt hatte und nicht nur dem Dienstrang, sondern auch seinem Charakter nach würdig war, sein Nachfolger im Kommando zu sein: Kapitän Clerke. Mit zusammengebissenen Zähnen ließ er die Flut von Anklagen, Beschuldigungen und Berichten sich ergießen. Ja, er legte sogar auf ihr hartnäckiges Drängen hin eine Niederschrift an, in der sich der seelische Aufruhr niederschlug. Er hat diese Niederschrift später vor seinem Tod auf Kamtschatka stillschweigend vernichtet und sie nicht in das Logbuch der Expedition aufgenommen.

Geduldig und kühl ließ Clerke die anderen rasen an diesem Tag; nur der Forderung, Rache zu nehmen, verschloss er sich fest und hart.

»Erst das Nächstliegende«, befahl er; »den Fockmast der ›Resolution‹ an Bord holen und beide Schiffe gefechtsklar machen!«

»Also doch noch eine Strafexpedition?«, fragten die Offiziere angreiferisch.

Clerke musterte sie kühl mit einem durchdringenden Blick, dessen Kälte und Härte unversehens an den Cooks erinnerte. »Nein«, antwortete er unbeeindruckt, »ich möchte nur vermeiden, dass wir von einem nächtlichen Überfall überrascht werden. Bewaffnetes Vorgehen gegen die Eingeborenen zur Vergeltung für den Mord an Cook unterbleibt.«

Die Offiziere kamen langsam zu der Einsicht, wie unwürdig sich eine blutige Vergeltung als Totenehrung für ihren großen Kapitän ausgenommen hätte. Die Mannschaften aber murrten offen und laut. Und doch war Einsicht und Zurückhaltung jetzt der richtige Weg; darin behielt Kapitän Clerke Recht. Dank seiner Mäßigung kehrte das Zutrauen der wohlgesinnten Eingeborenen nach wenigen Tagen zurück. Vor allem fand sich der Priester Kerikea wieder ein. Durch ihn erfuhren die Engländer von den Vorgängen auf der Insel, die zu Cooks Ermordung geführt hatten. Er wurde ihr Dolmetscher seinen Landsleuten gegenüber und erreichte, dass die Schiffe ihre Wasservorräte unbehindert ergänzen und die letzten Sturmschäden an den Schiffen ungestört beseitigen konnten. Er schaffte Lebensmittel für sie heran und sorgte dafür, dass die Pinasse der »Discovery« wieder zurückgegeben wurde, die ja der Anlass zu den unglücklichen Ereignissen des 14. Februar geworden war. Kerikea war es endlich auch zu verdanken, dass man die noch auffindbaren Teile der Leiche des Kapitäns erhielt und in christlicher Weise bestatten konnte.

Am 22. Februar senkte man sie in das Seemannsgrab und es war wohl ganz im Sinne des Kapitäns, dass sein Leichenbegängnis sich in nichts von dem unterschied, das er selbst seinen toten Matrosen hatte zuteil werden lassen: Die Flaggen sanken halbstocks, steif und verlegen wie Holzpuppen standen die Mannschaften an Deck angetreten und ließen Choral, Ansprache und Gebet über sich ergehen. Dumpf widerhallte der Trauersalut der Kanonen über den Bergen der Bucht von Karakakua, als der Seemannssarg des großen Kapitäns in die See glitt. In diesem Augenblick, als alle schweigend mit entblößtem Haupt standen, fügte die Mannschaft der Zeremonie aus einem plötzlichen Impuls heraus noch etwas hinzu: Will Edvards, der Vortoppmann der »Resolution«, begann mit seiner tiefen Stimme die »Rakes of Mallow« zu singen – das alte, leichtsinnige Seemannslied, dessen lustige Worte so wenig zu Cooks Leben zu passen schienen, dessen Melodie er jedoch so sehr liebte. Zögernd erst, dann immer lauter und heiterer fielen alle ein:

>   »Living short but merry lives,
>   going where the wind them drives . . . «

So fand die Lebensfahrt des großen Kapitäns James Cook ihr Ende in dem Ozean, der mehr als jeder andere Teil des Weltmeers der seine, das Meer seines Schicksals geworden war. Noch während die Flagge auf Halbstock sank, wischten die lange Dünung des Pazifiks und die leichte, geflügelte Hand des Passatwindes über die Stelle hin, wo das Meer ihn aufnahm.

Die Lebensdaten James Cooks

27.10.1728 In Marton (Yorkshire) geboren

1742–1755 Seemann auf Frachtschiffen

1755–1764 Vollmatrose, später Unteroffizier auf Kriegsschiffen

21.12.1762 Ehe mit Elisabeth Bates, aus der 4 Kinder hervorgehen

1764–1768 Subaltern-(Vermessungs-)Offizier in Neufundland

1768 Leutnant

1768–1771 Erste Südsee-Expedition

1772–1775 Zweite Südsee-Expedition

1775 Ernennung zum Postkapitän (etwa »Kapitän zur See«)

1776–1780 Dritte Südsee-Expedition

14.2.1779 Cook von Eingeborenen auf Hawaii erschlagen. Die Kapitäne King, Clerke und Gore führen die Expedition weiter.

Geschichtliche Daten
zur Erschließung der Südsee

1520 Magellan überquert den Pazifik

1567 Mendana entdeckt die Salomonen und

1595 die Marquesas

1605 Quiros findet die Neuen Hebriden und Tahiti

1606 Torres durchsegelt die Straße zwischen Neuguinea und Australien

1602–1607 Holländische Kapitäne erkunden die Westküste Australiens

1615 Le Maire und van Schouten an der Nordküste Neuguineas

1642–1643	Tasman umsegelt Australien und entdeckt Vandiemens-land (Tasmanien), Neuseeland, Tonga und Fidschi
1708	Dampier erkundet den Archipel nördlich von Neuguinea und die Ostküste dieser Insel
1721–22	Roggeveen findet die Osterinsel und Samoa
1739	Bouvet am Rand des Südlichen Eismeers
1764–1767	Englische Südsee-Fahrten unter Byron und Wallis
1766–1768	Französische Südsee-Reisen unter Bougainville: Entdeckung Neukaledoniens, Wiederentdeckung der Salomonen und Neuen Hebriden
1771	De Kerguelen im Südlichen Eismeer
1768–1780	Drei englische Südsee- und Antarktis-Expeditionen unter James Cook: erste Überquerung des südlichen Polarkreises – Entdeckung der Ostküste Australiens – Kartografierung Neuseelands
1780–1782	Französische »Astrolabe«-Expedition unter La Pérouse
1802–1804	Flinders erkundet die ganze Küste Australiens
1820	Der Amerikaner Palmer sichtet als Erster den Südpolarkontinent

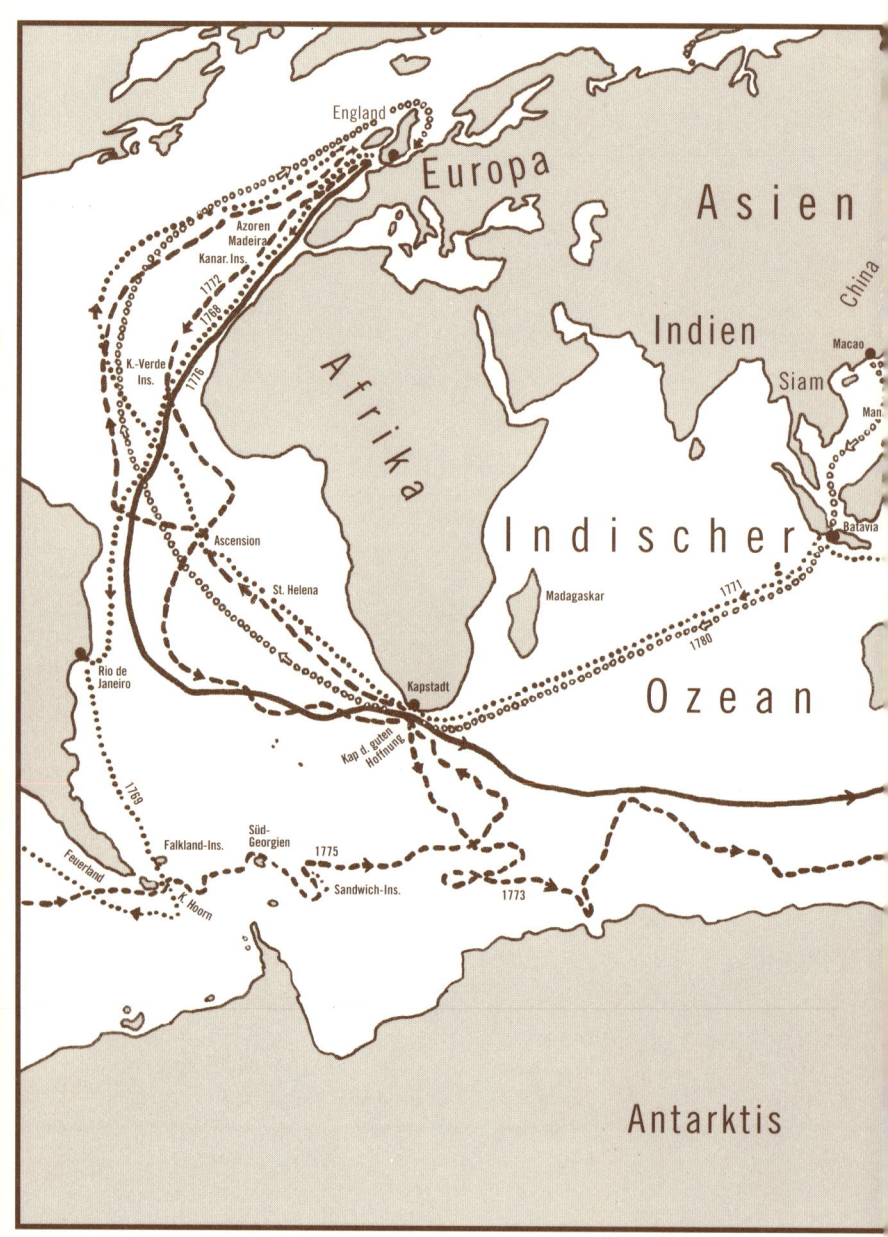